陳尚君 著

星垂平野闊

商務印書館
The Commercial Press

图书在版编目(CIP)数据

星垂平野阔/陈尚君著.—北京：商务印书馆，2017
 ISBN 978-7-100-14987-7

Ⅰ.①星… Ⅱ.①陈… Ⅲ.①文史-中国-文集 Ⅳ.①C53

中国版本图书馆 CIP 数据核字(2017)第 180214 号

权利保留，侵权必究。

星垂平野阔

陈尚君 著

商 务 印 书 馆 出 版
(北京王府井大街36号 邮政编码100710)
商 务 印 书 馆 发 行
山东鸿君杰文化发展有限公司印刷
ISBN 978-7-100-14987-7

2017年8月第1版	开本 640×960 1/16
2017年8月第1次印刷	印张 14.25

定价：58.00 元

陈尚君，浙江慈溪人。1952年生于江苏南通。1977年入复旦大学中文系学习。1978年考取研究生，师从朱东润教授研究唐宋文学。现为复旦大学中文系教授，中国古代文学、中国古典文献学专业博士生导师，曾任中文系主任。现为中国唐代文学学会会长。学术兴趣广泛，尤致力于有唐一代文史基本文献之甄别、研究与建设。

作者主要著作一览

《全唐诗补编》，中华书局，1992 年

《唐代文学丛考》，中国社会科学出版社，1997 年

《陈尚君自选集》，广西师范大学出版社，2000 年

《全唐文补编》，中华书局，2005 年

《旧五代史新辑会证》，复旦大学出版社，2006 年

《汉唐文学与文献论考》，上海古籍出版社，2008 年

《四库提要精读》（与张金耀等合撰），复旦大学出版社 2008

《敬畏传统》，复旦大学出版社，2011 年

《唐女诗人甄辨》，海豚出版社，2014 年

《转益多师》，上海辞书出版社，2015 年

《贞石诠唐》，复旦大学出版社，2016 年

《我见青山》，文津出版社，2017 年

自　序

本书为拙著《转益多师》之续集，凡收文二十余篇，以写本师与师祖之几篇为上编，其他几篇有关前辈学者之文字为下编，几篇书评、随笔为附录，皆近几年所作，仍取杜诗一句为书名。

"星垂平野阔"一句出杜甫诗《旅夜书怀》，全诗为："细草微风岸，危樯独夜舟。星垂平野阔，月涌大江流。名岂文章著，官应老病休。飘零何所似，天地一沙鸥。"前代杜诗注本都认为写于离蜀之初，甚或认为即永泰元年（765）夏秋间，我之所见则异于是。犹记1979年夏初，研究生第一年课程结束，朱东润师出年度作业题曰《大历元年后之杜甫》，嘱下学期开学初交稿，又告，尽量经过自己阅读研究后提出见解，若自己能力不够，沿袭前人说法，也可以给成绩。我知自己资质平弱，读书又少，老师上课有问，罕有胜见应对，故老师对我也缺乏信心。此年暑假，真个大发奋，将图书馆可以借出之杜甫研究著作，皆携归南通，反复比读。突破之重点在杜甫为何离开相对安逸的成都草堂，买舟东下，开始人生新的漂泊。前人虽多有解释，多以为离开在严武死后，我则排比日期，确认在严死前，且从杜甫离蜀后之自述，与唐代检校官制之沿革，知道他在严武幕府初授节度参谋，经严武奏荐，授检校工部员外郎，非虚衔，但也未实授，故得官后即买舟离蜀，拟"即从巴峡穿巫峡，便下襄阳向洛阳"，然后入京就官。因中途病重而停滞，错过"瓜时"而未能就职。此点仅浦起龙稍有怀疑，未能成说，我则因听师授课经年，深悟读透史料、独立思考分析对于学术研究之重要，坚持始终，稍得突破。记得师读后，逐字批改，评点时仅说问题挖得很深，有自己见解，只是文句还不够顺畅，偶有错别字，给了较好的成绩。多年后听王小盾兄告，那几天他刚到校研究生部报到，恰好朱师也在，与人谈对培养学生的看法，他听到的大略是，一直以为经过文革，现在学生水平很差，无法培养出来，但这几天看到交来的作业，看法有了变化，应该还是可以培养的。在这里，我体会到老师的胸襟与眼光。写作业前，已经听过老师在全系以《杜诗的两个高峰》为题的校庆讲座，授课间也多有谈及，知道老师对杜甫的基本看法——那时老师的《杜甫叙论》已经交付印行，书还未出。我对杜甫晚年关键转折的看法，与古人都不同，与老师也不同，但老师并不以为忤，在其间看到我的能力。后来在给我的毕业评语中，特别强调善于从纷繁复杂文献中发现问题、解决问题的能力。

回到前引的那首诗，在系统梳理杜甫晚年行迹与想法后，我认为应作于大历三年（768）出峡以后，以在江陵前后的可能性为大。"官应老病休"是已然的事实，从诗的内容分析，也以出峡后在江汉平原为近是。如同另外一首诗《去蜀》："五载客蜀郡，一年居梓州。如何关塞阻，转作潇湘游。世事已黄发，残生随白鸥。安危大臣在，不必泪长流。"前人多系于离蜀初，我则认为已到湖南后，若刚离开成都就定好目标湖南，根本无法解释杜甫一路犹豫彷徨、人生无从之失落感。

当然，我以"星垂平野阔"这句诗作书名，只是借用作另一个主题的表达。即在个人学术与人生的成长过程中，老师的作用就如同北斗当空，指引方向，在茫茫黑夜，在人生歧途，都能看到方向和原则。同时，我也感受到，学术也如同写诗一样，虽在父兄，不能以传子弟，再优秀的学生，因为才质、能力、阅历之不同，不可能复制老师的成就。朱师一直鼓励广参百家，力透纸背地读书，决不给我们划定只能这样做，不能那样做。回想起来，得自老师的这种精神，真是一生受用无穷。

本书收入多篇谈前辈学术的文章。在我学术起步之初，即大约1979、1980年前后，研治唐诗与文献时，受岑仲勉、傅璇琮两位先生影响尤为巨大。岑先生专治唐一代文献，博极群书，对所有文献都在仔细校比和深度纠谬后再作引用，对基本史料和新见史料的精密解读，深深为我所感佩。认识傅先生时，他还不到五十岁，后追随三十多年，受益很多,不仅是提携,更多是引领。可以认为,因傅先生的倡导,近四十年国内唐诗研究渐次形成一个流派,即在穷尽占有一代史料基础上,对唐一代文学在历史文化大背景下,作准确精密的解读。在诗文作品发掘和阐释,文人生平研究,文学事件和文学流派研究诸方面,都能廓清传闻误失,还原真相,改变了前人就诗读诗解诗的局限。今年四月初在京追思傅先生,我以"肇开风气,常存典型"八字,概括傅先生一生学术成就与历史地位。我追随其后,也做过一些工作,近年更感有必要作归纳总结,造福学界,故发愤广徵群书,重新写定全部唐诗,指日成书,欣快莫名。

人生短暂,天地无穷。当杜甫驾一叶扁舟,凌万顷长江,看朗星当空,平野无垠,观月影明灭,大江奔流,虽感人生渐次衰瑟,更悟天人交会,心物无间,人生可为,及时感奋。自念年岁渐增,感怀日新,还历过五,襟抱未衰,追怀前修,表见往迹,不能自已,形诸文字,惜时进取,足为策励,传薪经手,岂敢轻弃,心期如此,读者鉴诸。

谨序。

2017年6月6日于复旦

目 录

夫子何为者　栖栖一代中 …………………………………… 001
　　——纪念唐文治先生诞辰150周年
师友琅琊馆学记 ……………………………………………… 015
朱东润先生研治中国文学批评史的历程 …………………… 032
　　——以先生自存讲义为中心
《中国文学批评史大纲》(校补本)整理说明 ……………… 051
修补战火烧残的学术 ………………………………………… 055
《大纲》校补本的新内容 …………………………………… 058
《元好问传》新本整理后记 ………………………………… 062
元好问的大节 ………………………………………………… 064
朱东润师《八代传叙文学述论自序》附记 ………………… 068
朱东润师《楚辞探故》未刊稿两篇附记 …………………… 071
朱东润师《后西征赋》述要 ………………………………… 073

唐史双子星中稍显晦黯的那一颗 …………………………… 089
　　——纪念岑仲勉先生诞辰130周年
瞿蜕园解读刘禹锡的人际维度 ……………………………… 103
　　——瞿蜕园《刘禹锡集笺证》评述
严耕望先生唐史文献研究方法发微 ………………………… 124
花开花落皆安命　但开风气不为师 ………………………… 137
　　——悼念傅璇琮先生
唐代文史研究的典范著作 …………………………………… 146
　　——评傅璇琮先生《唐翰林学士传论》两种

傅先生著作获思勉奖点评 …………………………… 165
我知杨镰 …………………………………………… 168

徐松案与清廷反腐 …………………………………… 173
汇校全部唐赋的可贵努力 …………………………… 181
　　——《全唐赋》述评
他山攻玉　各拥玲珑 ………………………………… 204
　　——《日本唐代文学研究十家》的学术示范意义

夫子何为者　栖栖一代中
——纪念唐文治先生诞辰 150 周年

他是中国近代两所著名大学的不祧之祖。一所是上海交通大学，曾是中国最著名的工科大学，近几十年建一流综合性大学，稳定保持全国前五，他在建校初期担任校长达十四年之久，为奠定这所大学的学科格局和发展前景殚尽心力。2014 年在他去世六十周年之际，学校在新校区中心广场为他建立铜像，以表敬意。另一所是无锡国学专科学校，是我国第一所以弘传国学为办学宗旨的学校，培养了无数大师级的学者，为传统经史子集之学的传续作出了不可磨灭的贡献。从该校始建到结束，他始终是校长。虽然近年热谈国学，但这所学校始终没有恢复起来，只有在旧址所建茹经堂保留少许旧迹。他几乎可以说是传统旧学最后的古文家和理学家，为探寻孔孟学说的本旨努力终身，他的学生都称他夫子或老夫子，当年曾有海外人士建议孔庙应以他陪祀，那时他还健朗着。他是前清高官，本可以安享晚年，但始终为办学忧心焦虑，孜孜矻矻。到抗战军兴，他虽年过七旬，双目皆盲，但仍带领全校同学内迁，漂泊道路，饥寒交逼，仍弦歌不辍。"夫子何为者？栖栖一代中。"唐玄宗写孔子的这两句诗，可以说是他一生的写照。

他是唐文治，字颖侯，号蔚芝，室号茹经堂，晚称茹经老人。他于同治四年(1865)旧历十月十六日生于太仓州，今年恰好是他诞辰一百五十周年。我的老师朱东润先生是他光绪、宣统之间曾授课的小学生，曾得到他的古文阅读和写作的指导，也在学业困顿之际得到他无私的资助。在我读研究生期间和毕业工作以后，朱先生曾许多次谈到唐先生对自己一生的影响。我当然完全没有能力理解唐先生,但因为这一机缘,觉得应该就自己所知,写一些文字以为纪念。

唐先生于我为师祖,下文为行文方便,直呼其名,识者谅之。

一

今人喜欢将古人一生分几个阶段来叙述,就唐文治来说,可以很清晰地分为四个阶段,即从出生到28岁进士登第,为求学应试期;从28岁到42岁为居京为官期;其后十四年,为主政交大期(校名确定在他去职后);56岁后为主持无锡国专时期,其间双目皆盲,仍著述不辍,直到90高龄辞世。

太仓于明清两代文教鼎盛,唐文治自幼即习举业,然尤服膺本地先哲陆桴亭(名世仪)之学说。十五岁应童试,十八岁中举,二十岁进南菁书院治经,后四应礼部试,二十八岁成进士。其早期经历如此,学术兴趣也皆在宋明理学,制艺古文。如果天下升平,波澜不惊,他或许会沿着这条道路走下去,为名臣,为儒师,经纶世务,究研坟典。然而他却身处三千年未有的剧变时代。就在他登第后两年,甲午海战大败,危及津沽,他有"设有不测,吾当投缳以报国"的准备。越两年戊戌变法,他虽因官低而未及祸,却目睹恩师翁同龢被开缺回籍,诸多师友遭受波及。庚子国变期间,他为总理衙门章京,兼户部纂修官,因而得以接触对外交涉之核心机密,深切知道外交之屈辱与国事之颓唐。从拳乱到八国联军入侵,他都亲历,看到慈禧太后之依违颟顸,权臣之构陷误国,而他的直接主官总理衙门大臣许景澄公忠体国则惨遭斩首。其后与各国议和的谈判,他作为户部侍郎那桐的助手,及那桐任日本国专使的随员,同赴日本,代那桐作《奉使日本记》,看到"日本立国,大抵兄英师德","壹意整理海陆军及工商事宜,骎骎乎日臻富强","厂肆林立,轨道四达"(引文见《茹经先生自定年谱》),大大开拓了眼界。其间他曾发愤学习俄文,因为用眼过度,埋下病根。到光绪二十八年(1902),他以三等参赞的身份随固山贝子载振赴英贺英王乔治三世加冕，因英王得病，加冕礼再三延期，英方尽展本国之所有以为款待，此后又曾游历比、法、美、日等国，接触层级高，参访时间长，得以充分了解英国与西方现代文明之各方面所长。其间他代载振所撰考察游记《英轺日记》，不仅是近代考察西方社会最重要的记录，也以大量细节具体记录他对西方制度和现代建设之认识。如云欧洲全境为国数十，皆曾有猜忌仇怨，而今则"如历法也，学堂也，兵制也，轮船也，铁路也，银行也，商务也，邮政也，皆其同焉者也"，这些善政中，"历法纪年始于罗马，学堂程课、铁路置轨始于英吉利，汽船行海、舟师出征始于美利坚，银行规制始于荷兰，航海通商始于葡萄牙，邮递印票始于法兰西"，可以说创始于不同国度，但"一国为之倡，而各国相继效法，精益求精"，"群相推演，万国同风"，"无有彼此畛域之界，更无有猜忌仇怨之情"。即中国要想进步，必须学习西方的现代文明，绝无他途。从度量衡制到国会政治，从医院设施到学校规模，无所不及。甚至乘火车出行，在燃气机车的轰鸣中，他都在思考："西人于火车轨道既测地平，更取直线，每过山阻则穿山通道，以砖石环其上，如桥形，其开时工本虽大，而行车直捷，惜时省煤，积久计之，所省甚巨。其行事通盘筹划，以羡补不足，大率类此。"其设计之周到，施工之讲究，看似投入巨大，其实长久获益。对学校之考察更仔细，记录全英有大学六十七所，中小学三万多所，教师十四万人，大学生三万多人，中小学生五百五十五万人，全年官学费英金九百七十三万磅，还详尽记录各类公益学校和技工学校之情况。他参观英京大藏书楼，看到楼中书架累长达三十二英里，庋藏各国古今图书达三百多万种，其中东方书籍分中、日两大部，中国古籍虽不尽备，但已有十之七八。他看到法国新定学校章程，不准男女教会人员担任教席，感慨"法人以宗教立国，然近时重学轻教如此"。而他记载比利时国王虽年已七十，仍步行答礼，带着参观其起居书房，"共楼五大楹，图书满架"，问及中国学术，"研求精细，君主而不脱书生气"。见到日本明治天皇，"威仪整肃，语言不多而均中窾要，洵英主也"。这些都引起他对中国去弊图强之道的思考。归撰《英轺日记序》，认为"綮惟中国，力谋自强，方今官守其度，士劝其学，工农商师讲于野,兵技巧家兴于军,百废举废,作事谋始,日积而月累,固将月异而岁不同",即如能举国以西方为师,发奋图强,积以岁月,中国仍可以有强大的希望。他所历举现代社会建设之诸要务,特别称许保存本国文明与实施大学教育之举措。阅读这些记录,可以说他在南洋公学期间之施为,此时已在思考,后之一切努力,皆着眼于此,无愧为具有世界眼光、立足于为国家培养建设人才之教育家。

出访归国后,唐文治于次年补和会司员外郎,寻补庶务司郎中,再进商部右丞,再晋左丞,一年四改官,重要原因是得到商部尚书载振的信任和赏识。到光绪三十二年(1906)授商部左侍郎,在工部归并后为农工商部,仍为左侍郎,一度曾署理尚书,达到他任官的巅峰。在这三四年间,他"始终是商部的主要主政者,实为商部领导层之核心"(王奎《清末商部研究》,人民出版社 2008 年)其间他有许多重要的建树,一是建议设立商会,先设总商会于北京、上海两地,再在汉口等处逐次推广,目的在求"通商情,保商利",加强商人间的联络与信任。这是中国有商会之始。二是编订《商律》,以"保护商民,体恤商艰"为原则,确定商业行为的准则与国家对商人利益的保护,主张施行相对自由宽松的经济政策,保障商人利益,促进贸易发展,为我国有商法之始。三是建议逐步推行金本位制,改变银本位制造成的国家受损局面。四是制定商办铁路政策,吸引侨商财力筑路,在他去职后路政归邮传部,认为有利可图而将路权收归国有,激起保路风潮,为清亡之前奏。唐晚年言及,仍感慨不已。五是鼓励商人、工匠积极参加世界博览会,由朝廷给以扶持鼓励(参朱恺《从〈英轺日记〉看唐文治"旧邦维新"观》,刊《四库文丛》第一卷,上海交通大学出版社 2013 年版)。尽管当时国步维艰,百废难举,局部的建设难以改变国势之急坠,但唐文治在力所能及的范围内尽了自己的努力,是值得肯定的。

二

国内四家交通大学,上海和西安原本是一家,前身是 1896 年盛宣怀奏请建立的南洋公学,到1907年唐文治出任该校监督(校长)时,该校的正式名称是邮传部上海高等实业学堂,稍早些时的校名是商部上海高等实业学堂,也即是唐主部政时的下属学校。唐出主校政,则因一系列意外事件使然。在他以前,学校已经成立十年,监督换了十人,大多挂名而并不到校视事。是年年初,唐因母亲去世而守丧,当时官场仍维持守孝三年的习惯,即在双亲去世时要离职二十七个月以尽哀,当时的变通则其间可在官办学校、实业任职。农工商部尚书载振因部务繁剧,以唐为左右臂,建议他去职数月后即复职,是为夺情,唐已应允。不料其间发生杨翠喜案,新授黑龙江巡抚段芝贵以重金买名伶杨翠喜贿赂载振以求官,事被媒体揭发,载振引咎辞职,唐也免了夺情复职。因觉得上海离太仓较近,方便照看老父,乃同意出掌校政。

唐文治主校十四年的成就,是交通大学校史研究的重要内容,已有无数论说加以归纳总结。我是局外人,无从置喙,归纳前人之所见,可举百度百科"交通大学"内容来说,唐文治"连续掌校十四年,他将学校改办成工科,先后设立了铁路专业、电机专业和铁路管理科,聘请了一批高质量的中外籍教师。在结合中国实际基础上,从学制、系科设置、课程设置、教材、教学环节、体育运动等方面,全面地引进国外的先进经验,直接采用美国哈佛大学、麻省理工大学等著名大学教科书,使交通部上海工业专门学校成为中国南方乃至中国高等工科院校的楷模,形成了近代工业大学的格局"。我无从复核这一叙述的准确性,就此来说,在100多年前能以如此世界眼光来办学,无疑超越了一个时代,如果要找原因,是他访问英、美等国时积累的认识,清醒看到中国与世界的差距,需要在实践中努力加以改变。

他一到校即认定"办理学务以筹款为第一要义",首先咨文邮传部落实常年经费,即"轮电两局岁捐银十万两",同时充分利用熟悉朝廷财政和曾在官场的人脉优势,为学校多方筹措经费,如建议从京奉、京汉两路余利下为学校增拨经费;建议为江、浙、闽、粤四省每年培养学生四十人,各省酌拨经费支持学校;将学校许多积年旧账理清,如汉阳铁厂老股盘活等。他曾任户部北档房总办,为全国财赋总汇之区,知道朝廷哪些门路可弄到钱，加上又曾主管商部，人脉广泛，恰可为学校所资用。

经费充裕，得以设立一系列学科，唐文治到校次年即新设电机、邮政两专科，又设国文科，并逐渐完善专科、中学和小学的系列，形成从小学到大学的完整序列。又出重金聘请西人教员，并逐次将本校学生送出留洋，逐渐增加留洋归国者到校任教。在得知美国庚款将每年提供100位华人学生留美机会后，唐文治在学校立即公布消息，并往上疏通，争取名额。经过选拔考试，首批赴美学生47人，上海实业学堂有14人，占三分之一弱，可见他鼓励学生走出去的努力。

唐文治出主实业学堂是因为居丧服忧，三年期满，他即申请起复归朝，这应是循例的安排，但被以学校亟需整顿"商留"，原因不明。次年即为辛亥，10月10日武昌首义，11月3日，上海光复。6日，唐文治宣布实业学堂更名为中国南洋大学堂，要求"本校师生员工要以坚定毅力维护新中国"。6日，带领全校教职员和学生在学堂运动场剪辫。11日，列名通电要求清廷逊位。13日，致书沪军都督府就扩充军队和筹募军饷提出建议。同时，撰《中国改革建设政体论》提出建议。可以说，唐当时身份虽然还是体制内官员，但在第一时间内参加了推翻清廷的行动，对此，他的老师王祖畬、沈曾植对他深致不满，作为儒家道德的捍卫者，他们的立场是一致的，但在大革命洪流中，唐的选择是为国家谋前途，不为一姓守江山。他在晚年自述："人才不用，国运尽矣，欲保全皇室，不得不出于此。""俄国革命，俄王尼可来不从，为国人枪毙。孤臣耿耿之心，当可白于天下后世矣。"唐在清廷为官，得到那桐、载振等满大臣提携，他也曾多次得到慈禧单独召见垂询，晚年自撰年谱，仍感念恩礼，慈禧去世后他在上海道署"哭临三日"，自述"感念恩遇，曷胜痛悼"，但也感叹"恩礼如此，使臣工仆仆亟拜，曷若信用臣言，改良政治为愈乎！"英、比、日诸国君臣同心，改良政治，谋求富强是他曾见到的，而现实经历总使他失望。"民为重，社稷次之，君为轻"，这是孟子的古训，唐文治实践了这一主张。

民国肇建，官办的学校需要得到新的支持，他在袁政府成立次月就赴京筹措经费,确定了归属交通部的定位,改易校名,然后多方奔走,寻求支持。虽然当时请他出任工商总长的呼声很高,但他认定惟教育为国本,继续在学校任职,在时代剧变中保持了学校的发展。1917他年在学校成立20周年纪念会上说道:"最难堪者,改革之际,经济困迫,彼时今日不知明日,本月不知下月,本学期不知下学期,诸生相对凄惶,至今思之犹堪坠泪。""鄙人接办此校以来,中央议裁小学者三次,议裁中学者二次,议归并土木科者二次,议裁电机科者一次。每当议裁议并之时,鄙人之心摇摇如悬旌,每念及诸生被裁后未知往何处读书,各父兄家属更不知若何忧虑。对于诸生未便宣布,而笔舌力争之余,亦几经下泪,故今日对于诸君子不觉喜极而悲。幸赖大部(指交通部)始终维护,并赖社会诸君子及旧同学互相辅助,尤赖有盛杏荪先生从前积有基本金,稍可支持,卒能转危为安。"这些应都是实情,许多交涉也都有原始文件记录。盛杏荪即盛宣怀,不仅是南洋公学建校的奏请人,且因学校建立之初,即由他主持的招商、电报两局"捐集解济",将商户捐款悉数投入公学,为学校准备了充裕的基本金。以往仅取利息,在民初艰困时动用本金,得以渡过难关。唐文治说上面一席话时,盛已去世。在今存盛档中,有大量两人通信,绝大部分是唐主校政期间致盛函,虽大多属于琐事,但可以看到两人君子相交、互携奉公的风范。其中涉及较多的,一是学校经费之筹措和兑现,二是彼此各有人事之请托,三是为学校发展向盛谋求支持。如1911年1月16日信告徐家汇学生宿舍因招生数量增加而住宿紧张,因发现对面民居是盛家产业而请盛出让,改建为宿舍;同年2月24日又看中"尊府丝厂及余屋基地"请售归本校;1914年6月两函则因盛介绍其侄孙入学,唐告必须如期来校报名考试,再考后知其英文太差,不宜入中学,只能先入小学;对盛推荐的西医人选,则以"校中经费万分支绌"为由婉拒;甚至学堂师生120人旅行赴苏州,唐请借宿盛府留园,盛则为安排到阊门外陈列所。从清末到民国,他有大量奏章和信函记录他为谋求学校发展所作之努力。

陈平原教授著《中国大学十讲》,特别将无锡国专列为一章,对唐文治以古文家、经学家之身份主持工科大学校政之称职胜任颇有质疑,也属常情。从目前看到的文献,唐似乎很清晰地划切学校发展定位与个人学术专长的关系。学校为国家位育人才,而国家最需要的是具备现代科学知识和专业技能的高端人才,他虽然掌控学校的各项资源,但并没有借以建立自己的学术基地。可以说白天处理校务,入民国后相信经常是西装革履;晚上勤于著述,治经作文,吟诵不辍,在主校政期间主要著作有《十三经读本》等数百万言。有没有利用学校资源施展个人所长呢？不是完全没有,但也实在微不足道。他到任实业学堂之次年,即设国文科,自任特班教员,专任职位另仅一人。现在能见实业学堂之课程,铁路、电机二科有古文释义一门,航海有人伦道德、中国文学、外国语三门,估计因航海专业毕业后要出行列国,人文素养要求更高一些。其余皆专业课,颇合今日素质教育之规定。此外,他还在附属中学开国学课,兼任教员。至于附属小学,虽不任教席,但也倾注精力。朱东润师在自传中回忆1909年秋,唐先生在校内开国文大会,亲自命题,大学和中学合办,小学单独办。一个星期天写两篇作文,其一为《关讥而不征论》,朱师作文写到理想时代设关以检验,但决不横征暴敛,专制君主必不如此,自述写得很流畅。小学老师认为优秀者选定十人,再交唐老师审定,朱师得到第一名,在校礼堂颁奖,发了四元奖金,用这笔钱买了一套《经史百家杂抄》。我读研时,朱师说到往事,还曾从书架上取出这套书给我们欣赏。小学毕业后,朱师因家境欠佳,拟中辍学业,唐先生让儿子庆诒给他写信,让他尽管来上学。及到校见面,拍着自己口袋说:"学费在我这里,你不必担心。"朱师说唐老师还有一招,每星期天在大礼堂招集部分学生讲授古文,亲自从大学、中学每班选两名,讲授唐宋古文。讲授办法也很特别,从来不解释字句,只是先慷慨激昂或低徊宛转地读几遍,然后让学生共同朗诵。高兴时则拉张凳子坐学生边上,拍着学生肩膀说:"老弟,我们一道读啊!"朱师说在这一期间,他从唐老师那里领会到古文的喷薄之美与情韵之美。唐文治之热衷授课,当然存有传续学术之意,也可能更多是技痒,或者说藉此以自遣兴,毕竟他是此方面出类拔萃的人物。

五四运动发生,激荡到上海,唐文治多次电请北洋当局"谅其爱国热忱,勿加苛责",但也深忧学运造成教学不靖,加上他目疾加剧,两年间六度请辞,全校学生投票表决,五度挽留,1920年10月,"知其确有不得已之苦衷",方允去职。唐文治虽辞校职,但终其一生都心念交大,未曾或忘。古稀以后,虽双目全盲,仍多年坚持每周到交大讲演一次,以道德文章勖勉诸生,可见拳拳之诚。而交大在三四十年代所建礼堂,分别命名为文治堂、新文治堂,悬他所拟联:"人生惟以廉节重,世界全靠骨气撑。"孤岛时期为避免陷逆,曾拟改国立为私立,并拟文治大学之校名,皆学校感念其贡献之巨大。

三

唐文治坚辞南洋大学校职,更深层的原因当然是无锡乡绅施肇曾等出资创办国学专修馆,延请唐出任馆长。而唐退职后思讲学家居,一展平生之志,即在南洋的一切努力都是为国家造就人才,而他更坚信自己有责任保存学术,将自己平生所学发扬光大。在《国学专修学校十五周年纪念刊序》中,他说:"横览东西洋诸国,靡不自爱其文化,且力谋以己之文化,扩而充之,深入于他国之人心。而吾国人于本国之文化,孔孟之道德礼仪,修己治人之大原,转略而不讲,或且推去而任人以挽之。悲乎哉!文化侵略,瞬若疾风,岂仅武力哉!吾为此惧,深恐抱残守阙,终就湮沦。"东西洋诸国之举措,他在《英轺日记》中有详尽记录,惊叹诸国不遗余力保存本国文明学术之时,不能不对"打倒孔家店"、"《文选》妖孽,桐城谬种"之类过激提法引起警惕,武力摧残和文化侵略都是他所亲历的现实,不加挽救,本国文化势必湮沦灭亡。他感到自己不可推卸的历史责任。他大声疾呼:"欲拯民命,先救人心;欲救人心,先明正学。"他没有与新文化人物作任何针锋相对的论战,而是以办学实践作为"正人心、救民命之事业",为延传学术作最踏实的工作。

无锡国专最初是按传统书院规制建立,"专以造就国学人才为惟一宗旨",不讲学历,导师仅二三人,学生集体住宿,学校提供伙食书籍,并根据成绩给以膏火(奖学金)。第一年招生题目就有《为生民立命为万世开太平论》,可见胸襟抱负。唐文治亲自制定《无锡国学专修馆学规》,一为躬行,"务以砥砺品诣、躬行实践为宗旨";二为孝弟,倡导为学始于家门内之行为;三为辨义,要学生明晓公私义利,"以清勤耐苦四字"挽救颓风;四曰经学,倡礼义廉耻,实事求是;五为理学,以穷理为事业与学问;六为文学,要求通四部之学,知古文蹊径;七为政治学,参西学欲建立中国治国方略;八为主静,针对热心爱国,重拾宋儒治心之法;九为维持人道,认为国家、人心之亡,皆"先亡于无是非",有是非方能正人心;十曰挽救世风,认为"吾辈务宜独立不挠,力挽颓习,秉壁立万仞之概,不为风气所转移,乃能转移风气,有以觉世而救民"。这是国专成立之纲领,即不仅要传承旧学,而且以砥砺名节、挽救世风为责任,要求学生努力践行。今人或认为此篇学规具有"修道立教"的意味,也不为过。但其后学馆受限于经费筹措、教育部门备案、学生就业和课程规范等多方面压力,再三改易校名,修改章程,调整课程,一度办学宗旨曾从弘传国学改为替政府机关培养文书人才,但基本方向则始终没有大的变化。到三十年代,校园扩展,师资充沛,生员渐增,曾达到全盛局面。但靠乡绅及董事会筹款毕竟不是长久之计,欲政府拨款则必须迁就教育部的教学规范,而国专之办学目标毕竟与一般高校有很大不同。再说"文武衣冠异昔时",国府定都南京后,政府主官与唐文治这样的前清耆宿之间再无任何瓜葛。大约1937年前,政府每月补助2000元(相当国立大学十位教师的薪水),但至战时物价腾踊,增拨很有限。今人曾从第二历史档案馆查到国专经费之专档,学校请求增拨经费之呈文,多数得到的是"碍难照准"的批覆。1946年抗战胜利,曾有改建"国立国学院"的倡议,所得也仅"所请也无庸议"的批示。唐文治曾叙述一路办学的感受,是"飘摇风雨,拮据卒瘏","忧虑无时可释"。在这样的境遇下,与国专师生坚持办学,弦歌讲诵,实在不易。

　　论学之余,唐文治始终关注国家的命运。1931年东北沦陷,他手书题词:"世界龙战,我惧沦亡。卧薪尝胆,每饭不忘。"悬于国专食堂,勉励学生雪耻图强。1937年抗战军兴,上海、无锡、南京先后沦陷,平生以道德风义律己论学的唐文治,此时当然不能坐以降敌。他于是年10月7日宣布迁校广西,与国专师生走常州、镇江、芜湖、九江到汉口,复南行往湘桂,一路仍坚持为学生授课。这虽是当时全中国皆在上演的悲壮一幕,但对唐文治来说,则年已七十三,且双目皆盲,道途之艰辛可以想见。岁末在株洲,师生四散,仅得数人相随,天雨泥滑,疲惫至极,他于旷野中命学生席地而坐,朗诵《小雅·何草不黄》:"匪兕匪虎,率彼旷野。哀我征夫,朝夕不暇。"声泪俱下,诸生为之动容。这样坚持了半年多,因他年老而水土不服,乃在桂林将校务交割给冯振,取道香港回上海。在上海孤岛复校六年,他始终坚持不向敌伪当局注册,保持了应有的气节。

　　1949年后唐文治受到礼遇,担任上海文史馆馆员。陈毅市长曾邀宴聚,他因病无法出席,只能让王蘧常代去。他的儿媳著名社会教育家俞庆棠则出任教育部社会教育司司长。但他提倡的国学实在距离现实的要求太远了。上海档案馆存高等教育处对国专沪校的审查意见,认为唐文治"年老体弱,校长不过是挂名而已,但有些事情还要顾问,思想顽固","该校学生人数甚少而且落后,教学内容与方式都是非常封建",校务"主要操纵在王蘧常一人手中",不批准续办。先是沪校并入无锡。国专更名后,于1950年5月并入苏南文化教育学院,后复并入江苏师范学院(今苏州大学)。

　　无锡国专从成立到撤并,在极其艰难的环境中维持凡二十九年半,毕业学生曾有一千七八百人的说法,今人陆阳著《无锡国专》(凤凰出版社2011年)据逐届毕业生详尽统计,所知总人数应超过800人,曾修读肄业者可能有近千人之多。在民国教育史上,这当然不是一个大数字,但如果看其历年毕业学生有唐兰、王蘧常、蒋天枢、吴其昌、钱仲联、王绍曾、魏建猷、江辛眉、汤志钧、杨廷福、许威汉、曹道衡、范敬宜、冯其庸等一流学者,曾肄业者则可以举到吴则虞、周振甫、姚奠中、吴孟复、马茂元、鲍正鹄、苏莹辉、陈旭麓等,可以说成才率很高。最重要的是为传统学术培养了传人。

唐文治于1954年4月9日辞世,时虚岁九十。他晚年的心境是孤寂的。

四

唐文治是一位曾周游世界、了解西方社会的学人,是一位知晓世界商业经济运作的实干型官员,一位立志为国家长远发展培养现代化人才的大学校长和坚定的教育家,一位坚守传统学术的儒学大师,一位写作并弘传文言古文的大文学家。他的一切作为都秉持坚定的信仰和开阔的眼光,绝不随波逐流,更不屑与世浮沉。他在交通大学的建树,功铭竹帛,毫无争议,但在五四次年以提倡国学为职志,当时似乎有些逆历史潮流而动,现在看来,无疑具有先知先觉的意义。他在学术上的成就和建树似乎也还没有得到应有的认识。新出的《中华民国史》没有为他立传,《辞海》到1979年版也没有收他,朱东润师曾专为此提出报告仍被否定。近年国学大热,提到他的仍然很少。

其实唐文治一生强学,著述不辍,存世专著有数十种之多,后结集为《茹经堂全书》,单篇文章则结集为《茹经堂文集》前后六编,他的全部遗著还有待整理,学术建树也有待研究。仅就大端来说,大约一为经学,二为理学,三为古文。

他治经学,希图剥除汉宋学者繁琐考据与率意发挥之迷障,追寻孔孟学术之本真。所著重要者如《十三经读本》,以汉魏古注为主,删繁就简,希望揭示儒学经典之真貌,提供世人简明之读本。所著《论语大义》二十卷、《孟子大义》七卷、《洪范大义》三卷以及《尚书大义》《诗经大义》等书,则发挥孔孟学术之初旨,结合当时中国实际阐发其淑世价值。他治理学,远绍紫阳(朱熹),近袭桴亭(陆世仪),尤重人格之养成与道德之淳蓄,所著有《性理学大义》十四卷、《紫阳学术发微》十二卷、《阳明学术发微》七卷等。从这些论著中,可以看到他希望追寻孔孟朱王学术思想之真髓,揭示可以在民国社会条件有适合发扬光大的内容。用现在的话说,是剔除旧道德中过时落后的内容,如君臣大义、男尊女卑、包办婚姻等等,重新建立社会转型以后的人际关系和道德原则。1912年撰《人格》五篇,分别论述子弟、学生、师友、社会、从政诸方面之人格归范。如《学生格》分诚、有恒、有耻、尚志、爱敬、尊师、公德、勤、俭、游息诸章,引先儒古训,对学生人格形成提出规范和期待。数年后又应约作《军人格》,再扩充为《军箴》四卷,专以胜残去杀,唤起军人爱国爱民之心为宗旨。

中国学术史大体可以追溯到春秋文化下移、私家讲学兴起,秦汉以后则形成汉学和宋学的不同取径。汉学严守师说,重视典籍文本的释读,数度转化为乾嘉考据之学,进入20世纪,则比较容易地转型为分科明确、探究窄而深的各项专门之学。若清华国学院,若中研院史语所,皆源出乾嘉,得与西学融合转型成现当代学术之主流。宋学好谈义理,更多地关注天地万物形成的道理,关注学人的道德修养和个人对国家社会的责任。宋学的主要贡献,是改变了宋以后历代士人的精神追求和人格高度。唐文治论学渊源有自,坚定有守,而且密切结合国事安危提出见解。他的论学大多发挥孔孟朱王之旧说,特别强调现代化国家建设绝不能割断本国的固有文化,传统学术不仅是本国文化的根本,对于建立新文化、新道德也具有不可替代的意义。将近一百年后再来读他当年对世道人心的焦灼和忧虑,特别有意义。

唐文治长于古文,远接唐宋八家,近续桐城(方苞、姚鼐)、湘乡(曾国藩),尤重文章之气势声韵。朱东润师曾云:"昔唐先生论文,言喷薄之美,情韵之美,虽不敢自负,亦不敢忘先生之教。"唐的完整论述见其1920年撰《国文大义》,凡分十二节,从气、情、才、理、繁简、奇正变化、声、色、味、神以及戒律等项展开论述。而核心的内容,则是要学生作文"必须辨阴阳刚柔性质之异"。所见渊源于曾国藩述姚鼐之论:"文章之道,分阳刚之美,阴柔之美。大抵阳刚者气势浩瀚,阴柔者韵味深美,浩瀚者喷薄而出之,深美者吞吐而出之。"(《曾文正公日记》)二者之分与其浩瀚深美,则不经诵读,无从体会。夏承焘在1940年兼职国专授课,曾多次听唐读古文,《天风阁学词日记》载:"唐蔚芝先生读《出师表》,能令人下泪。念中国文学不但诗歌有音乐性,古文品格尤高,其音乐性尤微妙。"可谓知音。1948年,他的学生发起为他灌制唱片,由大中华唱片厂制作,凡十五张,中英文对照,时称唐调,一时大卖。虽耄龄八十四岁,"年已衰迈,声亦疲苶,实不能尽其所长"(朱东润师《遗远集叙录》)。广陵遗响不绝,足以令人追想。我记得1981年做学位论文谈欧阳修散文的成就,受朱师讲授和陈柱《中国散文史》的指示,分析《五代史伶官传序》的音节构成,程千帆先生著《两宋文学史》特予揭出,今知源头还在唐文治先生。

去年湖南岳麓书院国学奖典礼上,我曾接受采访,谈到唐文治先生清末"得缘考察列国,特别注意到现代西方国家繁荣的根本,一是保存本国文化,二是重视教育。在五四运动的第二年,他毅然开办无锡国学专修学校,坚持了三十年。在唐先生看来,国学可以传续文明,国学可以弘扬学术,国学可以砥砺士节,国学可以重建道德"。这就是他去世已经六十年,仍然值得纪念的原因。

(本文参酌陆阳《唐文治年谱》《无锡国专》、刘桂秋《无锡国专编年事辑》、王桐荪、胡邦彦、冯俊森等选注《唐文治文选》等著写成,谨志谢。)

二〇一五年十一月二日

师友琅邪馆学记

本师朱东润先生平生敬慕东汉邴曼容不趋竞、不迎合之为人,因唐杜牧《长安杂题长句六首》之四有"九原可作吾谁与?师友琅邪邴曼容"句,乃题泰兴所居为师友琅邪馆,中年客居沪上后称师友琅邪行馆。今述其平生学迹,因以为篇题。

一、朱东润先生生平述略

朱先生本名世溱,中年后以字行,江苏泰兴人。1896年12月6日出生。时家道已中落,少年时父亲去世。十二岁时因偶然原因入邮传部上海实业学校附属小学读书,适古文家唐文治任学校监督(校长),因得悟古文作法,体会古文之喷薄之美与情韵之美。十七岁时读完中学二年级,即因故退学。民国初肇,曾助吴稚晖办《公论报》,旋因吴指引赴英国留学,入伦敦西南学院,课余从事翻译以助学费。二十岁前已出版译著《骠骑父子》《波兰遗恨录》《踏雪东征录》等。1916年归国,到广西梧州省第二中学任教三年,再至南通师范学校任教十年,皆讲授英文。1929年入武汉大学,初授英文,自1931年起讲授中国文学批评史,始改任中文系教授。抗战军起,西行万里至四川乐山。1942年,改至中央大学国文系任教。1947年夏受派系牵累去职,其间曾辗转多地任教。1951年受聘至上海沪江大学,次年院系调整并入复旦大学中文系。此后在复旦任教三十六年,1957年至1981年曾任中文系主任(文革间靠边)。1988年2月10日因病逝世,得年九十二岁。

朱东润先生身处中国近代社会和学术大变动时期,对传统学术有较好的感悟与积累,对欧美文学特别是英国文学有很深切的认识和体悟,加上天资颖悟,一生勤奋,在学术上取得举世公认的成就。举其大端,则可以提到他是中国文学批评史学科的奠基者之一,他是中国现代传记文学的开山者,他治学兼摄文史,横跨各代,特别强调力透纸背的翻陈出新,以及士为天下任的强烈淑世情怀。他为中国现代学术史留下了极其珍贵的学术遗产。

二、中国文学批评史学的奠基者

中国古代有优秀的文学批评的传统,至南朝时已经出现《文心雕龙》和《诗品》这样伟大的著作,宋代以后诗话、词话、文话勃兴,清人在四部分类中专设"诗文评"一类收存有关著作。传统文学批评关注文学写作的具体批评,宋以后如诗话类著作更关注诗歌写作真相和技巧之讨论,虽各有所得,无论在著作方式、批评对象和论述系统方面,都自成特色,与西方学术有很大不同。他在1932年夏完成《中国文学批评史讲义》初稿,约十五万字,写到明末钱谦益。1933年完成第二稿,增写清代二十多章,并对全书作了大幅度调整。1937年完成第三稿,改动幅度更大。虽然因为抗战爆发,学校西迁,其间第三稿下半部遗失,到1943年正式出版时,前半部是第三稿,后半部是第二稿,改名《中国文学批评史大纲》。《大纲》用文言写作,但表达的是具有西方学术眼光的文学批评立场,也是中国第一部从上古写到近代的批评史专著。

在朱先生以前,陈钟凡著《中国文学批评史》,1927年由中华书局出版,仅七万字,分十二章,前三章讨论文学义界与文学批评,后九章按时代排列,仅能粗具大概。朱先生认为该书虽"大体略具",但"仓卒成书,罅漏时有",就繁略、简择、分类三端提出批评,认为一是详于唐以前而忽略宋代以后,二以杜甫为例指其堆砌材料而缺乏鉴别,三则指其在各代批评中喜区分文体而罗列批评。朱先生认为"大率近人分类虽视古益精,而文学批评一语之成立,翻待至与西洋文学接触而后。"特别列举英国学者高斯在《英文百科全书》中将批评定义为"判定文学上或艺术上美的对象之性质及价值之艺术",并藉此阐明文学批评之性质、对象与分类,批评与文学盛衰之关系,以及文学批评文献之取资。

从1931年至1937年,朱先生在武汉大学《文哲季刊》发表系列批评史论文,侧重在宋以后批评家论述之总结,后结集为《中国文学批评论集》,1940年由开明书店出版。此组论文见其专题研究之深入,有许多独到之论说,如认为司空图、严羽、王士禛三人皆脱离现实,司空论诗真谛在"思与境偕",严倡妙悟,不过袭江西遗论,王则承严论更"汪洋无崖畔";认为方回、钱谦益人品无取,才识各具,方论诗宗旨在格高、字响、句活,钱论诗"精悍之气见于眉宇";认为桐城派以阴阳刚柔之说论古文始于姚鼐而成于曾国藩,对其太阳、少阳、太阴、少阴四象说论列尤详。在此基础上写定之第三稿,在文献增补、论述精当和探讨深入等方面,都有很大提升。

在《大纲》自序中,特别提到在他完成初稿到正式出版期间,郭绍虞、罗根泽陆续出版《中国文学批评史》,相关论著亦多。"在和诸位先生的著作显然相同的地方,我不曾作有心的抄袭;在和诸位先生的著作显然不同的地方,我也不曾作故意的违反。讨论一切事物的时候,有一般的局势,有各殊的立场。因为局势相同,所以结论类似,同时也因为立场不一,所以对于万事万物看出种种不同的形态。"他特别说到己著的三大特点。一是"章目里只见到无数的个人,没有指出这是怎样的一个时代,或者这是怎样的一个宗派"。就全书虽始终关注批评家所处的时代,也说及其与某宗某派之关系,但"认为伟大的批评家不一定属于任何的时代和宗派。他们受时代的支配,同时他们也超越时代","他们的抱负往往是指导宗派而不受宗派的指导"。二是"对于每个批评家,常把论诗论文的主张放在一篇以内"加以讨论,目的是让读者看到"整个的批评家,而不是每个批评家的多方面的组合"。三是特别"注重近代的批评家",明清两代文学批评的论述占了全书一半以上的篇幅,展现了"远略近详"的特点。

　　章培恒先生曾评价《大纲》"实是我国最早提供严格意义上的中国文学批评史的较完整架构、对我国的文学批评的发展过程作出富于新意的探讨和概括的著作"。其贡献在于"第一次用新的文学观念较系统地考察了我国从先秦到清末的文学批评发展过程,尽可能地挖掘了在这过程中在不同程度上体现了文学本质特征的观点和主张,描述了它们的演进历程,也适当地交代了与它们相矛盾的文学批评及其变迁"①。

三、文史研究领域的开拓与收获

　　30年代中期开始,朱先生转入古诗和古史研究,所著后结集为《读诗四论》(晚年再版时更名《诗三百篇探故》)和《史记考索》两书。前者包含《国风出于民间论质疑》《论大小雅说臆》《古诗说摭遗》《诗心论发凡》四篇,所谈皆为《诗经》的核心问题,其中《国风出于民间论质疑》一文,对于《国风》出自民间的旧说大胆质疑,从作品本身入手加以详细辨证,广引博征,考察诗人的地位与身份,证明《国风》百六十篇中至少有半数以上为统治阶级人物的作品。通过对习见材料的重新解读,得出颠覆性结论,堪称典范之作。另认为雅即夏,据以判断大小雅及其正变的寓意,从批评史的立场阐发古诗说的意义,也曾广受赞誉。

　　《史记考索》撰于1940年上半年,因拟开设《史记》课程,乃从基本文献梳理着手,有许多独到创见。自序称:"属海内云扰,乡邑沦陷,遂肆意著述,藉遣殷忧。历时六月,得十八篇,凡论史例者四篇,史实者三篇,史注者四篇,辑佚者三篇;其他四篇,解因他起义,无待标置,附诸卷末。"该书1948年由开明书店出版,久已享誉学林,是20世纪《史记》研究的代表著作之一。如项羽到乌江而不肯赴江东,史书称羞见江东父老,以后学者大多不离此意。而先生则提出,当时江东已为刘

---

① 上海古籍出版社2004年版《大纲》导言。

邦所有，项羽已无路可走。依据是《史记·高祖功臣侯者年表》，江东子弟有十人封侯，功劳是以江东归汉。先生强调读书一定要注意作仔细的时间和空间的排比，要注意利用别人忽略的文献。历代研治《史记》者甚多，但在《表》上花工夫的人则不多，真正能融会贯通者更少。近期发现先生稍后撰写的《〈史记〉及史家底传叙》（刊《复旦学报》2015年2期）一文，谈到正史的范围，讲到史传与传叙文学的联系与区隔，《史记》互见体例之运用及其局限，特别讨论到《管晏列传》《魏公子传》《魏其武安侯传》以及项羽、刘邦本纪之人物叙写。此文是学术鼎盛时期所撰，笔力健旺，议论风发，分析细致，识透纸背，处处显示融贯东西、参悟古今的气象格局，是一篇难得的大文字。

40年代末，先生还曾撰《汉书考索》《后汉书考索》，对二书也有许多独到的发明。如前后《汉书》写更始帝刘玄，大都视其为闇弱平庸的傀儡人物。先生逐月排列了更始时期的政局变动和应对策略及人事布局，指出更始称帝前以豪侠称，称帝后一系列举措可见其具有掌控全局的杰出才干，其失败有很大偶然性。对于光武帝刘秀，则指出其才干的平常，其成功决定于他的忍让，善于用人和寻觅机会。而对于范晔《后汉书》虽后出，但独能取代八家后汉史而得名世，先生也从该书特别表彰清流人士对国事之重视，强调国家在危亡动荡之际，士人应该承担的拯世济民之责任。先生读书细密，富于自信，强调力透纸背，目光如炬，常常能以单刀直入的态度，抓住问题的关节点，加以细致的考订，发前人所未发。

1950年秋到1951年初，朱先生研究《楚辞》，成文四篇，分别是《楚歌及楚辞》《离骚的作者》《淮南王安及其作品》《离骚以外的屈赋》，总名《楚辞探故》。他不赞同楚辞为屈原、宋玉所作的一般说法，根据汉高诱《淮南子叙》和荀悦《汉纪》的记载，认为《离骚》是淮南王刘安的作品。朱师认为《离骚》所述人物，除丰隆、宓妃这些幻想人物外，都是中原民族的人物，没有任何楚国的先王先公，如出屈原之手，不能不说是意外。但其中大量提到南方地名和草木，似乎提示作者是一位认识中原文化而不甚了解楚文化，但是对于南方情事相当熟悉的人物。既然汉代关于《离骚》作者有两种不同记载，就有从不同立场探讨的必要。刘安是具备写作可能的。经老友叶圣陶交《光明日报》副刊刊出后，引致学界哗然。郭沫若领衔正着力宣传世界文化名人屈原，因此郭与杨树达、沈知方连续在同一副刊发表五篇文章加以反驳。朱先生当年采取了不应战的态度，但还是写了补充两文，主旨在于考述刘氏得氏迟至春秋后期，可以上溯到颛顼，与"帝高阳之苗裔兮"并无违格。另一篇讨论贾谊是否曾为长沙王太傅，认为当时中央王朝对于异姓王朝的任何官员没有任命权，《史记·贾生传》错讹很多，难以尽当信史来看待。虽然此后六十多年楚辞研究成就空前，出土文献的发现和研究改变了秦汉史研究的基本格局，朱先生当年的讨论仍具启示意义。如阜阳夏侯灶墓据传出土楚辞残简，而其地恰为淮南王封地。朱先生所见得自对史籍的反复研读和体悟，绝非率尔之见。

中年以后，朱先生在文史领域仍有许多重要建树。一是主持编选注释高校统编教材《中国古代文学作品选》，对于近半个世纪中国古代文学的教学工作影响深远，至今为止依然是最广泛通行的中文专业基本教材。二是在70年代前期主持《旧唐书》《旧五代史》点校，从目前所存校点长编来看，文本校勘和校勘记撰写方面都严格遵循规范，达到了很高成就。三是在古籍校注和学术普及方面做了大量实际工作。他为写《梅尧臣传》，整理梅尧臣文集，为全部梅氏作品编年校注。在学术普及方面，则有《左传选》《陆游诗选》《梅尧臣诗选》等著作。

四、转向传记文学研究和写作

从1939年开始，朱先生的个人学术研究重心转向传叙文学研究与创作，其直接触机是当时教育部颁文要求各大学开设传记文学课程，许多教授以唐宋八大家碑传类古文来应责，朱先生认为这完全判断错误了。他从早年留学时，就对英国文学，特别是其传记文学抱有浓厚兴趣，此时决定作筚路蓝缕之探索。

在一般人看来，从《史记》《汉书》开始，中国古代史传似乎有着悠久的传统,但在致力的方向上,与西方的认识有着根本的不同。先生用西方传记文学的眼光来审视,看到了秦汉的史传、六朝的别传僧传、唐宋的碑状、明清的年谱,以及梁启超的几部评传,各有成就,但也颇多遗憾。史传的目标是写史写事,碑状过于刻板虚假,年谱不免具体而琐碎,梁启超的评传把一个人的事功分割成几块来叙述,不免有"大卸八块"的遗憾。先生认为传叙文学的使命是要写出活泼生动的人性,要以确凿可信的文献为依凭,尽可能真实地反映传主的生命历程。中国古代曾经有过传叙文学的辉煌,但唐宋以后没有能够得到继续,对于过去的成就,应该加以发掘和阐述。"知道了过去的中国文学,便会看出当来的中国传叙文学。"他想到的是:"世界是整个的,文学是整个的。中国的小说和戏剧,受到新的激荡,正在一步步地和世界文学接近",诗歌"还在大海中挣扎,一边是新体诗的底不断地演进,一边有人眷恋已往的陈迹。只有中国的传叙文学,好像还没有多大的进展"。他坚持认为"传叙文学底使命是人性真相底流露"(以上均见《八代传叙文学述论·绪言》),决心为此作彻底的探究。

  先生的努力从阅读西方理论开始。当时能够找到唯一的理论著作是法国莫洛亚的《传叙文学综论》,他从图书馆借出,用一个月时间连读带译,掌握了这部理论:"西洋文学里,一位重要的传主,可能有十万字乃至一二百万字的传记,除了他的一生以外,还得把他的时代,他的精神面貌,乃至他的亲友仇敌全部交出,烘托出这样的人物。"(《朱东润自传》第256页)他结合早年对英国文学的阅读,特别推尊鲍斯维尔的《约翰逊博士传》和斯特拉哲的《维多利亚女王传》,几年后对英国古典和近代传叙的作派有一简略说明:"一部大传,往往从数十万言到百余万言。关于每一项目的记载,常要经过多种文卷的考订。这种精力,真是使人大吃一惊。这种风气,在英国传叙文学里一直保持到维多利亚时代。一切记载,更加翔实而确切,而证明的文卷,亦更加繁重而艰辛,于是引起二十世纪初年之'近代传叙文学'。这一派底作风,总想活泼而深刻,同时极力摆脱政见的桎梏。其实仍是一步步脚踏实地,没有蹈空的语句。"(《八代传叙文学述论·绪言》)

他的工作从两方面展开。一方面是研究中国历代传叙文学的历史,另一方面是探索中国传叙文学的创作。前者在四十年代前中期曾先后发表《大慈恩寺三藏法师传述论》(《文史杂志》创刊号,1941年4月)、《关于传叙文学的几个名辞》(《星期评论》1941年3月)、《传叙文学与史传之别》(《星期评论》1941年7月)、《中国传叙文学的过去与将来》(《学林月刊》第8期,1941年6月)等论文;后者则有1943年完成《张居正大传》,成为中国现代传记文学的经典著作。

在先生生前未发表的遗稿中,有两部已经写定完成或接近完成的著作,一部是题端为《传叙文学述论》,包含十五篇文稿,扉页题记:"此书上下二册,述于一九三九,次年毕事。初名《传叙文学之变迁》,后撷为《八代传叙文学述论》,未付刊。扉页已失,姑粘此纸,以志始末。东润,一九七六年一月。"为先生从事传叙文学研究最初成文的结集。另一部是《八代传叙文学述论》,自序写于1941年5月,全书分十二章,经我整理2006年由复旦大学出版社出版。2015年5月复旦大学建校110周年,编辑出版《复旦百年经典文库》,以二书合刊出版,为避书名重复,前书出版时以《中国传叙文学之变迁》为书名。

《中国传叙文学之变迁》十五篇文稿,仅四篇增改后于四十年代发表,《法显行传》《高僧传》等三四篇与《八代传叙文学述论》相关内容相近,其他大多未刊。书中确可看到拓荒时的粗糙和不成熟,如《〈三国志注〉引用的传叙》、《〈世说新语注〉引用的传叙》两节,据诸书辑录数据加以论列,但二书数据有较多交叉,所引佚书的时代则各有先后。对《续高僧传》研究,肯定其"和慧皎原著有相等价值",并揭示此书对慧皎书的批评和补充,其所依据的文献来源,所撰在世人物生传的体例特殊,并看到该书对禅宗不满、与玄奘就译经的分歧以及所见周齐隋唐佛道二教递盛的事实。虽然都具卓见,但就传叙文学立场说,显然还没能完全展开。

但书稿中确有几篇难得的大文章。前述《史记》佚文即见本书。关于《晏子春秋》的考察,是针对《四库提要》认为该书是家传"权舆"的说法,认为"这里看不到传主生卒年月,看不到他的世系,看不到他的心理发展。所有的止是若干片断的堆积"。这是有关传叙起源的大问题。《唐代文人传叙》一篇,特别表出陆羽《陆文学自传》自述曾为优伶,陆龟蒙《甫里子传》自述曾"躬负畚锸",因坦白而令人钦服。对韩愈所论文人不作传的偏见,也给以严肃的澄清。其中缺题一文长达二万多字,从前后文看,似乎为意外的写作,因为读唐初道宣《续高僧传》,体悟此书对隋代政治及人物的叙写,显然没有受到唐初史臣贬抑隋政的看法影响,真实展示隋代二帝之真实为人及其与佛教之关系。如讲隋文、隋炀父子:"假如我们要把隋文和隋炀对比,显然地他们属于两个不同的范畴。文帝阴狠,炀帝阔大;文帝鄙啬,炀帝豪纵;文帝是校计升斗的田舍翁,炀帝是席丰履厚的世家子。要在中国史上找一个和炀帝相比的人物,我们只可推举汉武帝:他们同样是词华横溢的天才,雄才大略的君主。不过炀帝的结局,遇到意外的不幸,成为历史的惨剧,再加以唐代史家全无同情的叙述,和《迷楼记》这些向壁虚造的故事,于是炀帝更写成童昏,留为千秋的炯戒。这不能不算是历史上的冤狱。"这样评说,无论当时或现在,似乎都有些惊世骇俗。对楚汉争战之最后胜负,朱先生认为"倘使把当时双方战略和天下大势搁开不说",项羽因为世代将家,"对于部下的赏赉,是比较地慎重,换言之,就是慎重名器"。"而刘邦止是一个无赖,他手下的大多是时代的渣滓,这正是陈平说的'士之顽钝嗜利无耻者'。渣滓当然有渣滓的道理,在这一大群的顽钝无耻之徒,他们没有宗旨,没有信义,所看到的止是高官厚禄,玉帛子女。恰恰刘邦看清楚这一点,所以他成功了。他的成功的因素,就是不惜名器"。写于1940年的这段话,是对刘胜项败的判读,也说清了历史上的许多事情,值得玩味。

更难能可贵的是,该稿撰写于抗战最艰苦的时期,虽在研究历史,但处处透露出时代气息。如说汉初以来,北方诸郡"没有一处不受到匈奴的屠戮",汉武帝"决定采用贾生的策略,实现文帝的决心","其后一切的战略,都由武帝独断,恰恰遇着卫青、霍去病承意顺命,如臂使指,当然攻无不克,一直等到匈奴北徙,幕南无王庭之后,中华民族才得到喘息的机会。以后再由元帝收拾局面,但是这个民族生存的大功,还是在武帝手内奠定的"。讨论的是汉国势的安危和底定,但渗透了眼前的殷忧。在讨论朱熹《张魏公行状》时,特别引录行状原文:"公(指张浚)素念国家艰危以来,措置首尾失当,若欲致中兴,必自关陕始,又恐虏或先入陕陷蜀,则东南不复能自保,遂慷慨请行。"并说明建炎间张浚的计划是"自任关陕,由韩世忠镇淮东,吕颐浩、张俊、刘光世扈驾入秦"。在建炎四年金人南下,张浚被迫出兵牵制,导致富平大败。先生认为行状对此写得太轻了,"其实自此以后,关陕一带完全沦陷,幸亏吴玠、吴璘保守和尚原、大散关,阻遏金人入蜀之计,但是从此东窥中原,几于绝望,不能不由张浚负责"。1939年东南多已沦陷,国民政府入川,军事形势与南宋之重心在东南不同,而维持大局,控守关陕、湖湘之大势则同。先生借对南宋初年军事布局之认识,提出国势安危之关键所在。讨论全祖望碑状成就时,特别写到清初东南抗清之艰苦卓绝:"当鲁王盘踞舟山的时期,宁波、余姚一带山寨林立,作为海中的声援,山寨没有陷落以前,清兵不敢下海,正和最近抗战中的中条山游击战一样,在民族战争中发生最大的牵制力量。"又说:"在山寨底挣扎当中,浙江世家子弟几乎全参加了。"特别表彰"钱肃乐是一个孤忠耿耿的大臣,张煌言便是一个百折不回的斗士"。在这些地方,说的是清初,又何尝不是当时全民抗战的现实呢?

　　《八代传叙文学述论》作为一部特殊形式的文学史著作,先生特别说明有关文献取得之不易,是从各种类书、古注中辑录四百多种魏晋别传、杂传为主干,依靠史传、僧传、碑志为基础,加以系统论撰而成。他认为被《四库提要》称为传记之祖的《晏子春秋》只是"寒伧的祖宗",《史记》《汉书》的目的是叙史,而不是写人,被史家称道的互见之法,在人物传记中无法看到其一生的真相。他认为传叙文学产生的时代在东汉,自觉的时代在魏晋。他认为:"汉魏六朝的时代是不定的,动荡的,社会上充满了壮盛的气息,没有一定的类型,一定的标格,一切的人都是自由地发展。"这样就出现"许多不入格的人物:帝王不像帝王,文臣不像文臣,乃至儿子不像儿子,女人不像女人",有个性的人物当然是传叙记录的好标本,"传叙家所看到的,到处都是真性的流露"。

到唐宋以后,情况变了,思想、艺术和为人都"成为定格","常常使人感到平凡和委琐"(均见该书自序)。此外,他对中古僧传评价也很高。他认为《法显行传》是一部"人性底叙述。我们看到悲欢离合,看到生死无常,看到法显底慨然生悲,看到印度诸僧底相顾骇叹"。他举法显在天竺看到商人供奉的白绢扇而凄然下泪,认为这位高僧"和我们一样地有知觉有感情的人物"。他特别赞赏慧皎《高僧传》各传篇幅扩大,可作完密的叙述,且"富于人性的描写"。以庐山慧远为例,认为处处写出其弘法的坚定和人格的伟大,并加评议:"慧远庄严博伟,虽一时枭杰刘裕、桓玄之徒,敢于窥窃神器,而不敢犯及远公。罗什屈身僭伪,而慧远树沙门不敬王者之论。从人格方面讲,慧远与鸠摩罗什简直无从比拟,这是中国人的光荣,也是晋宋以后佛法大兴的根源。"

五、后半生集中精力从事传记文学写作

先生探索中国传叙文学的创作,在反复斟酌后,选定明代隆庆、万历间的权相张居正,一位在生前身后都有争议,但朱先生认为是一位在错综复杂的政治纠葛中为民族生存和发展作出重要努力的人物,在抗战最困难的时期,写出这样的人物,是具有激励士气意义的。

在实际写作展开后,朱先生始感到开拓之不易,即明代的文献虽然很多,但各有立场和避忌,要把复杂政治斗争中交叉多元、错综难解的人际关系及其在权力角逐中的各种不同人物的真面目、多性情,以及由此造成人物命运的变化展现出来,确实不容易。朱先生从西方传记文学的做法中得到启发,即首先广泛而全面地搜辑此一时期的重要文献,在仔细阅读后作极其繁复的推敲和取舍,剔去伪饰,追寻真相。朱先生认为史传、碑志、实录、文集、年谱,乃至西方学者重视的自叙、回忆录、日记、书简,都有各自的局限。优秀的传叙家应善于分析和驾驭各类文献,努力追寻事实的真相,"把一切伪造无稽的故事删除,把一切真凭实据的故事收进"。学者不仅要有贯通文献的学力,同时应有辨析人事、体悟情委的悟性和胆识。先生的著作就每每显示出此种

敏锐和识见。在《张居正大传》一书中，朱先生从明初以来的权力变迁、制度设置和国势隆替的叙述中展开，在张居正的家世、仕途以及取得权力的曲折过程中写活人物，其中最精彩的部分无疑是他与万历皇帝以及权阉冯保的复杂关系的剖析和描述，写出张一心奉公，为国家发展忍辱负重，推出一系列有利国势强盛的举措，为明王朝延续了生存的机会。在这些人物身上较多地投入了朱先生本人的人生态度，他也经常谈到士人在国家民族危亡之际应该承担的责任。他在《张居正大传》最后写道：

> 整个中国，不是一家一姓底事。任何人追溯到自己底祖先的时候，总会发现许多可歌可泣的事实；有的显焕一些，也许有的黯淡一些。但是当我们想到自己底祖先，曾经为自由而奋斗，为发展而努力，乃至为生存而流血，我们对于过去，固然是看到无穷的光辉，对于将来，也必然抱着更大的期待。前进呵，每一个中华民族底儿女！

这段写在抗战最困难时期的话，无疑具有激励士气、砥砺名节的作用，也体现了朱先生写作传记为先人总结荣光，为今人树立典范的用心。《张居正大传》的成就，为中国现代传记文学开拓了新的道路。

在《张居正大传》以后，朱先生又写出《王阳明大传》，可惜书成于鼎革前夕，无法及时出版，后来在迁徙中遗失，留下永久的遗憾。

五十年代的学术氛围在于主导思想强势，个人研究难以展开，加上教务繁重，朱先生治学有过一段低谷，直到1959年完成《陆游传》《陆游研究》《陆游诗选》，方重有起色。前一年大跃进，所有人都报宏大而不准备实施的题目，只有朱先生很认真的，他提出完成陆游三书100万字，向国庆十周年献礼，在一年多时间里全力以赴，如期完成了《陆游传》《陆游研究》和《陆游诗选》。他晚年提及此事，仍颇多感慨。因陆游《剑南诗稿》本身是按照写作前后编次，可以清晰地看到他一生诗歌写作的变化。在一些重大关节上，朱先生仍然作了极其有意义的发挥,如陆游最初依仿江西派写诗,诗风逐渐走向成熟的过程;南郑从军对他诗歌成熟的关键意义;他在南郑参与军事活动的实际意义以及最终失败原因的分析;他晚年与韩侂胄和解并出山用事的真相与评价,凡此皆颇多发明。此外对许多作品的解说也很有新意。如《清商怨》词有"梦破南楼,绿云堆一枕"句,向来认为述男女私情。朱先生根据词"葭萌驿作"自题,认为作于南郑从军之归途,表达的是对金作战方略失败的失望,是一首有寄托的词作。

写完《陆游传》,他准备转入北宋,写苏东坡的传记,并为此作了长达两年的阅读和准备,但最终放弃了,他自己解释是个性与东坡相去太远,无法深入体会东坡的思想和行事。因为这一段经历,他最终选择改写有宋诗开山之祖的梅尧臣。有关《梅尧臣传》写作的叙述,详见本文最后一节,在此从略。

《杜甫叙论》写成于文革后期。朱先生认为冯至《杜甫传》写得不错,因另拟题。萧涤非《杜甫研究》以杜甫为人民诗人,郭沫若《李白与杜甫》则认为杜甫出生地主,嗜酒终生,朱先生都不赞成。他认为杜甫虽出生世族,享有特权,但随着时代变化和地位下移,他与人民的关系是在不断变化的。先生特别表彰杜甫在人生困顿期间始终坚持诗歌的写作,认为华州和夔州时期是杜诗创作的两个高峰时期。他尤其称赞杜甫《八哀诗》以宏大的篇幅写出自己心仪的八位人物一生的事功和遭际,认为是用诗歌写人物传记的典范。当然,书中也自多时代的感慨与批判,会心的读者当不难读出。

《陈子龙及其时代》是朱先生晚年著作中最重要的一部,成书在八十年代初,当时我方随读研究生,看到他阅读文献及写作的过程。当时他思考较多的问题是,北宋末金人南侵,汉人南渡后还维持了一个半世纪的半壁江山,为什么南明就守不住。他的结论是,明后期朝廷固然已经腐朽之极,至南方士人如东林、复社诸人,也已经腐败至甚,因而到国家危急之时,已经没有人才出来支撑危局。他认为陈子龙是这一时期的杰出人物,在明末的腐败风气中,陈有随波逐流的一面,也有认真思考、努力行动的另一面。在甲申惊天动地的变局中,陈子龙完成了从文士到斗士的转变,为民族战争克尽努力,最后以一死成就一生之名节。全稿用较大篇幅讨论明末一系列重大事件的真相,提出在辽东战局、西北西南平叛以及北京陷落前后的诸多失误及应该采取的方略。书稿原名《陈子龙传》,出版社考虑到名实相符,建议改名,朱先生虽接受了建议,但私下谈话间也每多遗憾,认为传记是可以这样写的。此书与稍早出版的陈寅恪《柳如是别传》所述为同一时代,不少内容可以比读参照。

《元好问传》是朱先生撰写的最后一部传记,确定选题时已经将近九十岁。朱先生最初认为元氏在金元之际名节有守,值得肯定,但在充分阅读相关文献后,感到其人品可议处不少。其间曾与我谈到具体的想法,年纪大了,再换选题已不可能;元本来就是鲜卑后裔,不必完全用汉文化的立场来加以评价;前此所选传主都是公忠为国、认真用世者,最后有些变化也好。正编写成不久,就因病入院,未及为此书作序即辞世,真正做到写作到最后一息。

还应该提到朱先生在文革时期写成的两部传记。一部是《李方舟传》,是为文革间被迫害致死的夫人邹莲舫所写传记。朱先生认为,传记既可以写在历史上有重大贡献的伟大人物的生命历程,也可以记录平凡人物的人生道路。他与夫人是按照旧式婚姻结合,婚前未见面,婚后感情笃好。朱先生回顾走来路,更感到夫人在乱世中操持家务的坚强伟大,因而饱含感情地写下这部特殊传记。因为写于特殊时期,全书人物皆用别名,内容也仅写到文革前,书中的寄意读者当不难体会。自传《八十年》大体写于文革末期,篇幅约四十万字,回首自己一生道路,紧密结合时代变化和人生遭际,留下一生思想和学术的珍贵记录。如其中有关武汉大学三四十年代的记录,谈校史者认为可与台湾学者齐邦媛名著《巨流河》齐价。

六、朱东润先生的治学方法

朱先生1946年为其子君道中学毕业题词:"用最艰苦的方法追求

学识,从最坚决的方向认识人生。"(泰兴市朱东润纪念馆存手迹)也可视为他一生的自勉格言,他的治学即体现了这一精神。从最基本的文献考订做起,学术研究中付出常人难以想象的艰辛努力,在复杂的文献解读中融入对生活的透辟体悟,在历史的发展进程中去解释一个又一个杰出人物的生命历程,为中国文学研究开拓出一条新的道路。

如果要具体说明,则可以《梅尧臣传》的写作为例。

《梅尧臣传》写于1963年,历时204日脱稿。实际开始研究的时间要早两年,着手后碰到的最大问题是要弄清楚梅的生平,依据当然一是碑传,二是他的文集。碑传有梅好友欧阳修所写《梅圣俞墓志铭》和《梅圣俞诗集序》,但仔细阅读,朱先生发现二文称梅"为人仁厚乐易,未尝忤于物",又说他"有所骂讥笑谑"皆"用以为欢而不怨怼",就不符合事实。梅对当时地位高的人批评很激烈,欧阳修如此评价,只能理解为出于料理后事时为家属请恤的考虑。元代张师曾曾编《宛陵都官公年谱》,所据资料有限,仅略备梗概。要弄清楚梅尧臣一生的经历,并对其作品寓意作出知人论世的评价,只能依靠充分研究他的诗集。

梅尧臣的诗集《宛陵集》六十卷,宋刻仅存残本三十卷,明刻本两种倒是完整的,但编次与宋刻不同。这两部文集编次混乱,既不编年,也不分类。近人夏敬观选《梅尧臣诗导言》中,曾指出此集前五十九卷分为两个部分,各为起讫。他的意见给朱先生以启发,在全集中寻找有明确的系年的两类线索,一是作者原诗题上标明年代的,二是编辑者在一些卷前标明时期者,后者约有十多卷,大端可信,但细节颇有出入。仅有这些线索,要为全集编年,朱先生觉得如同捉跳蚤,东跳西挪,不知从何入手,何况诗人即兴咏诗,有时并无本事可言,即便辛苦求证,也难以全部落实。他在对梅集反复阅读后,发现其大体虽显得混乱,但每个小段落还保存着作者或了解者所编定的痕迹,只要弄清全书的安排规律,在理清偶然错乱的特殊情况,就如同揭树皮一样,可以一块一块地理清楚。为此他提出六条办法为梅集编年,理出了全集的基本线索,并为全集作注。

花费以上功夫还不够,他还通读了与梅尧臣同时代各家文集,利用各种编年或纪传体史书,逐年逐月清理梅尧臣生活时代发生了哪些大事,梅是如何对此表达己见的,就此综合斟酌,深入讨究,因而提出许多发前人未及的看法。比如欧阳修对范仲淹的态度,前人都知景祐三年(1036)范被贬时,欧为范声援而坐贬,但在范起复后,请欧去做他的掌书记,遭欧拒绝。前人对此解释多不着边际,朱先生从欧给梅的书信看到直率的表述,否定了朋党避嫌或奉亲不远行的说法,表达了对范以掌书记见召的不满。朱先生认为:"从这里我们可以看到范仲淹对于同患难的欧阳修,还不能作出恰如其分的估计,以致欧阳修也不愿前往,这就难免在朋友之间发生裂痕了。"在这里,朱先生不仅指示了对于文献解读应该注意先后早晚,更提示应该注意其写作的对象、场合以及特定的微妙关系,揆以世事人情,才能获得准确的理解,而不必完全拘泥于书面的表述。再如庆历新政期间范仲淹与欧、梅以及苏舜钦、吕公著等关系的叙述,可以说是《梅尧臣传》中最为精彩的部分。现代学者研究庆历新政,一般都认为由范仲淹领导,并根据范的条陈十事来分析新政的主张,根据《岳阳楼记》来分析新政失败后范的气度胸襟,这些当然都是不错的。朱先生在详密分析文献后,提出了一系列新的见解。一是欧阳修为主的庆历四谏官对新政形成的作用。四谏官任用在范仲淹还朝前半年,范还朝初任枢密副使,主军事而非主政事。朱先生特别指出欧阳修上疏请参知政事王举正与范的职务互换,相当尖锐,在人事布局上直接促成了新政的实行。二是范的十事提出后,改革派内部的不同意见。朱先生特别分析了苏舜钦《上范公参政书》,认为新政表面上看奋发有为,百废待兴,实际上手忙脚乱,一事无成,而苏在新政关键时期提出的意见,并没有引起范的重视,从而决定了新政的失败。三是范在新政将败之时,主动请求到西边主管对西夏战事。对此,朱先生引用吕夷简的议论,指出范的失误。又引用梅尧臣在范仲淹去世前后的一系列诗歌,指出范在新政失败前后,对于朋友没有尽到关心和帮助的责任。引用梅在范去世后的悼诗,看到梅范两人关系逐渐疏远的经过。朱先生的解释是,在主张改革的这批人之中,韩琦和范仲淹是行政官气味较重的人物,在考虑如何做好事情的同时,先考虑自身的安全;而梅尧臣、欧阳修则书生气味较重,只是按照书上的准则提出要求,成败利钝在所不计。其中范、梅二人更显得极端而偏激,导致了不可调和的矛盾。四是欧阳修为范仲淹作神道碑,一定要写到范与政敌吕夷简的和好与相见,引起范仲淹家人的极大不满。为此,朱先生特别引用由吕家保存而为南宋吕祖谦收入《宋文鉴》的范仲淹《上吕相公书》,证明欧阳修所云的可靠。朱先生认为范仲淹在庆历新政失败后,妥当地寻得下台的地步,而新政诸人则多受到严厉的处分,因此在梅尧臣的《谕乌》《灵乌后赋》等作品中,指出范仲淹用人的不当和教子的无方,对他的失败不仅不同情,甚或认为是应得的惩罚。以上见解,不仅是广泛并深入处理文献后的收获,更多地体现出朱先生力透纸背的史识和丰厚的人生体悟。

二〇一五年十月七日于复旦大学光华楼

朱东润先生研治中国文学批评史的历程
——以先生自存讲义为中心

朱东润先生是中国文学批评史学科奠基人之一。他的《中国文学批评史大纲》一书,1944年由开明书店出版,虽然时间略后于郭绍虞先生和罗根泽先生的著作,但郭著1934年仅出版上册,下册则迟至1947年方问世。罗著最初仅写到六朝,1943年增订后也仅至隋唐五代。可以说,朱著是最早的一部文学批评通史。而朱著出版虽晚,但从1931年授课,1932年形成首部讲义,其后数加修订,正式出版著作也并非最终的写定本,有关情况,先生本人在《大纲》自序中略有说明。对其中原委的研究,至今也仅见周兴陆教授根据上海图书馆藏先生题赠老友郑东启先生的一册讲义,所撰《从〈讲义〉到〈大纲〉》一文,有一粗略的介绍和分析。

笔者近日因受委托编纂先生文集的机缘,承朱邦薇女士信任,得以阅读先生本人保存的有关中国文学批评史的历次讲义和手稿,可以较详尽准确地梳理先生一生研究的轨迹。特撰本文,俾便学者参考了解,并纪念先生逝世25周年。

一、先生自存批评史讲义和手稿的基本情况

所见讲义和手稿计有以下若干种。

甲、国立武汉大学铅排线装本《中国文学批评史讲义》,署"朱世溱东润述",凡双面169页,单页13行,每行38字,总约17万字。卷首有题记,无目录,无印行年月。经鉴定为1932年讲义。

乙、国立武汉大学铅排线装本《中国文学批评史讲义》，卷首无署名，有题记和目录。《绪论》前署"朱世溱东润述"。凡双面261页，单页13行，每行38字，总约26万字。无印行年月，经鉴定为1933年讲义。

丙、国立武汉大学铅排散页《中国文学批评史讲义》，署"朱世溱东润述"，凡双面122页，单页13行，每行38字，总约12万字。卷首无题记，无目录，版页末括记："武42 二十六年印。"知为1937年讲义前半部之校样。

丁、国立武汉大学铅排线装本《中国文学批评史讲义》，卷首有二十八年题记和目录，《绪论》前署"朱世溱东润述"。凡双面268页，单页13行，每行38字，总约27万字。前122页末括记："武42 二十六年印。"目录及123页后皆括记："乐48 二十七年印。"知为1939年在乐山所引讲义。

戊、蓝格毛边稿纸剪贴1933年版讲义及新增改文稿，为1937年《讲义》增订本下半部的部分残稿。

己、上海公裕信夹工业社活页夹装订手稿，无总题，但附有1960—1961年度排课表一纸，显示为中国文学批评史课之讲义。凡毛边纸手稿双面164页，单面16行（后半为14行），每行35字，总字数约17万字。

上述讲义和手稿，时间跨度约三十年，可以反映先生在中国文学批评史领域从筚路蓝缕的开拓中，不断完善修订、精益求精的治学探索。

二、《中国文学批评史讲义》1932年初稿

先生于1929年4月由陈西滢介绍到武汉大学任特约讲师，初授英文。因文学院长闻一多建议，自1931年起讲授中国文学批评史课程，1932年始任中文系教授。

先生《大纲》自序云："一九三一年，我在国立武汉大学授中国文学

批评史。次年夏间,写成《中国文学批评史讲义》初稿。"这份《讲义》初稿,由武汉大学校内印刷,先生自存两册,一册有较多批语。书首有题记云:

> 中国文学批评史,现时惟有陈钟凡著一种。观其所述,大体略具,然仓卒成书,罅漏时有。略而言之,盖有数端。荀卿有言,远略近详。故刘知几曰:"史之详略不均,其为辨者久矣。"又曰:"国阻隔者,记载不详;年浅近者,撰录多备。"今陈氏所论,唐代以前殆十之七,至于宋后不过十三。然文体繁杂,溯自宋元,评论诠释,后来滋盛,概从阔略,挂漏必多。此则繁略不能悉当者一也。又尺有所短,寸有所长,震于盛名,易为所蔽。杜甫一代诗人,后来仰镜,至于评论时流,摭拾浮誉,责以名实,殊难副称。叶适《读杜诗绝句》曰:"绝疑此老性坦率,无那评文太世情。若比乃翁增上慢,诸贤那得更垂名。"而陈氏所载杜甫之论,累纸不能毕其词。此则简择不能悉当者又一也。又文学批评,论虽万殊,对象则一。对象惟何?文学而已。若割裂诗文,歧别词曲,徒见繁碎,未能尽当。有如吕本中之《童蒙训》,刘熙载之《艺概》,撰述之时,应列何等?况融斋之书,其指有歧,宁能逐节分章,概予罗列。然中土撰论,大都各有条贯,诗话词品,曲律文论,粲然具在,朗若列眉,分别陈述,亦有一节之长。此则分类不尽当而不妨置之者又一也。述兹三者,略当举隅,旨非讥诃,无事殚悉。今兹所撰,概取简要,凡陈氏所已详,或从阙略,义可互见,不待复重。至于成书,请俟他日。

可知在先生以前,仅有陈钟凡《中国文学批评史》(中华书局 1927)一种,全书七万余字,分十二章,前三章讨论文学义界与文学批评,后九章按时代排列,仅能粗具大概。先生对此书曾有所参酌,肯定其"大体略具",也见其"仓卒成书,罅漏时有",并就繁略、简择、分类三端提出批评,一是详于唐以前而忽略宋代以后,二以杜甫为例指其堆砌材料而缺乏鉴别,三则指其在各代批评中喜区分文体而罗列批评。凡此诸端,虽属批评陈著,亦欲表达己著之努力目标,即远略近详,将以较大篇幅论述宋以后之文学批评史;重视简择,尽量选取各代最具代表性的论述加以介绍;以人为目,以时代为序,以文学为批评对象,不作文体的分别论述,以免割裂之嫌。

此《讲义》初本凡分四十六章。首章《文学批评》,首举隋唐书志至四库诗文评类之成立,认为"大率近人分类虽视古益精,而文学批评一语之成立,翻待至与西洋文学接触而后"。特别列举英国学者高斯在《英文百科全书》对批评之定义为"判定文学上或艺术上美的对象之性质及价值之艺术",并藉此阐明文学批评之性质、对象与分类,批评与文学盛衰之关系,以及文学批评文献之取资。此后以先秦、两汉、建安各为一章,六朝则列八章,隋唐七章,宋十六章,金元二章,明九章,止于钱谦益。

本稿多处可见凡陈著已详即"从缺略"的痕迹。如《先秦批评》于"诗言志"从略而详述季札观礼,于《论语》则云"思无邪"外另有兴观群怨说,《两汉批评》则云"司马迁之论《离骚》,推赜索隐,无愧于后世印象派之论者,既陈书所具录,兹略之"。

可以说,在初期授课基础上形成的《讲义》第一稿,先生初步完成了明以前中国文学批评史的建构,为这一学科的成立奠定了最初的基石。

三、《讲义》1933 年增订本

从 1931 年初开始,先生在武汉大学新创办的《文哲季刊》上连续发表中国文学批评的专题论文,到 1935 年共先后刊出《何景明批评论述评》《述钱牧斋之文学批评》《述方回诗评》《袁枚文学批评论述评》《沧浪诗话参证》《李渔戏剧论综述》《司空图诗论综述》《王士禛诗论述略》《古文四象论述评》等九篇,后结集为《中国文学批评论集》,1940 年由开明书店出版。此组论文可以见到先生在重大文学批评专题研究方面的深入探讨。先生晚年自述"在写作中,无论我的认识是非何若,我总想交代出一个是非来,以待后人的论定"(1970 年撰《遗远集叙录》,未刊,此据稿本)。诸文皆有独到之论说,如认为司空图、严羽、王士禛三人皆脱离现实,司空论诗真谛在"思与境偕",严倡妙悟,不过袭江西遗论,王则承严论更"汪洋无崖畔";认为方回、钱谦益人品无取,才识各具,方论诗宗旨在格高、字响、句活,钱论诗"精悍之气见于眉宇";认为桐城派以阴阳刚柔之说论古文始于姚鼐而成于曾国藩,对其太阳、少阳、太阴、少阴四象说论列尤详。

在专题研究深入展开,批评文献充分发掘的基础上,先生对《讲义》初稿作了两次大幅度的增订。先说 1933 年的修订。此本《讲义》按前述版式印出,凡得七十五章,总约 26 万字,较初版增写二十九章,增加九万字。卷首题记:

> 二十年度授中国文学批评史。编次讲稿,上起先秦,迄于明代。次年续编至清末止,略举诸家,率以时次,或有派别相属、论题独殊者,亦间加排比,不尽以时代限也。凡七十五篇,目如次。

始授课在民国二十年度,即 1931 年,编次讲稿并付印则为 1932 年事。"次年续编"则为 1933 年事。其中清代部分增写 24 章,为重心所在。其他部分的增改,也有一定幅度。就章节来说,此稿将首节《文学批评》改为《绪言》,将《先秦批评》改为《古代之文学批评》,将《两汉批评》分为两章,六朝部分增加范晔、萧子显、裴子野等人,宋代则增加了张戒。从内容来说,则改变初稿与陈著交集处从简的体例,如孔子诗论补入述《关雎》和"思无邪"的论述,汉代补出司马迁,以形成完整独立的著作。

四、1937 年增订本的完成与厄运

从 1936 年开始,先生对《讲义》作了较大幅度的增订,并于 1937

年秋付排。但就在这时,日军侵华规模扩大,全国范围的抗日战争爆发。到1938年春,武汉已经成为全国抗战的中心,武汉大学也奉命西迁到四川乐山。先生的个人命运和著述工作也卷入此一风暴之中。先生在1937年末寒假开始后,因惦念已经三个多月未通音问的家人,以及家中正在营造的居宅,即取道长沙、广州、香港、上海返回泰兴老家。在家近一年,至1938年末接武汉大学电报,乃于12月2日启程,经上海、香港、河内、昆明、重庆,至1939年1月13日抵达乐山。可以确定的是,在1937年末返家以前,《讲义》第三稿的增订工作已经接近完成,但并未全部印出。《讲义》1939年本题记云:"二十五年,复删正为第三稿,次秋付印,至一百二十二页,而吾校西迁。"《大纲》自序云:"一九三六年再行删正,经过一年时间,完成第三稿。一九三七年秋天开始排印。这时对外的抗日战争爆发了,烽火照遍了全国,一切的机构发生障碍,第三稿印成一半,只得搁下,其余的原稿保存在武汉。"所叙内容是一致的。此稿文本,目前可以见到三份书稿。

其一,先生自存1937年《讲义》排印本前半部分校样两份,均无题记,署"朱世溱东润述"。均仅118页,至第三十三《朱熹附道学家文论》止。版页末括记:"武42 二十六年印。"我推断此为先生离开武汉时随身携归,并携入蜀中者。

其二,1939年版《讲义》。其中正文前122页版页末括记:"武42 二十六年印。"卷首目录四页和123页后版页末均括记:"乐48 二十七年印。"知此本并合两次排印本而成。其中武汉所印部分,较自存校样多4页,而123页至124页为《自〈诗本义〉至〈诗集传〉》章之后半,为1937年增订时新写章节。

其三,1937年增订本最后十八章之手稿。详见下节所述。

前述周兴陆教授《从〈讲义〉到〈大纲〉》一文,由于仅见1933年版《讲义》,其所作《大纲》定稿过程及与《讲义》的比较分析,主体其实是1937年版《讲义》前半部对1933年版删订增补的考察。他的看法是:一、《讲义》常引述西人理论,作中西比较;《大纲》则予以删除,并强调民族精神。二、和《讲义》相比,《大纲》立论更平妥、严谨。举钟嵘、刘勰部分论述为例。三、"有些地方还可以看出朱东润先生对问题研究的深化"。以司空图、王士禛为例。四、文献考辨更为慎重,并补充新见到的《文镜秘府论》关于八病之论述。这些都是深入研读的结论,我都赞同。

就我对 1937 年版《讲义》前半部与 1933 年版比读的结果,确认此次修订的幅度很大。先秦部分分为二章,增加了孟荀的内容,对《三百篇》和《诗序》的论述,则融入己著《读诗四论》的心得,认为《诗序》影响后世最大者为风雅颂之说、风刺说、变风变雅说等。六朝增加了皇甫谧,唐代增加了李德裕,并增加《初唐及盛唐之诗论》,又在司空图下增加《唐人论诗杂著》部分。宋代则增加了曾巩、陆游等人,朱熹下增附《道学家文论》,另增《自〈诗本义〉至〈诗集传〉》一章,表彰宋儒治《诗》之创见。而各章节下内容,少数保持原貌,如范晔一章,多数则改动幅度很大,如刘勰、钟嵘等部分,几乎将原稿全部改写。

五、1937 年增订本残稿之分析

对于 1937 年增订本全本的合璧,先生是抱有很大的期待的。《大纲》自序:"承朋友们的好意,要我把这部书出版,我总是迟疑。我想待第三稿的下半部收回以后,全部付印,因此又迁延了若干时日。事实终于显然了,我的大部的书籍和手写的稿件都没有收回的希望。所以最后决定把第三稿的上半部和第二稿的下半部并合,略加校定,这便是这部《中国文学批评史大纲》的前身。"这是 1944 年的表述,这时抗日战争在最后决战时期,战争何时结束正未可期。1946 年 6 月从重庆回南京途中经过武汉时,曾"顺便去武汉大学看看老朋友和寄在武汉的三只大木箱",木箱装的是书和文稿。(《朱东润自传》306 页)

近期查检先生遗稿,发现有一迭大蓝格毛边稿纸抄写的书稿,经鉴别应该就是先生 1937 年《讲义》增订本的部分残稿。残稿首有目录一纸,正反两面抄写,经核对,其前三十四节与《大纲》前三十四节全合,其后四十二章目录,应即遗失的后半部的目录,惟缺写最末《曾国藩》《陈廷焯》二目。正文则自第六十章末节"竹垞又有《寄查德尹编修书》"始，至全书之末。残稿采取以1933年本剪贴增写的方式，其中改动较多者，均就蓝格毛边稿纸上粘贴增写，若改动不多者，则仍改动于1933年本散页上。所存为蓝格毛边稿纸十六页，两面书写；1933年本散页增订稿四十五页，每页亦各分两面。总字数约八万字。残稿上已经做有部分付排的说明。应属即将完成的增订本最后部分，但仍稍存一些仓卒的痕迹。我比较倾向的判断，是先生此次修订，为逐次完成付排者。很可能在1937年末学期结束时，上半部校样已经排出，故得取到携归以阅正，第二部分已经交稿付排，故原稿未得保存。最后部分已经接近完成，尚未及付排，故得以保存。

以残稿本与1933年本《讲义》比读，可以见到如叶燮、金人瑞、李渔、方苞、姚鼐、纪昀、赵翼、章学诚、阮元、陈廷焯诸家改动较少，或仅改订误字，润饰文意。而于王士禛、吴乔、沈德潜、袁枚、刘大櫆、曾国藩诸家改动甚大，《清初论词诸家》则几乎全部重写。另新增郭麐、翁方纲、包世臣诸人的论述。

残稿本于1933年本《讲义》改动较大部分有王士禛、吴乔、刘大櫆、沈德潜、袁枚、曾国藩诸节，皆清代文论之大节所在。其中大多有较多文献之增加，于各家之批评亦多增新说。如王士禛，即增写"渔洋论诗，好言神韵，后人直揭其说，以为出于明人之言格调。今以渔洋之论明诗者列之于次，其渊源所出，盖可知也。""渔洋之诗，时人亦有谓其祧唐而祖宋者，见施闰章《渔洋山人续集序》。实则渔洋之论，前后数变，知乎此，于渔洋之所以论唐说宋者，得其故矣"。"渔洋论诗言三昧，又言神韵。三昧二字，不可定执，神韵一语，稍落迹象。至于诠释神韵，则有清远之意，此更为粗迹矣"。皆体会有得，可补前说之未及。再如《吴乔》，改动也很大，增加"修龄论唐宋明之别，以为在赋比兴之间"、"谓杜诗无可学之理"、李杜后"能别开生面自成一家者"为韩退之、李义山诸节。《袁枚》章则增加"随园论诗言性情，与诚斋之说合，然其立论有与诚斋异者"一段。《曾国藩》一章，则增加"曾氏持论主骈散相通"、"姚、曾论文同主阴阳刚柔之说"等内容。《沈德潜》章于其诗教说亦有很大增补,则与先生在 1934 年 12 月《珞珈》二卷四期发表《诗教》一文表达的见解有关。

《清初论词诸家》,1933 年本述邹祗谟、彭孙遹、刘体仁、厉鹗四家,残稿本增至八家。1933 年本初述云间宋征璧(字尚木)之论,残稿本改为第一家,引其说后增按断云:"尚木此论,颇为渔洋等所不满,论词之风气一变。然渔洋等虽言南宋,未能有所宗主,去真知灼见者尚隔一层。其所自作,亦多高自期许,互相神圣,后人未能信也。"以渔洋为第二家,仍录批评云间二语,另增评南渡诸家一节。其次仍为邹祗谟、彭孙遹、刘体仁,内容不变。其六为朱彝尊,将原述朱诗文论述末一节挪至此,改写评语云:"大要浙派所宗,在于姜、张,间及中仙。竹垞同时诸人如龚翔麟之《柘西精舍词序》、李符之《红藕庄词序》,其言皆可考也。"其七为厉鹗,以郭麐为殿,则完全新写,全录如下:

> 郭麐,吴江人,字祥伯,号频伽,嘉庆间贡生,有《灵芬馆词话》。频伽尝作《词品》,自序云:"余少耽倚声,为之未暇工也。中年忧患交迫,廓落鲜欢,用复以此陶写,入之稍深,遂习玩百家,博涉众趣,虽曰小道,居然非粗鄙可了。因弄墨余闲,仿表圣《诗品》,为之标举风华,发明逸态。"共得《幽秀》《高超》《雄放》《委曲》《清脆》《神韵》《感慨》《奇丽》《含蓄》《逋峭》《秾艳》《名隽》十二则。其后杨夔生有《续词品》,亦频伽之亚也。《灵芬馆词话》论古来词派云:"词之为体,大略有四。风流华美,浑然天成,如美人临妆,却扇一顾,《花间》诸人是也,晏元献、欧阳永叔诸人继之。施朱傅粉,学步习容,如宫女题红,含情幽艳,秦、周、贺、晁诸人是也,柳七则靡曼近俗矣。姜、张诸子一洗华靡,独标清绮,如瘦石孤花,清笙幽磬,入其境者,疑有仙灵,闻其声者,人人自远,梦窗、竹窗,或扬或沿,皆有新隽,词之能事备矣。至东坡以横绝一代之才,凌厉一世之气,间作倚声,意若不屑,雄词高唱,别为一宗,辛、刘则粗豪太甚矣。其余么弦孤韵,时亦可喜,溯其派别,不出四者。"

新写部分另有翁方纲、包世臣等。翁方纲附王士禛后,阐发其"神韵之说,出于格调"之见解。包世臣附恽敬后,录其《与杨季子论文书》谓"斥离事与理而虚言道者之无当",录《再与杨季子书》,"论选学与八家,尤足以通二者之藩而得其窾要",又录其摘抄韩、吕二子题词,以见其"起诸子以救文弊"。凡此皆见先生于清代文学批评之补充。

残稿目录阮元下增焦循,复圈去。对焦循,1961年讲义有论述,可以作为此时斟酌的补充,引如下:

> 焦循是清中期的一位经学家,但是他对于一般文学,尤其是戏曲,有他特独的成就。所著《剧说》及《花部农谭》都收入《戏曲论著集成》。因为他是对于一般文学的发展有所认识,所以在《易作钥录》发"一代有一代之胜"的主张:"夫一代有一代之所胜,舍其所胜以就其所不胜,皆寄人篱下者耳。余尝欲自楚辞以下,至明八股,撰为一集,汉则专取其赋,魏晋六朝至隋则专录其五言诗,唐则专录其律诗,宋专录其词,元专录其曲,明专录其八股,一代还其一代之所胜。"《花部农谭》是一部特出的叙述。清朝中叶,两淮盐务例备雅、花两部,以备大戏。雅部指昆山腔,这是当时的正统;花部为京腔、秦腔、弋阳腔、梆子腔、罗罗腔、二簧调统谓之乱弹。这是当时的地方戏,不能和昆腔取得同等地位。焦循自序说:"梨园共尚吴音。花部者,其曲文俚质,共称为乱弹者也,乃余独好之。盖吴音繁缛,其曲虽极谐于律,而听者使未睹其本文,无不茫然不知所谓。其《琵琶》《杀狗》《邯郸梦》《一捧雪》十数本外,多男女猥亵,如《西楼》《红梨》之类,殊无足观。花部原本于元剧,其事多忠孝节义,足以动人;其词直质,虽妇孺亦能解;其音慷慨,血气为之动荡。郭外各村于二八月间,递相演唱,农叟渔父聚以为欢,由来久矣。"焦循对于戏剧,和王骥德、李渔以作家身份加以评论者不同。但是从这篇序里,我们可以看到三点:一,重视地方戏。二,重视元剧富于社会意义的传统。三,对于男女猥亵的戏曲,有所不满。

六、1937年增订本缺失部分钩沉

由于战乱,先生1937年完成的第三稿增订本下半部,除前节介绍残稿部分十八章外,其他二十四章,除了出现奇迹,可能永远也找不到了。但就缺失的这部分来说,仍保存一些线索可资考索。线索一,是前述残稿首页录存的增订本目录;线索二,是先生自存手批1933本卷首目录存增订本的部分线索,部分批语也保存了增订的预想。

残稿目录第三十七章《方回》,手批本目录同,皆将1933年本第二十九章钩改至《刘辰翁》前,《大纲》复改至第三十九,在词论二章后,内容大体仍沿1933年本,但删去章末"综虚谷诗评言之"后一段,约500字。

残稿目录第三十八章《刘辰翁》,手批本目录同,此章为新补,《大纲》无。

1933年本第三十六《晁补之李清照黄升》,残稿目录作《宋人词论之先驱》,列三十九,手批本目录作《宋代论词诸家》,删黄升,补王灼,并将《沈义父张炎》合并。此为最初预想,写定时仍分两章。1939年本、《大纲》大体仍沿1933年本,但删去李清照论词下的一段评语:"易安于南唐北宋词家,评骘殆遍,抉取利病,得其窾要,似较无咎更高一着。胡仔评之曰:'易安历评诸公歌词,皆摘其短,无一免者,此论未公,吾不凭也。其意盖自谓能擅其长,以乐府名家者。退之诗云:"不知群儿愚,那用故谤伤。蚍蜉撼大树,可笑不自量。"正为此辈设也。'讥弹过甚,殆非公论。"

残稿目录第四十章《沈义父张炎》,1939年本、《大纲》大体同1933年本,但删去"伯时于四声之中揭出去声之要"一节约300字。

1933年本第三十八《王铚谢伋》,残稿目录列第四十一,手批本目录括去,《大纲》不取。殆去取曾有犹豫,《大纲》终决定不存。

残稿目录第四十二《王若虚元好问》,较1933年本增加王若虚。1939年本、《大纲》大体同1933年本,但删去《新轩乐府引》论东坡词"一节约350字。

以下《贯云石周德清乔吉》《高棅》二节、1939年本、《大纲》皆同1933年本，仅述时事云"元代以蒙古入主中原，北自幽燕，南及交广，同时沦陷，此自有史以来未有之巨变也"，改"中原"为"中国"，改"有史"为"有中国"，存寄意时政之慨。

1933年本第四十二《李东阳李梦阳何景明徐祯卿》，残稿目录第四十五改作《李梦阳何景明徐祯卿附李东阳》，手批本目录同，1939年本、《大纲》皆改题，并删去1933年本云东阳"重音律"一节约350字，仅存祖沧浪而重虚字的内容，寄贬抑之意。

其后《杨慎》诸本无变化。而《谢榛王世贞》节，残稿目录第四十八作《谢榛李攀龙王世贞》，手批本目录同，正文在王世贞上批："应补李于鳞。《选唐诗序》（全）及其论元美及五唐诸家处。"又据《卮言》引于鳞语："诗可以怨。一有嗟叹，即有永歌，言危则性情峻洁，语深则意气激烈，使人有孤臣孽子摈弃而不容之感，遁世绝俗之悲。泥而不滓，蜕脱污浊之外者，诗也。"可略知欲补之大概。

残稿目录第四十九《王世懋胡应麟》，手批本目录："另一章《王世懋胡应麟》。"1939年本、《大纲》皆未增加。1933年本于王世贞末引王世懋《艺圃撷余》："今世五尺之童，才拈声律，便能薄弃晚唐，自傅初盛，有称大历以下，色便赧然。然使诵其诗，果为初耶盛耶，中耶晚耶，大都取法固当上宗，论诗亦莫轻道。……予谓今之作者，但须真才实学，本性求情，且莫理论格调。""我朝越宋继唐，正以有豪杰数辈，得使事三昧耳。第恐数十年后，必有见而扫除者，则其滥觞末流为之也。"知欲补世懋诗论之大旨。

1933年本第四十五《唐顺之茅坤》、第四十六《归有光及〈弇州晚年定论〉》，手批本目录合并作《王慎中唐顺之茅坤归有光》，残稿目录同，但又将王慎中三字圈去。1939年本、《大纲》仍同1933年本。增订本所作调整，一是曾拟提升王慎中，将原附带述及者列首。1933年本批云："慎中有《曾南丰文集序》。"但终仍圈去。二是贬抑归有光。1933年本批语引方苞《书归震川文集后》、曾国藩《日记》批评归文之语，略存遗意。

1933年本第四十七《徐渭臧懋循沈德符》，第四十八《吕天成王骥德》，残稿目录则作第五十《徐渭臧懋循沈德符吕天成》，第五十一《王骥德附填词解》；手批本目录则前节不变，后节作《王骥德附吕天成及〈填词训〉》。凡此变化，皆执意尊王而轻吕。1939年本、《大纲》虽略存1933年本之原文，但于吕下删去论高则诚一节、评议吕论沈、汤二家语约300字，王下删去"毛以燧跋《曲律》"一节，章末谈"批评家之病"一节约460字。1933年本批语："吕略。多应另写。""应补论剧戏一段。"知于此节颇存不满。所谓《填词训》，当为《吴骚合编》卷首《曲论》之第一节，后人或另刊入《衡曲麈谭》，今人考定为张楚叔撰。先生认为此篇谈戏曲理论有创见，特予揭出，惜未见具体论述。

1933年本第四十九《袁宏道》，批云："应连三袁同论。"目录及残稿目录皆作《李贽袁宏道附袁宗道袁中道》。1939年本、《大纲》仅删1933年本引中郎"记百花洲"以下约百余，无增补。手批本引李贽《藏书纪传总目前论》《杂说论西厢记》，又云："小修之评见《游居柿录》九七八。""小修之说见《游居柿录》九八四。"略存欲补之遗痕。

1933年本第五十《钟惺谭友夏》以下八章，残稿目录改动较少，仅《侯方域魏禧》改为《侯朝宗魏禧汪琬》，即增汪琬一人。手批本目录同，手批云："侯可略。应添出汪琬之说。"正文已云魏禧等"持论往往突过朝宗"，故曾拟删其一段，后未果。手批本目录另有两处变化：一、《冯班》一节拟增贺裳、吴乔，而将1933年本中《吴乔赵执信》节删去。残稿本此节仍保留，贺裳也未补入。二、《王夫之顾炎武》改为《王夫之附顾炎武》，残稿本目录未改。另《冯班》章手批"重写"，《陈子龙吴伟业》章批"陈重写"，《毛奇龄朱锡鬯》章批"西河可略"，又批朱"增论词说"。至1939年本、《大纲》此数章删改痕迹，仅《钟惺谭友夏》章删伯敬讥压卷一节，余皆未变。

七、《讲义》1939年本与《大纲》

先生于1939年1月13日抵达乐山武汉大学任教，继续开设文学批评史课程。今存 1939 年乐山印《讲义》，前半标明为在武汉所印，基本保持 1937 年增订本前半的原貌。卷首增加了目次，并有一段题记：

> 民国二十一年，余授中国文学批评史，写定讲义初稿。翌年稍事订补，为第二稿。二十五年，复删正为第三稿，次秋付印，至一百二十二页，而吾校西迁。积稿留鄂，不可骤得，又书籍既散，难于掇拾，不得已仍就第二稿补印。排版为难，略有删节，校对匪易，不无舛夺，可慨也。二十八年，朱世溱识。

就本文第五节所揭经逐章核对的结果，此次《讲义》自 124 页第三十五节《严羽》以后的部分，基本仍沿 1933 年本的原文，仅有少数的删节，未作大的改动与增补。

《讲义》改题《中国文学批评史大纲》，由开明书店出版是 1944 年的事，先生《自序》则作于 1943 年 2 月，说明在《讲义》初稿完成后，郭、罗二位的批评史陆续出版，"在和诸位先生的著作显然相同的地方，我不曾作有心的抄袭；在和诸位先生的著作显然不同的地方，我也不曾作故意的违反。"先生并说明己著的三方面特点，一是"这本书的章目里祇见到无数的个人，没有指出这是怎样的一个时代，或者这是怎样的一个宗派"；二是"对于每个批评家，常把论诗论文的主张放在一篇以内而不给以分别的叙述"；三是"特别注重近代的批评家"。经与 1939 年本的篇目和部分章节核对，可以确认《大纲》就是以 1939 年本《讲义》交付出版的，除个别文字校订，在结构和内容上没有作大的改动。

1957 年 10 月，《大纲》由古典文学出版社新版，先生后记云"除了对于个别的刊误，加以订正以外，不及另加修订"。经对校，除了涉及对曾国藩事功评价等几处极少数的改动外，全书没有作大的修订。

在 1943 年《自序》中，先生曾很强烈地希望在收回留在武汉大学的 1937 年增订本后半部后再作修订，现知至少当时先生是存有 1946 年从武汉取回的部分章节的，仍没有补入，不知是否与 1957 年下半年的政治气氛有关,也可能仅因当时系务教务忙碌而无暇增补。

至1981年上海古籍出版社再出新版,全书"基本上还保留原来的面目"。2009年武汉大学新版,则据1981年版付印。

八、1961年《中国文学批评史》授课讲义

1960年下半年到1961年上半年,先生为中文系五年级学生讲授《中国文学批评史》课程,今存手书较完整的讲义。全稿目录如下:《导论》。一、《孔子、孟子、荀子及其他》。二、《墨子、庄子、韩非子》。三、《扬雄、桓谭及王充》。四、《曹丕、曹植和陆机》。五、《范晔、沈约、萧子显》。六、《刘勰》。七、《钟嵘》。八、《萧统、萧纲、萧绎及颜之推》。九、《刘知几》。十、《初唐及盛唐的一些诗论》。十一、《白居易及元稹》。十二、《韩愈、柳宗元》。十三(原题一)、《司空图》。十四(原题十五)、《北宋的诗文革新》(本讲存另一稿题作《欧阳修与诗文革新》)。十五(原题十六)、《王安石和苏轼》。十六、《江西诗派的文学理论和陆游的创作主张》。十七、《严羽诗论批判》。十八、《明代的拟古主义和反拟古主义的斗争》。十九、《从神韵论到性灵论》。二十、《桐城派及阳湖派》。二十一、《清代词论的发展》。二十二、《戏曲、小说理论中的两条道路》。二十三、《早期改良主义者的文学理论:梁启超》。二十四、《近代诗歌理论批评:黄遵宪》。二十五、《王国维》。二十六、《鲁迅的早期文学思想》。

由于在特定年代为开设课程而作讲义,本稿适应了当时的政治氛围和开课需要,也还保留了讲义未最后写定的面貌。前引原稿中的章节部分错乱,估计是学期交替的痕迹。先生在后记中说明:"这里必须知道编书的必须采用一般人共同接受的看法,但是教书的却必须把自己所得到的一点认识交给学生。"正是突出"自己所得到的一点认识",本稿虽然有许多对《大纲》旧说的归纳和一般认识的叙述,但仍然保存许多先生当年独到的见解。

本次讲义第六章《刘勰》,作者稍后曾另外写成专文,拟单独发表,

并在 1970 年左右所写类似本人学案的《遗远集叙录》一文中,将其作为学术代表作给以说明,认为"本来决定对于讲稿概不发表的,因为刘勰在中国文学批评史内占有独特的地位,近十年内对于刘勰的价值,又曾经有过意外的估计,因此抽出这一讲来,提供个人的看法"。"意外的估计"何指? 先生说三十年代曾有人提出"读中国文学批评,祇读一部《文心雕龙》就够了",而到五十年代后期,则有人鼓吹刘勰"是一个辩证唯物论者",因为"他在《知音》篇所说的'事义',就是事物,这是他的唯物辩证论的内在的铁证"。此一观点弥漫全国,"气焰之盛,声气之广,几乎使人没有开口的余地"。先生认为有加以澄清的必要,因此而加以检讨。先生认为刘勰在撰写《文心雕龙》前曾协助名僧僧佑编纂定林寺经藏提要《出三藏记集》十五卷,在《文心雕龙》撰述过程中在定林寺出家,改名慧地,成了道道地地的僧侣,怎么可能具有唯物主义的世界观呢? 在廓清时人误区的同时,先生对刘勰文学批评的贡献重新加以分析。他认为《文心雕龙》的出现是与两晋以来形式主义文学斗争的产物,刘勰提出衡断文学的标准则是复古。复古"不是回到没有文化、没有进步意义的社会去,而是回到更朴素、更接近于自然,而不以修饰打扮为美的社会去"。先生对作为《文心雕龙》总纲的前三篇的解读,也体现这一精神。他解释《原道》的道"止是自然存在的现象",《宗经》《征圣》是"把当代的文学和古代的文学联系起来","以复古为革新"。先生特别强调《文心雕龙》下编创作论和批评论的开拓意义,"体大思精","真是独探骊珠,目无今古",给以高度礼赞。与《大纲》比较,先生对刘勰的认识有了新的提升。有鉴于此,我据手稿将本文整理出来,在本期学报首度发表。

另外值得注意的是,本次讲义之下限为现代,增加了《大纲》未加论列的近现代文学批评内容。对于梁启超为代表的改良派,先生称赞他们是"比较及早有所觉悟的一群","抓住诗歌、小说、戏曲,为他们的政治主张服务"。他特别揭出梁对小说所起作用的四点。对夏曾佑《小说原理》,也有特别的表彰。他对王国维的分析围绕《红楼梦评论》《宋元戏曲考》《人间词话》展开,强调他的美学理论主要根据叔本华学说,认为"生活的本质是欲,有了欲就有追求,满足了这个追求就是厌倦,不能满足这个追求便是苦痛。"他就此而认为《红楼梦》是"宇宙的大著述",具有"人类全体之性质"。先生说:"唯有王国维才认识到典型的意义。"对《宋元戏曲考》则分析其自然说,《人间词话》则关注境界说,都是应有之说,先生则认为"王国维所说的自然,不是现实生活在文学中的反映,而是他所设想的天才作者的才能。因为有了这个才能,遂能写出胸中的成立和时代的情状"。对《人间词话》实境虚境之说,隔与不隔之论,先生是赞赏的,但对忧生忧死与赤子之心的评述,则有所保留:"尤其可怪的王国维认为李后主俨然有释迦、基督担负人类罪恶之意,这是一般人所无从了解的。"鲁迅一章,则主要介绍《摩罗诗力说》的见解。先生认为"摩罗就是撒旦,是反抗","既然反抗是为了生存,因此止要有压迫存在,就必然有战争"。在当时的中国是有提出反抗和战争的必要,但鲁迅所期待的则是天才诗人的大声疾呼,先生认为鲁迅"身处风雨飘摇之中","混乱的现象"使他产生错觉,"把偶然的现象作为永恒的现象,使他过分重视天才而看轻群众"。不免受困于时代。

九、余　论

以上就目前所见朱东润先生自存批评史讲义各文本,简略回顾了从1931年开始在武汉大学授课并形成讲义,迭经增订,最后出版略有遗憾的《大纲》一书的过程,可以看到先生在此一学科建设方面开拓进取的过程。相信以上叙述对于研究现代学术史当有若干借镜的意义。就朱先生本人的学术贡献来说,我以为可以有几点提出讨论。

中国传统诗文之学在被现代大学教育容纳以后,有一逐渐转变的过程,即从传统辞章之学向现代观念之文学的转变。文学批评史学科之成立,虽然可以溯源到孔子诗说或宋元以降的诗文评著作,但其著作之学术理念则渊源自西方的文学研究史,而其研究对象则以传统诗文批评为主体。故凡批评史之研究学者,必须具备此两方面之条件,方能胜任而有成就。先生早年于传统四部之学浸润颇深,留学英国的经历让他对欧洲特别是英国的文学观念有深刻之认识,在从事批评史研究前曾担任英文教师逾十五年,因此具备了担纲此一学科奠基的能力。

我国最早的一部文学批评史,是 1927 年陈钟凡所著,但很单薄,还不成熟。1934 年先后出版方孝岳《中国文学批评》(世界书局)、郭绍虞《中国文学批评史》上册(商务印书馆)、罗根泽《中国文学批评史》第一册(人文书店),显示当时在此一学科研究的成绩。罗著仅述至南北朝,郭著亦仅至唐代,虽各具体系,但都还没有完成。朱先生的著作则初成于 1932 年,在 1933 年、1937 年分别作了重大的修订,虽然正式出版迟至 1944 年,是第一部写到清末的文学批评通史。就本文之考察,这一文本在 1937 年其实已经写定,在朱先生则始终感到作为讲义的不成熟,希望完成多次修订后再正式出版。尽管由于战争的原因,1937 年的写定本并没有完整保存下来,也因为希望全稿写定而推迟了出版,但其独立的学术意义则是无可怀疑的。特别是略远详近的编纂原则,以及以批评家个人为单元的分析立场,特别是对宋以后文学批评文献的首次全面勾稽,是朱著最鲜明的成就和特色。

朱先生的文学批评史研究,除了前述各项外,我认为最重要的特点,是始终坚持知人论世的原则,始终坚持文学创作与文学批评相结合的原则,对于文学批评文献则始终坚持由表及里、独特创造的选择,因此而显示著作的特达精神。比方杜甫诗文中确实有许多评论时贤诗文的议论,先生认为不是把这些议论全部堆砌出来就尽了写史的责任,而要知道这些评价缘何而写,是否恰当,因此而作出选择。他引叶适《读杜诗绝句》"绝疑此老性坦率,无那评文太世情。若比乃翁增上慢,诸贤那得更垂名",是很有趣的例子。杜甫祖父杜审言傲睨同时文人,有"久压公等"之自负。杜甫则于同时诗文,常不免过誉,所谓"世情",即随顺时俗而作过誉,先生认为"评论时流,摭拾浮誉,责以名实,殊难副称",不能完全采信。这一立场,贯穿在他对历代批评家的甄选和评论中,读者当可细心体悟。

朱先生是一位治学极其勤勉,在诸多领域有突出成就的学者。他研治中国文学批评史,主要是在三十年代前中期,且结合教学而形成著作,在他自存《讲义》的每一稿中,都保存有大量的眉批和夹注,可以看到他不断发掘文献、修订旧说、补充新见的记录,这些记录又分别为下一次修订所采据。对于重要文学批评家,则有系列论文作深入探讨。这一工作一直持续到六十年代,除了当时的讲义,还有《〈沧浪诗话〉探故》等论文写出,并有《中国文学批评论集续集》编纂的设想。

二〇一三年八月十五日于复旦大学光华楼

《中国文学批评史大纲》(校补本)整理说明

朱东润先生著《中国文学批评史大纲》一九四四年出版于重庆开明书店,虽然此前已经有郭绍虞先生《中国文学批评史》和罗根泽先生《中国文学批评史》的出版,但都仅涉及唐以前的部分,完整地勾勒出从上古到清季文学批评史的专著,朱书是第一部。今人多将郭、朱、罗三家视为中国文学批评史学科的奠基学者。朱先生早年有良好的旧学训练,又留学英国,系统介绍西方的文学观念与研究方法,曾长期教授英语与英国文学,专治文学批评史,有独到的观察与建树。该书特点,正如朱先生自序所言,一是全部以个人立目,尽量规避作时代或宗派的叙述,二是对于每个批评家,常把论诗论文的主张放在一起讨论,避免割裂;三是特别注重近代的批评家,即明清两代的文学批评,几占全书之半。章培恒先生曾总结本书的成就,一是"中国文学批评史框架的奠定",二是"新颖文学观念的贯彻"。

朱先生早年任教于梧州广西第二中学和南通师范学校,均授英文。一九二九年移教席至武汉大学,初仍授英文,因文学院长闻一多教授之建议,从一九三一年始授中国文学批评史,至次年完成讲义初稿,凡四十六章,止于明季钱谦益。一九三三年续写完成,凡七十五章,除续写钱谦益以后二十四章,以前部分另新写五章,其他部分也多有改动。以上二稿均有武汉大学校内铅排线装本,先生自存本且多有详密批校,可以看到授课当时的准备细节,也可以见到在阅读思考中不断增订的痕迹。这一时期,先生在武汉大学《文哲季刊》上连续发表文学批评史专题研究论文九篇,后结集为《中国文学批评论集》(开明书店一九四〇年)。在此基础上,先生从一九三六年到一九三七年间,对前此讲义作了大幅度增补修改,准备正式出版,但抗战的全面爆发,改变了他的原有计划。从先生自传和今见文本分析,他的定稿工作在一九三七年末已经全部完成,其中前半部即至第三十三《朱熹附道学家文论》止,已经排出校样,先生自存两份,估计是该年末归泰兴时携归;下半部,先生《大纲》自传云留在武汉,但他在抗战后取归存寄书稿,且保存至今者,只有最后十八章,即从第六十章末段到书末,中间二十五章之写定本已经无从寻觅。先生于一九三九年一月到西迁乐山的武汉大学任教,该年所引讲义即将一九三七年本之前半和一九三三年本之后半拼合,略作修订,以应教学之需。一九四三年往中央大学任教后,感到留滞武汉的手稿已经"没有收回的希望",乃以乐山本为基础付印。战争造成学术之残缺,于此可见。

先生一九三七年写定本,一是重新调整了全书的篇目,二是于前此讲义作了较大幅度增删。周兴陆教授曾将全稿前半部的讲义和《大纲》作了比读,揭示其改动幅度之大。后半部分目前仅存最后十八章手稿,为先生据一九三三年讲义原本剪贴,新增改写部分则全为手定。目前分析,大约先生在一九三七年末离开武汉时,将下半部较早完成的部分已经送往印刷厂排印,最后完成的部分则仍留行箧,寄存武汉。九年后再到武汉,交厂的部分已经无从踪迹,而偶存的部分则因生活动荡(其后他曾频繁转换学校),再加上鼎革后的风气变化,不免意兴阑珊,再无重新补罅的兴趣。

目前要了解先生一九三七年修订本全貌,特别是已经残缺的下半部全貌,仅有两个线索。一是先生自存一九三三年讲义卷首目录有较多批改的记录,大约主要是一九三七年定稿前陆续修订的思虑之记录;二是前述最后十八章前有两叶章节目录,应该是修订期间逐渐写定。

从先生《大纲》自序中,可以看到他对一九三七年增订写成稿之珍惜,当年因战争没能收回手稿,只能把"第三稿的上半部和第二稿的下半部并合"后出版,留下长久的遗憾。《大纲》一九四四年问世,在五十年代和八十年代曾两度再版,始终没有作大的修改,但先生一直保存三十年代在武汉大学的授课讲义,以及最后十八章的改定稿。

二〇一四年在编订出版《朱东润文存》的同时,我多次托武汉大学的朋友调查校史档案,希望当年交稿付排的讲义第三稿下半卷或可有特殊的机缘得到保存,务使全书终成全璧,也为次年的民族战争胜利纪念留一特殊记录。但友人寄示存盘目录,并没有这样的机缘。

但我仍然希望就目前能够见到的文本,尽最大可能地反映朱先生当年最后定稿的面貌,也希望能够将目前能够见到在先生保存的四份讲义中涉及学术增删的部分,给以适当的揭示和保存。我特别想强调的是,即便《大纲》出版时,"一切的形式和内容,无疑的都流露了讲义的气息",而历次讲义中这些特征当然更加显著。但我在很仔细地对读了先生各本讲义后发现,觉得全书要旨尽管有所微调,对引证文献也有新增(如涉及声律论初取疑伪书《二南密旨》,后改较早而可靠的《文镜秘府论》),涉及时代、文风、作家、批评家的评价,也都有一些变化。前期讲义的叙述可能有些不精密处,但也包含许多坦率而真诚的论述。最后定稿中因以批评史为主,将讲义中涉及时代风气、文学论述、作家人品以及中外比较的内容有较多的删除,其中有许多论述及其精彩。而现代学术史的研究中,尤其重视一部学术著作成书过程中的文本变化。我偶得机缘见到这些文本,家属也授权可以作充分的展示,虽然知道这样未必完全符合朱先生本人的意愿,仍愿意以月余之辛劳,完成这一份工作。

述本次整理体例如下。

全书以《大纲》一九四四年初本为依据(我自藏工作本为开明书店民国三十六年三月第三版),最后十八章则据先生自存一九三七年修订本原稿。

《大纲》定稿时删弃之原讲义内容,凡俱有学术参考价值者,皆节录加注于相关内容之下。凡前二次讲义皆有之内容,以一九三二年本为主。一九三七年定稿已失去部分,涉及章节调整和内容增删部分,在历次讲义批语中有线索可寻者,也都有所记录,存于书末附录二。

整理所据参校订补的依据为先生自存历次讲义和修订稿本,具体文本详附录四之拙文。

《大纲》及讲义叙述或引证文献之笔误，或因当年所见文本未能尽善而有出入者，均曾作过技术处理，全书标点和书名号也多有调整，均未一一说明。若有误失，责任在我。

先生历次讲义，在后来之教学准备和授课实践中，留下数量巨大的批注，内容一是补充文献，二是纠正愆失，三是提示讲授中的细节。本次仅采据极少数涉及纠误和篇章调整的内容，其他皆不涉及，只能留待异日。

书末增加几个附录，一是《〈大纲〉与历次讲义章节异同表》，以见成书过程中章节之调整；二是《历次讲义删存》，包括三次讲义的题记和删改幅度较大的部分和《大纲》删弃的部分；三是讲义中保存的三次授课试题，可见开课考绩的实施情况；四是二〇一三年拙撰根据先生自存讲义分析研治批评史历程的论文。

谢谢朱邦薇女士信任并授权我完成上述工作，也谢谢上海古籍出版社长期以来对出版朱先生遗著的坚定支持。整理误失处，敬请方家赐教。

受业陈尚君　二〇一六年六月十五日于复旦大学光华楼

修补战火烧残的学术

又到七月七,七十九年前卢沟桥的枪声改变了四万万中国人的命运,数十所大学内迁写下中国教育史的奇迹。今人每谈西南联大,谈李庄的同济和史语所,都不胜唏嘘,由衷感佩。还可以指出战时的学术与出版,今人读《全宋词》,几乎都忽略了其初版地点是焚城前的长沙。我在这里再补充一个小故事。

业师朱东润先生早年留学英国,归国后也以教授英文为主。1931年,应武汉大学文学院院长闻一多之请,开设中国文学批评史课程,发现仅有的一种著作是陈钟凡所著,篇幅仅七万言,叙述重古轻近,评价也颇失衡,乃决意自编讲义。讲义开宗明义即要解决文学批评之原委、宗旨与分类,乃兼采中西先哲之说,既赞同英人高斯"对于文学或美术之创作,分析其特点及性质,公之于世,而其自身复成为一种独立之文学"的说法,又追溯自曹丕《典论论文》至清贤《四库提要》"远则究于天人之际,近则穷于言行之郛"的高论,梳理历代文献,务成一家之言。1932年在校内印出《中国文学批评史讲义》第一稿,分四十六章,至钱谦益止。次年出第二版,写至清季,前稿也有较多增订。此着观念深受西方文学影响,内容则全面梳理三千年批评文献以成编。

1936年后一年多,朱先生倾注全力,改写第三版,期成定本,到1937年秋冬间大致抵定,上半部排出校样,下半部部分交厂排印,最后也完成而暂存行箧,这时战火已遍及大半个中国,先生完成这学期课程,匆忙返乡不久,武汉沦陷,武汉大学西迁四川乐山。先生于次年冬接到学校通知,带上完整的第二版讲义和第三版前半部校样,西行万里，抵达新校。有赋述西行见闻感慨，末云："值风雨之飘摇，犹弦颂之不息；斯则诗书之渊泉，人伦之准式，至治待兹而神赞，鸿文于斯而润色。"

这时郭绍虞、罗根泽的批评史陆续出版，虽皆未完成，但有新的格局，友人敦促朱先生尽快整理出版，但先生的困难则是，自己满意的第三次修订本，后半部留在武汉，且历经战火，无法期望还能收回。再三犹豫，最后采纳老友叶圣陶的建议，将第三版的前半部和第二版的后半部拼合，改定为《中国文学批评史大纲》，1944年由重庆开明书店出版。章培恒先生评此著，一是"中国文学批评史框架的奠定"，二是"新颖文学观念的贯彻"。至于以文言行文，则与武汉大学旧学风气有关，能为旧派接受，也示新学者之旧学根柢。

1946年从重庆东归途中，先生在武汉停留三日，取回寄存的三箱书稿，估计其间有1937年修订稿的最后十八章，但当年交厂的部分，则已杳如黄鹤，再难追踪。十八章残稿，先生一直保存着，但后则辗转多校，生计不定，再加山河鼎革，风气遽变，也无意再作重写。《大纲》1957年、1984年之版，皆维持旧貌，改动甚微。

前两年编次先师遗文为《朱东润文存》，又适值抗战胜利七十周年，总想此书第三稿讲义下半部或还有存在天壤间之可能，多次托友人查询武汉大学档案，终告不存。虽遗憾，也终于能下决心就现存文本作局部的修复。经年余努力，大致完成。今年是朱师诞辰120周年，准备以此书新版以及最后一部著作《元好问传》的出版，以为纪念。

新版《大纲》正编以1944年版为依据，最后十八章则据先生自存1937年修订本原稿。原稿内容皆为清代文学批评，于王士禛、吴乔、刘大櫆、沈德潜、袁枚、曾国藩诸家论述改动较大。《清初论词诸家》，原本述四家，残稿本增至八家。另新增郭麐、翁方纲、包世臣诸人的论述。《大纲》定稿时删弃之原讲义内容，凡具有学术参考价值者，皆节录加注于相关内容之下。遗失的修订文稿，则据先生自存四种讲义中的自批，稍作辑录，希望保存遗说。至于先生历次讲义留下数量巨大的批注，内容一是补充文献，二是纠正愆失，三是提示讲授中的细节，还来不及整理，只能留待以后。

　　这样整理，是否合适，我是一点把握也没有。先期披述，期待读者有以赐教，更希望得到意外的线索。

《大纲》校补本的新内容

《文汇读书周报》今年 7 月 11 日，发表拙文《修补战火烧残的学术》，介绍朱东润师之名著《中国文学批评史大纲》在抗战特殊时期在重庆出版，定稿的后半因战事失落在武汉，只能以定稿之前半与 1933 年本《讲义》之后半拼合成书。定稿的后半有 18 章战后取得，另 25 章则已失去。今年适为朱先生诞辰 120 周年，乃根据先生自存 1932 年、1933 年、1937 年、1939 年四次讲义，以及定稿残稿，重新整理为《大纲》校补本。恰值抗战纪念日，故先期介绍。刊出后，编辑转告读意见，希望了解更多的细节，也希望知道校补本有哪些新内容，我乐意在此再做些介绍。

朱先生讲授文学批评史，是接受时任武汉大学文学院长闻一多教授建议，1931 年始授课，次年校内印出第一版讲义，题记讲到当时惟一的专书，即陈钟凡《中国文学批评史》，肯定其"大体略具"，但也批评其繁略、简择、分类不能尽当，行文时，则陈书已有者不妨暂缺，全稿写到明末钱谦益止。1933 年讲义即不考虑与陈书之交涉，将清一代二十多节全部写出，对前次讲义也有很大改写。1936 年至 1937 年，又用一年多时间再度增改写定，无论文献的补充或是论述的准确，因有多年的教学实践，又有系列专题论文的发表，较前二稿有很大提高，增删亦多。定稿虽缺了 25 章，在前次讲义的批校中仍有痕迹可寻。我特别感到，一部现代学术名著的诞生，其前期必有充分的学术准备和反复推敲，恰好先生四次讲义的印本都有所保留，讲义各本都有先生讲授时留下批注，加上残存 18 章定稿残页，可以整理出新本。新本除最后 18 章改用定稿之正文外，对可以看到的历次修改痕迹，也尽可能地予以保留,对已佚定稿也作了勾稽考索。此书曾是上海古籍出版社前身古典文学出版社 1956 年成立后出版的第一批著作,上周古籍社举办六十周年庆典,《大纲》此时出新版,也是难得的纪念。

《大纲》有几章在讲义基础上几乎全部重写,我也将初稿保存。如首章为全书之总纲,初提英人高斯(Edmund Gosse)《英文百科全书》《文学评论之原理》之说,认为文学批评是"判定文学上或美术上的对象之性质及价值之艺术"。《大纲》则更多强调民族文学特色,认为"主持风会、发踪指使之人物","折衷群言、论列得失之论师"及"参伍错综、辨析疑难之作家"所发之议论,"皆所谓文学批评也",取径更宽,也更符合论述之实际。先秦批评,讲义最初仅一章,从季札观诗谈起,《大纲》分列二章,将季札删去,评价更精当完整,旧稿仍存,见修进之迹。

1937 年定稿残本,这次是首度完整发表,修改幅度很大。其中新写部分有翁方纲、郭麐、包世臣等章。今人多称翁之诗论为肌理派,先生似乎是首次将翁拉入批评史研究对象的学者,仅附与王世禛后,认为"谓神韵之说,出于格调","言诗主肌理,自谓欲以救神韵之虚",足成一家说。包世臣最有名的著作是论书画的《艺舟双楫》,先生则举其论文诸篇,赞誉其"斥离事与理而虚言道者之无当","通八家之藩而得其窾要"。此外,增补内容较多的部分,论诗则王士禛、吴乔、沈德潜、袁枚各章增补较多,如沈下增加讨论温柔敦厚为诗教一节,袁枚增写论性情一节,都很重要;论文则刘大櫆、曾国藩二章有较多增改,章学诚部分增加一节。刘下增气盛、音节二段,曾下增改尤多,如云:"姚、曾论文,同主阴阳刚柔之说。惜抱所得,于阴柔尤深。"曾"所得者于阳刚为近,故屡言好雄奇瑰玮之文,而所以求之于行气、造句、选字、分段落者,言之尤累累。"应是早年得闻唐文治先生授古文时所特别看重的见解。

新本保存了几本讲义中当年删弃或改写较多部分的内容。整章删去者有《王铚谢伋》一节,主要谈宋人的四六批评。四六指宋代的骈文,主要用于官方文件和人际应酬,古文占据主流后,渐为文学史所忽略,但其体式其实有许多变化,也有不少名篇。从朱先生遗稿看,是否在《大纲》保留此章,颇多犹豫。现在附存此节,足可参考。另外讲义曾以"苏辙张耒及惠洪"为一章,定稿时将苏辙、张耒二人附在苏轼后,将惠洪部分删去。近年学者关心宋代禅僧诗作及其诗论,先生特别注意到惠洪论诗"主明理",所提"妙观逸想一语,别具会心","其言至可玩味",都具特见。此外,各章节多少不等地删掉一些有关文学风会与文人为人之议论,估计是为保存文学批评的主线,将枝蔓内容削除。所删部分,也有许多独到的认识与评论。如评价元初方回之为人:"其生值首鼠两端之时代,其人为自相矛盾之人物。故当蒙古南侵,开城降虏,而抗志古昔,自比渊明。流连杭郡,耽情声色,而伪附道学,动称文公。"颇鄙夷其为人,但又肯定他"论诗盖一极精微之人,持论往往细者入于无间",并揭发其论诗诸多矛盾之说,甚具眼光。述元明南北曲演进大势,则云:"北曲盛行,始于金元,至明初而南曲复盛,是后二者争为雄长,而南曲之迈进,迄非北曲所能比拟。至于中叶以后,昆曲完成,而南曲独擅一时矣。元人杂剧率以四折为主,南曲演进有至数十折者,此其繁简不同也。元剧之中,方言俚语,往往迭出,迄于明人,虽一面推为行家,重其作品,而方言之势已渐衰,迄不能振,绮语文言,代之而兴,甚至宾白全用对偶,此则文质不同者又一也。论者或仅就文体一方,判别时代,而慨然于剧曲之渐漓,此言非也。文学作品,惟戏曲所受时代之影响为最大,诗文之作,虽不获见于当时,尚可取信于后世,故作者尝有以自负,不易为时代所左右。独戏曲之与观众,其关系至切,无表演即无戏曲,凡不能取悦于观众者,其作品即无有流传,故观于元明剧曲之变迁,而元明两代观众之情状,略可知矣。"对皎然《诗式》之评价,则云:"《诗式》文章宗旨一条,论谢灵运之诗得学佛之助,于诗家境界,颇有见地。其他之论,虽称述祖烈不无过誉,然熟读谢诗,自抒己见,过而存之可也。"对曹植文论之批评,亦颇一针见血:"或谓子建《与杨德祖书》,备述当时作者,茫无定评,此或语本泛泛,意非评论,遽加讥弹,宁能尽当。然植之论文,确有笼统之病。……此种春荣清风,高山浮云,秋蓬春葩,洋洋皜皜之辞,托义若甚高,案之于实,不得其命意所在。后来文家撰述，多用此例，徒见辞采，无裨论断，皆曹植为之厉阶也。"也非通人不能有此认识。前后删改，当然有研究斟酌中见解的变化，也有评价分寸的把握，因其中皆不涉旧说之谬误，附而存之，足供今人参详。

在自存讲义中，还夹着当年授课时的几份考试题，我也接收出版社的建议，移作附录，藉见当年授课之实况，录一题于下："萧子显云：'若无新变，不能代雄。'此文章贵新之说也。元好问云：'苏门果有忠臣在，肯放坡诗百态新。'若有不满于新者，何也？能折衷于其间耶？李德裕论文章，'譬诸日月，虽终古常见而光景常新'，果有是耶？所谓常新者又何指，试抒所见。"

二〇一六年十一月九日

《元好问传》新本整理后记

《元好问传》是业师朱东润先生的最后一部著作，大约经始于一九八四年或一九八五年，完稿于一九八七年十月或十一月。我记得该年十二月初，先生指导的传记文学博士李祥年论文答辩，先生在此前十多天已经放下手边工作，作答辩之相关工作。其间曾见告，元好问已经写完，还差一篇前言，可以等到稍空再写。但论文答辩结束不久，病情就开始变化，于十二月十七日入长海医院治疗，次年二月十日辞世。可以说，本稿是先生漫长学术生涯的绝笔之著。

记得在一九八六年左右，曾与先生有过关于此稿的长谈。先生说到，自己根据以往的一般认识，选择元好问作为写作的传主，但在很充分地阅读了元好问的文集和同时史料后，对于元氏在金亡前后的从政为人，获得一些新的认识，并不完全如前人所述为金源文宗，大节凛然，而是奔走南北，节义有亏。先生前此所写传记的人物，包括张居正、王守仁、陆游、梅尧臣、杜甫、陈子龙等，都是忠烬谋国、大节明朗的人物，他在传记中希望表彰他们的功名事业，激励民族正气。元好问与他们显然有所不同。先生当时说，自己已经九十岁，没有精力更换传主，重新开始阅读文献。元好问的先世出自鲜卑，虽然已经高度汉化，也可不必完全站在汉民族正统的立场上来对他提出要求。前此写了许多人物，最后的一位有些变化，也还是好事。

完成的全稿大约十万字，不仅写出元好问的一生，更写出从靖康之变到崖山覆亡之间一百五十年间重大关键史事，以及在辽、金、夏、蒙古环伺恶斗中，金、宋王朝的最后失败，中华民族经历了史上最惨烈的苦难。在这样的时代，元好问有过追求，有过坚持，也有过妥协和经营,有过委曲和痛苦,以自己的诗歌完成史诗的记录。先生不回避元好问在为崔立撰碑、投书耶律楚材、依附严实、谀颂张柔等等行为之可圈可议,更以同情立场对身处乱世之诗人无从主导命运有所理解,对元氏文学成就有充分揭示。"庾信文章老更成",先生这部写成于九十一岁高龄的著作,是他一生开拓进取的最后总结。先生九十咏怀诗云:"经行带索有遗篇,九十衰翁剧可怜。我与荣公同一瞬,尚思为国献残年。"这种精神值得我们永远记取。

本书文稿全部由先生亲笔书写于毛边纸上,字体比早年手稿稍大,仍苍劲有力,并在他生前亲自装订成册。另存若干另页,可能为初稿,但也可能曾部分改写。但毕竟时已年过九十,手迹苍迈中也有手颤而难以把控的痕迹,全稿也偶有前后重复、语意回环的内容,这些都增加了本稿整理的难度。

本稿首次整理出版,由朱先生早年在无锡国专时期的学生,后来任教于南通师范学校的王翌群先生承担,由东方出版中心作为《朱东润传记作品全集》之一出版。可能因为看到的手稿不完整,或者还有尽量整合避免内容复沓的考虑,这次整理时于原稿多有删节。比如有关元好问早年经历,特别是写作《雁丘辞》的部分,即告缺如。这些都受制于当时的整理和出版条件,朱先生这部绝笔得以较早与读者见面,王先生为老师所作努力,值得给以充分的肯定。

这次是本传的第二次整理本,所有内容均全部依据原稿整理,内容有重复的部分,除个别完全相同者略有删节外,最大限度地保留了原稿的内容。原稿另页的部分,凡传中未及的部分,已经尽量插入相关部分,同样内容而有两稿者,则尽量取较详的部分。最后定稿,较上次整理本约增加一万五千字。这样整理是否恰当,殊无把握,敬请读者谅察。

受业陈尚君　二〇一六年六月十五日于复旦大学光华楼

元好问的大节

"问世间情为何物,直教人生死相许。"琼瑶小说中流传最广的名句,其实出自金元间大文学家元好问笔下,仅"人"字为琼瑶所加,并将上句"人间"改"世间",以适合现代人理解。这首词习称《雁丘辞》,词牌《摸鱼儿》,有序云:"乙丑赴试并州,道逢捕雁者云:'今日获一雁,杀之矣。其脱网者悲鸣不能去,竟自投于地而死。'予因买得之,葬之汾水之上,累石为识,号曰雁丘。时同行者多为赋诗,予亦有《雁丘辞》。"这一年是金章宗泰和五年(1205),元好问十六岁,在往太原应试的路上,遇到猎户杀一雁,另一雁虽已逃脱,仍悲鸣不肯离开,竟投地自杀。雁之重情,感动了这位天才少年,乃买下双雁,郑重礼葬,作词颂之,一时和者甚多,今仍可见他的友人李仁卿和作,有"雁双双正飞汾水,回头生死殊路。天长地久相思债,何似眼前俱去"之句。

然而元好问不幸处在天崩地坏的动荡年代,蒙古铁骑消灭金王朝的战争延续十多年,中原民众遭屠戮流离,生死惨痛,超过了任何一个时代。元好问写下大量丧乱诗,叙述自己的经历,写下一个时代的痛苦。他在内乡、镇平任上,写《岐阳三首》,咏蒙古攻陷凤翔战事。朱东润先生说:"好问诸诗,以七律为最高,七律诸诗,又以《岐阳三首》为最高。在这三首之中,充满了情感。悲愤、惋惜、怀念、怅恨,各种各样的情绪,而又音调铿锵,居全集之首,真是自有七律以来,不可多得的杰作。"这时还身处战事以外。次年入京为官,亲历蒙古进入汴京后的掳掠与屠杀,有《癸巳五月三日北渡三首》:"道旁僵卧满累囚,过去辆车似水流。红粉哭随回鹘马,为谁一步一回头。""随营木佛贱于柴,大乐编钟满市排。虏掠几何君莫问,大船浑载汴京来。""白骨纵横似乱麻,几年桑梓变龙沙。只知河朔生灵尽,破屋疏烟却数家。"《续小娘歌十首》,录二首:"竹溪梅坞静无尘,二月江南烟雨春。伤心此日河平路,千里荆榛不见人。""太平婚嫁不离乡,楚楚儿郎小小娘。三百年来涵养出,却将沙漠换牛羊。"写出蒙古军将汴京城中宝物车运船载而北,中原千里荆榛,白骨纵横,三百年涵养的文明,就如同这些"楚楚儿郎小小娘"一样,驱赶到沙漠换取牛羊。时代之惨烈,超过了曹操笔下的汉末,杜甫亲见的安史之乱,以及韩偓所经历的唐末战火。元好问记录下时代的惨酷,成就自己的不朽。

朱东润先生一生从事传记文学写作,用英国传记文学手法,揭示中国历史上不朽人物的生命历程和作品寄寓,开拓文学研究的新路。将近九十岁时,选定元好问为最后一部传记的传主。详尽阅读元好问的所有著作,阅读元氏同时代的作品以及史书后,在九十一周岁前夕,完成写作。先生九十岁有诗咏怀:"经行带索有遗篇,九十衰翁剧可怜。我与荣公同一瞬,尚思为国献残年。"这种精神值得永远记取。

记得1986年左右,与先生曾有过长谈。先生说根据以往的一般认识,选择元好问,很充分地阅读了元的文集和同时史料后,对元氏在金亡前后的从政为人,获得一些新的认识,并不全如前人所述为金源文宗,大节凛然,而是奔走南北,节义有亏。师前此所写传记人物,包括张居正、王守仁、陆游、梅尧臣、杜甫、陈子龙等,都是忠烈谋国、大节明朗的人物,先生作传记表彰他们的功名事业,激励民族正气。元好问与他们显然有所不同。先生说,九十岁年纪,没有精力更换传主,重新阅读文献。元好问先世出自鲜卑,虽高度汉化,正也不必以汉民族正统立场对他提出要求。前此写了许多人物,最后一位有些变化,也还是好事。

这里说到的大节,是宋明以来士人反复强调的人生选择,所谓忠于国,恤于民,孝于亲,信于友,皆是。大则为三纲五常,小则为仁义礼智信,即文天祥《正气歌》始终萦绕于中怀而不能轻忘者。先生对元好问的批评,集矢于他一生中的三件大事。

一是为崔立树功德碑。蒙古围金都汴京势急,金哀宗出奔,西面元帅崔立杀诸权臣,向蒙古投降,群小附和,请为崔建功德碑。先请王若虚,若虚自分必死,仍拒绝。后找来有文名的太学生刘祁,写成初稿,再请元好问大幅修改润饰,方得定稿。此后崔立败亡,元对此讳莫如深,坚决否认,但刘祁晚年著《归潜志》,详记草碑始末。先生说:"从刘祁和遗山两篇作品相比,他们之间是有相当的距离。但是刘祁并不讳言自己也参与其事,遗山则竭力洗刷,正因遗山亟于洗刷,愈觉刘祁的可信。从另一方面言之,遗山有《东平行台严公神道碑》《东平行台严公祠堂碑》《顺天万户张公第二碑》,能为严实、张柔作碑,当然也不难于为崔立作碑,因为从大义讲,三人的为蒙古前驱,其实是没有什么差别的。"

二是蒙古包围汴京之际,元好问上书蒙古宰相耶律楚材,歌颂其可当古之名相,并罗列"南中大夫士归河朔者"数十人,建议楚材"求百执事之人,随左右而取之,衣冠礼乐,纪纲文章,尽在于是",向敌酋推荐今后可用人才。先生说,元好问"斋戒沐浴,献书敌人的头子,歌颂他的萧曹丙魏、房杜姚宋之功。不但他自己如此做了,还要拉上一大批人,希望敌人主盟吾道,乐得贤才而教育之。在读到这篇对于中书相公阁下的作品以后,只感觉得是在发昏,莫非我是在头脑发昏,竟把《续小娘歌》和给中书相公阁下的献书作为一个作者的作品?莫非是有两个元好问,一个是同情人民,把吃苦受罪的人民认定是自己的血亲骨肉,一个是厚颜无耻,把满手血腥的敌人当作自己的再生父母?假若这就是文学,那么文学还有什么可以提出的价值呢?"

三是金亡以后,今人都赞赏元好问为保存金源文献做了可贵努力,先生则发现元在编管聊城后,依附割据者严实而得到照顾。先生特别注意到,在十三世纪前半期蒙古、女真及南宋的角逐中,山东出现四位强者,即杨安、李全、严实、张柔。前二人败亡后,严、张坐大,反复无常,残虐是逞,但元好问极力为二人唱赞歌。对《东平行台严公祠堂碑铭》,朱先生认为:"好问对于严实的歌颂,是作出最大努力的,但是要从民族立场上看,是不无遗憾的。"又说:"他对于严实、张柔这批朝秦暮楚,终于为蒙古屠戮中原人民的将士,周旋往来,尽情歌颂,已经是难于理解,及至《洛阳》这首诗,欲就天公问翻覆,那就更无从索解。假如天也发问,遗山的反复,居心何在,那又怎样作答呢?"又说:"及至蒙古南来,不但对耶律楚材卑躬屈膝,即对于严实、张柔亦复歌颂备至。文人之为世所轻,正文人之所以自取,不能不令人为之三叹。"这些都是很严厉的批评。

人非圣贤,孰能无过,生当乱世,存活为难。先生反对以今人之立场来评说古人,但对古人之失德,也认为无避隐之必要。这是他写作传记的基本立场,且得以贯彻始终。

朱先生著《元好问传》,与他前撰各传一样,将元好问生前身后各百年间之大时代写出,并将元之一生行迹与文学建树写出,将他的委曲附从也不作掩饰,是当代人物传记中的佳作。此书1999年曾有整理本,由东方出版中心收入《朱东润传记全集》出版,稍有删节。本次由我整理,全部依据原稿,另找到一些未经装订的散稿,新增逾万字,由上海古籍出版社赶在朱先生诞辰120周年前夕出版,以为纪念。

二〇一六年十一月八日

朱东润师《八代传叙文学述论自序》附记

今年是先师朱东润先生(1896—1992)诞辰110周年。承其家人同意,先生遗作《八代传叙文学述论》年内将由复旦大学出版社出版,部分章节将由刚复刊的《中华文史论丛》刊出。兹先借《文汇报·笔会》刊登自序,以飨世之喜欢先生文字者。

先生早年留学英国,1929年进入武汉大学。抗战军兴,武大内迁四川乐山,先生在故乡泰兴接获学校通知后,因无力携家渡越漫长险途,立即辞别妻儿,绕道河内、昆明,赴校莅职。时为1939年1月,他43岁,正是其学术生命的鼎盛时期。在此以前,他已经完成了《中国文学批评史大纲》《读诗四论》《史记考索》《中国文学批评论集》等一系列专著,在多个领域取得了引人瞩目的成绩,但他并不满足于此。客居多暇,在整理出版旧著的同时,他更多地关注今后的学术发展方向。晚年他曾谈到当时的选择对其一生定位的意义。他说,古代文学的研究,按照老的办法,确实还有许多工作可以做,但一直如此总不是办法。中国文学研究应该寻求新的方向,开拓新的道路,这个工作总要有人来做,自己就义不容辞地承担了起来。这个方向,就是传记文学的写作,是他早年留学英国时期特别感兴趣,并准备应用于中国文学研究。乐山期间,他的工作从两方面展开,一是系统总结中国古代传记文学的历史和特点,二是尝试采用英国传记文学的作法,写作中国的传记文学。后者有1943年完成的《张居正大传》,出版后引起轰动,被誉为中国现代传记文学的开山之作;1945年完成《王阳明大传》,可惜原稿遗失,先生晚年仍颇感遗憾。前者就是这部《八代传叙文学述论》。

稍通文史的人们都知道，中国古代传记极其发达，不仅二十四史中有无数人物传记，隋唐以下的书志中都有传记一类，收录极其丰富。但朱先生用西方传记文学的眼光来审视，看到了秦汉的史传、六朝的别传僧传、唐宋的碑状、明清的年谱，以及梁启超的几部评传，虽然也都各有成就，但也颇多遗憾。他认为传记主要应该以人为中心，应该生动活泼地写出在纷繁复杂的历史背景下个人的生命发展历程，而史传的目标是写史写事，碑状年谱过于刻板虚假。梁启超的评传是有开拓意义的，但把一个人的事功分割成几块来叙述，不免有"大卸八块"的遗憾。先生认为，汉魏六朝的别传、僧传的成就最高，因此有本书的写作。

六朝僧传还有不少孑存，别传见于记载的虽有数百种之多，存世者则很少，但在史注、类书中则颇多摘录，可惜清代的辑佚学家很少注意及此。先生是实干型的学者，他既有志于此，即从最原始文献的搜求积累开始，终于从古籍的断简残篇中辑录出四百多种相关的著作。从先生的叙述中，我们既可以想见到他的努力，也可以领会到他的愉悦。

自序的后半部分，记录了处于抗战相持阶段最困难时期，仍然坚持学术理想的学者的感情世界和奋斗状态，是非常难得的真实写照。对此，先生晚年在其自传中有更详尽的叙述。离家万里，七个孩子都由夫人独自抚养，所幸邮路还通，可以定期汇款养家，通信虽困难，还能不断知道故乡的消息，他的思乡念家之情无法遣抑。引到杜甫《自京赴奉先咏怀》诗中的几句，沉痛至极。当时归家的路是有的，但他绝不考虑。他晚年说，国难时期，自己既不想死，也不愿降，而朋友已经下水，自己只有远走一个办法。蜀中生活的艰难，并没有动摇他坚持学术研究的信念。自序中对此叙述已经很具体，先生自传中则有更生动的描述。先生写作时经常遭遇日机轰炸，常是空袭过后接着再写。一位泰兴学生就没有如此幸运，惨死于轰炸，墓志由先生亲自撰写书丹。而晚间写作只能借助油灯，先生在油灯上架个竹架，上安小茶壶。"油灯的火力小，有时居然把茶壶里的水烧开了，夜深人静的时候，喝上一口热茶,读书和工作浑身是劲"。(《朱东润自传》第十一章)先生以耕田的牛自喻,虽然步履滞涩,但始终坚持前进。自序中引到1940年的一首诗,坚信国家剥久必复,自己没有放弃对国家的责任,一切的努力自有其值得肯定的价值。

先生在自序中对自己的馆、斋名的寓意,作了清晰表述。邴曼容名丹,是西汉末年琅邪人,事迹仅见《汉书·龚胜传》及《儒林传》,称其学《易》于鲁伯,"养志自修,为官不肯过六百石,辄自免去"。六百石大约是汉代县令的年俸。在举世趋竞时,能如此养志自砺,确很难得。杜牧两句诗的意思是,如果可以起前贤于地下,自己愿意以邴曼容为师友,极致敬意。先生于抗战前夕置宅于泰兴,即命名为师友琅邪馆,后客居沪上,则称师友琅邪行馆。馆名寓意,可用他生平中一段特殊经历为注脚。先生在1913年前后,曾为民国元老吴稚晖办报的助理,1927年又曾由吴推荐担任南京政府政治会议秘书,进入高层政治圈后很快发现了这只是"一批没有脊骨的政治贩子"(《朱东润自传》第六章)的游戏,80天后就主动退出了。抗战入川经过重庆时,先生曾礼节性地拜访吴稚晖,但完全无意仕途。室名晚令斋,似乎不见于他的其他著作,包括自传。晚令是魏晋间的口语,现代学者或解释为晚成,或解读为迟滞于时俗,但从《世说注》引《王述别传》所云:"述少贞独退静,人未尝知,故有晚令之言。"令为时誉,晚令即养志自修、不急于为世所知之意。

先生于此书完成后不久,改任中央大学教席。至1946年,方回到泰兴与妻儿团聚,距离辞家入川已经整整八年有余。他所挂念的存在武汉的手稿,历劫幸存,战后得以取回。但原定的元杂剧四论,现仅存《元杂剧及其时代》与《说衙内》二文,大约没有再做下去。

去岁到泰兴参观朱先生故居,看到他1946年为其子中学毕业的一段题词:"用最艰苦的方法追求学识,从最坚决的方向认识人生。"可以说是先生一生为人为学的写照。这篇自序,也正体现了这种精神。

二〇〇六年三月三十一日,及门陈尚君附记

朱东润师《楚辞探故》未刊稿两篇附记

以上二文,为朱东润师上世纪五十年代初所撰《楚辞探故》系列论文之第五篇和第六篇,约撰写于1951年下半年。据朱师自传记载,他从1950年秋到1951年1月研究《楚辞》,成文四篇,分别是《楚歌及楚辞》《离骚的作者》《淮南王安及其作品》《离骚以外的屈赋》,总名《楚辞探故》。朱师不赞同楚辞为屈原、宋玉所作的一般说法,根据汉高诱《淮南子叙》和荀悦《汉纪》的记载,认为《离骚》是淮南王刘安的作品。朱师认为《离骚》所述人物,除丰隆、宓妃这些幻想人物外,都是中原民族的人物,没有任何楚国的先王先公,如出屈原之手,不能不说是意外。但其中大量提到南方地名和草木,似乎提示作者是一位"认识中原文化而不甚了解楚文化,但是对于南方情事,相当熟悉的人物"。(引文见《朱东润自传》347页,东方出版中心1999年)朱师认为在汉代,关于《离骚》作者既然有两种不同的记载,就有从不同立场探讨的必要。高诱《淮南子叙》:"初,安为辩达善属文,皇帝为从父,数上书召见,孝文皇帝甚重之,诏使为《离骚赋》。自旦受诏,日早食已上,爱而秘之。天下方术之士,多往归焉。"荀悦《汉纪·孝武皇帝三》也有记载。朱师认为刘安可能写作的时间,应该是在武帝建元二年十月,而非文帝时。考虑到牵涉太大,争执必多,本来不准备立即发表。老友叶圣陶见到后,交给《光明日报·文学遗产》副刊,在1951年3月至5月间陆续刊出,引致学术界哗然。当时由政务院副总理、科学院长郭沫若领衔正在着力宣传世界文化名人屈原,因此郭与杨树达、沈知方连续在同一副刊发表五篇文章加以反驳。朱师当年采取了不应战的态度,认为"是客观形势使知识分子采取了必须采取的态度"。(前引书 351 页)但当时朱师还是写了补充的两文,均不取反驳论战的态度,仍就上述讨论的关键问题表述自己的立场。此两文的基本见解,朱师在七十年代后期所作自传中曾略述要义,主旨在于考述刘氏得氏迟至春秋后期,可以上溯到颛顼,因此对"帝高阳之苗裔兮"一句,可以有不同的结论。后一篇则讨论贾谊是否曾为长沙王太傅,认为当时中央王朝对于异姓王朝的任何官员,是没有任命权的,而《史记·贾生传》错讹很多,难以尽当信史来看待。1978 年 10 月,我开始跟随朱师读研,首次授课,师即讲到当年的争论,说当年郭代表政府,他只代表自己,个人怎么能和政府对抗呢?但既属学术讨论,总该让人说话,因此又另外写了两篇文章,与已刊发的四篇,和郭等批判的五篇,一并编了个集子,是希望有机会出版的。但郭已经去世,那也就算了吧!由于这一原因,二文至今没有公开发表。我最近受朱邦薇女士和上海古籍出版社所托,整理朱师文集,清理遗稿,检出朱师当年所编文稿,二文皆手自写定,可以整理。适虞万里教授主持《传统中国研究学刊》约稿,即请张恒怡同学代为输入,由我再作校定。《史记》原文参校了 2013 年中华书局出版新点校本,书名号则为我所加,标点有个别调整,其余均一遵原稿。特别需要说明的是,从 1951 年至今已经六十二年,楚辞研究已经取得空前的成就,秦汉出土文献的发现和研究已经完全改变了秦汉文史研究的基本格局,以朱师对学术的执着和通达,一定会认真审视当年的见解,或坚持,或调整,作为后学的我们虽无以揣测,但可以有所理解。因此,本次发表朱师的两篇遗稿,仅为完整记录当年的研究见解,无意延续当年的争论。文稿整理中之讹误,当然由我负责。

二〇一三年十二月十七日,及门陈尚君谨记

朱东润师《后西征赋》述要

朱东润师此赋作于1939年,原刊《宇宙风》百期纪念号,此据师自存原刊校订本录出,标点有少数调整。

1937年7月日本侵华战争全面爆发,全国抗战也迅速展开,时师方任教于国立武汉大学,讲授中国文学批评史课程。因惦念带着六七个孩子留在老家的师母邹莲舫,以及在此前一年动工当时还没建成的新宅,遂于此年12月末冒险从武汉沿粤汉线南下,取道香港、上海返回泰兴。居乡近一年,接武汉大学发来电报,知学校已经迁往四川乐山,希望在1939年1月15日前到校报到,履职授课。师虽感西行困难重重,但感觉国家危殆如此,个人有为国贡献之义务,师母亦坚定支持,并愿承担家中的全部责任。师晚年曾见告,当时江浙、上海已经被日本占领,朋友亦有下水者,自己决不愿降,也不愿死,惟有西行到大后方去。乃于1938年12月2日自泰兴启程,23日乘船离开上海,经香港、海防、昆明、贵州、重庆,于1939年1月13日到达乐山。是年适在校讲授六朝文,觉得六朝文的重点是赋,要讲授赋必须自己有写作的体会,乃仿晋潘岳《西征赋》,历述自泰兴至乐山西行沿途之所见所感,成此《后西征赋》。全篇五千余言,伤痛时事,纵论得失,感慨苍茫,意境雄浑,为近代以来罕见之闳篇。谨略为区分章节,撮述要旨,以便诵读。

惟民国之肇建,粤二十有六载,夷则奏于清秋,杀机发于宇内。于时封豕长蛇,砺牙磨喙,俯窥幽燕,右击恒代,驰驱沧博,割裂海岱;将欲收河朔为外藩,隳长城与紫塞。于是长策石画之士,戍卫伐曹之谟,铜山崩而洛钟应,邯郸围而信陵趋。报国则博士寄以一障之重,请缨则三屪满于四达之衢;跨越江汉,襟带荆吴,长驱百万,奋臂一呼;方欲鬻寇雠而后朝食,岂特幽冀可复,而辽渖是图也乎?

[述要]首节述抗战初起。自1931年沈阳事变后,日军在侵占东北后,不断蚕食攻取,势力已迫近幽燕恒代,即今河北、山西、内蒙一带。1937年7月7日卢沟桥事变,揭开中国抗日战争序幕。全国民心振奋,支持抗战,务期收复失地,驱逐倭虏。

讵知天步多艰,时方丑正;秋深为厉,南风不竞。搏虎卧黑之雄,没石饮羽之劲;气郁悒而难舒,势咆勃而犹盛。盖南翔十万之众,咸与敌而拼命;然后雕题凿齿之徒,始额首而称庆。江东子弟,化为国殇,邦家殄瘁,人之云亡。一战而下嘉定,再战而陷太仓;蹴姑苏与毗陵,搏丹徒及丹阳;左顾则倾仁和,右眺则夺真扬;鼓再衰而三竭,懔寇氛之莫当!

[述要]此述抗战初期形势,日军全面侵华,国军发动淞沪战役,激战七十多日,悲壮伟烈,终至失败。日军进而占据苏南,寇氛一时嚣张难当。

观乎南都之初建也,矗牙排空,飞甍接云,日月蔽亏,纭纭纷纷,五方之市,万人之勤;连郊引圻,通于无垠。倏而去之,不可复闻。嗟宫室与苑囿,及麋鹿而为群,沧海枯而鱼虾烂,泰山颓而弱草靡;乞怜者同于壁上之蜗,苟活者鉴于舟中之指。或有别井背乡,弃妻抛子,流离道路,毕命转徙;将欲指黄泉而一息,誓白水以同死;岂敢复望悠远之山川,茏葱之桑梓也欤?

[述要]此述南京沦陷以后,民众转死沟壑的悲苦情形。

余时方托足汉皋,寄命鄂渚,炯炯双眸,东望延伫,怅气夺而心灰,忽神伤而色沮;梦一夕而九迁,魂惝恍其无所;忘感情之利欲,与切肌之寒暑;独不寐以终宵,耿寂寥而无侣。然后冒死趋险,星击电驰;驱驾镠铁之轨,落帆江海之湄;忽扁舟而北渡,感余心之西悲;问前路于征夫,诵天地之无私;惊虏帐之烽火,望汉家之旌旗;足趑趄于眢井,心荡漾而犹疑。

[**述要**]1937年下半年,师在武汉任教,苏南战火遍地,故乡泰兴距苏南不远,已经三个多月与家人不通音问,因此时刻关注战争形势,担忧家人安危。在课务结束后,立即冒险返乡。当时对于能否回到泰兴全无把握,只希望到上海后可以设法得到一些消息。

奔命于西来之庵,假息于季家之市;卜消息于道路,探存没于伯姊;幸一家之获全,又恐流言之不足恃。彼长亭与短亭,复十里与五里,以咫尺为天壤,磐万虑于寸晷。然后剥啄有叩关之声,我征有聿至之喜。值世乱之飘荡,知生还之几曾;观松菊之无恙,方举室而欢腾。大男小女,雏髪髾髻,感离伤别,歔欷不胜;萧条短树,错落寒塍,抚泉誓石,结臆铭膺。昔平子《归田》之赋,原隰滋荣;《金楼》自序之文,霞间得语。何则？寓形宇内者难为怀,游心物外者易为处;况复假息于尘埃之中,托命于山川之阻;亦惟有追大欢于稚子,遣长愁于秋黍;幸卒岁以悠游,及芳时之我与者矣！一亩两亩之宅,十行八行之柳;晔晔后园之菘,濯濯小圃之韭;种芋菽麦之阿,养鱼蒹葭之右;娵草则呼儿成群,课耕则与仆为耦;岂独郁侯架上之书,梁鸿闺中之妇,刚经柔史,可师可友也哉！

[**述要**]此节述回到泰兴与家人团聚的情形。赋中用了陶渊明《归去来辞》和杜甫《羌村》、《北征》等诗赋中的故实,叙述经乱得以与家人相会的心情。后半叙迁入新居的情形。师于1936年夏购入泰兴城南文明桥北块数亩地,建筑新宅,历时一年,及到家

已接近完成。此宅于1980年代捐赠泰兴地方，初为泰兴县图书馆，后增缮为故居纪念馆。

于是背夏涉秋，白露为霜；北风怒号，庆集延长。塞向墐户，开轩延阳；步玉墀以啸傲，方夷犹以相羊；忘怀天地之大，寄迹泉石之乡，愧印须之见招，自西蜀之岩疆。夫大厦之将坏，非一木所能支；然栋折而榱崩，则独全又安之？盖智者知朕，方与物而诡随；达人安命，虽履险而何辞。是以或出或处，或安或危；或以龚生为夭，或与王尊相期。为身为国，于心有忡；割慈忍爱，结怨填胸。彼嫛婗之季迈，与弱龄之叔同，宁窅然而居长，譬佩觿之颛蒙；念鹡鸰之姣好，与鸾凤之仪容，解律则垂手可观，簪花则自小便工，昔鸤鸠之七子，惟一仪之是从，虽付托之得所，余实为之忧恫！亦有共命之鸟，比翼之禽，粲兮烂兮，角枕锦衾；念离则酸风入目，缄愁则结辖凝心；听骊歌之一唱，忽敛怨以沉吟；万里游子之道，一家健妇之任；值时事之多艰，良余心之所钦。至如陈仲避戴，吕安注吏；彼二子之高踪，犹伤仁而怼义。或以天伦自重，或以瘖生为累；盖人情之所至难，圣人之所不议。怅山川之遥深，怨觌面而相次；念春晖以搥心，望北堂而挥泪。

[**述要**]1938年，师居泰兴将近一年，是多年在外工作期间，难得与家人团聚的时候。当时全国抗战战事方殷，泰兴则因偏处江北，没有受到大的波及。日军仅占据靖江，以作为江阴炮台的保障。到11月间，接到从上海转来的电报，告知武汉大学已经迁到四川乐山，即将正式上课，要求1939年1月15日前赶到。此节师述离家西行决定之际的犹豫与斗争，为家为国之两难。虽然为国西行的选择义不容辞，但师母以一柔弱女子，毅然承担家庭之全部责任，尤为师所感铭。"万里游子之道，一家健妇之任；值时事之多艰，良余心之所钦"。师母文革间受迫害自尽，师撰《李方舟传》，记述以为平凡女子不平凡的一生，为文革间潜在写作之不朽名著。另朱师孙女朱邦薇见告，"彼嫛婗之季迈"以下，"讲到

我的两个叔父和我的父亲,季迈为君迈,叔同为君道,我父亲仲宁为君遂。鹓、鸥、鸾、凤是我的四个姑母的小名"。"春晖、北堂当指我的曾祖母和伯祖。"朱师少年丧父,离别泰兴时母亲已经八十三岁高龄,体弱多病,然家国多故,只能毅然远行。师在蜀数年,时时挂念家中亲人。1944年9月25日师母生日,附信有《寄内》:"六载驱驰寄道边,平生常愧买山钱。移家泛宅终何用,却寇避兵亦枉然。入梦云峦愁绝倒,无情天地泪双悬。遥怜此日持杯满,极目何由到汝前。"又《七载》:"七载辛酸万里愁,空将涕泪洒西州。讵知地老天荒外,又见征鸿社燕秋。劫后亲朋悲马齧,眼前家国付蒲头。埋生欲逐东流水,睡起呼儿理宿筹。"

呜呼!别方不定,别理千名;有别必怨,有怨必盈;昔人之赋,言之精矣!乃饬仆御,乃裹糇粮,乃约朋旅,乃整行装;出澄江之郊坰,宿霞霬之旧乡;观寇贼之残迹,惕抚手而彷徨。骥渚百里之初涨,新港一夕之风樯;吹涝弄翻之碕岸,江鸥水豚之堂皇。

[**述要**]此述将离泰兴与家人分别时的伤感。师母认为战争一二年即可结束,师则以为很可能要有十年八年的分别。事实是从1938年12月2日离家,到1946年夏东还,历时七年半。

伟哉江乎!导源乎昆仑之墟,磅礴乎荆湖之会;群山之所奔赴,众壑之所襟带;日月出没于东西,阴阳蔽亏乎晻蔼;据五湖之上游,廓九州岛而为大;昔晋宋之南渡,割斯流为要害;繫万里之灵川,系吾族之否泰。方其越金陵、跨曲江而东也,荡涤柴墟之故址,回皇扬子之新州;错落有天星之险,崎岖有孟城之幽。惊涛灌日,急浪吞舟,汪洋洸瀁,飈飍飗飂;斯滔天之巨浸,与沧海而为俦。

[**述要**]此节述从泰兴乘船往上海之江行见闻和感慨。

聿余昕夕兮东迈，曾不可兮少留。朝余发乎紫琅之阿，夕余至乎黄歇之浦，俯惊波之长流，独抗怀而希古。昔西夷之东侵，将大启于吾土；伟陈公之英爽，驱万千之貔虎；沉横海之艨艟，欣余勇之可贾；鄙牛生之庸驽，忍失机而丧伍；以孱帅而督师，率吾属而为虏。及蔡公之为将也，箕踞则骂坐，瞋目则语难；举偏师而障东流，策驽马而临断岸；值群丑之来侵，独奋起而拒扞；虽不克聚而歼旃，亦足以折其大半。及弹尽而援绝，始退师于江畔；八十余日之孤勋，振天声于大汉。

[述要]此述到达上海，特别表彰当年陈化成守吴淞炮台，以及蒋光鼐、蔡廷锴率十九路军抗战之伟业。

观沪渎之一隅，实东南之渊薮；江海之所会归，人才于焉枢纽；据中原之膏腴，绾欧亚之玄牡；当天地之反复，将闭关以自守。乃若托葵足于殊方，悬蝼命于虎口；虽一息之幸存，亦君子之所丑。都人士女，郁郁芬芬，靓装殊服，竟体氤氲；古刺之水，巴黎之熏，翩翾起舞，三五为群；临春冰而犹踊，履虎尾而含欣。语曰："国家将亡，必有妖孽。"彼哉彼哉，曾何足云。亦有长袖之贾，驵侩之亚；值国运之中圮，方窥利而相诧；马克驴布之比率，英镑佛郎之声价，彼握算而操筹，恒兀兀以终夜；倾神州之膏脂，博赢余于转嫁；邦国犹有常刑，固应绳其不赦！至若鬼蜮之余腥，麟狖之遗孽，称王请吏，则有吴曦；献地乞降，则有刘豫；鼠依社而社倾，蠹生木而木啮，政府大道之高标，太极织文之橜揭。彼独非夫人之子，顿纲维而自绝；抑天褫其魄魂，不复齿于圆颅方趾之列耶！

[述要]此节述上海在日占初期光怪陆离之景象。大道指日本在上海组织之大道政府，所悬为太极旗。师在 1942 年离开乐山武汉大学到重庆柏溪中央大学之际作《再会吧，乐山！》（刊《宇宙风》139 期，1942 年）追述："十二月二日动身，四日到沪。由四川拍来的电报，固然由上海邮局转出，但是拍电报到四川，便非到

上海不可。电报去了，回电当然不是三五日以内的事，我便在上海候着。十二日，复电来了，仍是催促入川。""匆促之间，写好家信，托人带回，自己就在十三日搭广东轮南下。"

余乃望乎海若之滋，跻乎阳侯之波；观洪涟之垄甓，与巨涛之陂陁；长鲸植鳍而触天，神鳌摇足而倾河，腾灵蠵而泣潜蛟，舞虬龙而斗鼋鼍。乃神州之委输，赤县之旋涡；东西三万余里，际天地而为罗。飘风扬帆，一夕而南。通灵适变，海负地涵；混茫浩渺，荡涤淡澹；连山踏波而腾踊，众壑吞渊而谽谺。朝潮夕汐，崩崖倾岚；斯宇宙之大观，不可得而毕谈！

[述要] 此述从上海到香港航程中的海上所见。

维舟于韩江之滨，系缆于潮汕之曲，繄南海之奥区，故家给而人足。昔韩公之南迁，涉惊泷而见辱；以匹夫而为师，乃化民而成俗；摩抄《鹦鹉》之赋，恻怆《鳄鱼》之告。美哉！贤人之遗风，百世仰其芳躅。过临海之通衢，心怵焉而有惕；见庐舍之萧条，杂断垣与颓壁；盖公之精诚，可以感穿苍，而不足动强敌；可以驱异类，而不足御锋镝。是以列肆广场，炎炎焱焱；户千里万，化为瓦砾。

[述要] 从上海到香港中间短暂停留汕头，师云当地刚遭敌人轰炸，登岸仅见到一片瓦砾。其地唐属潮州，为韩愈曾任刺史之处。

循海而西，实为香港；斯英伦之前卫，乃吾国之旧壤。坚尼地之喧阗，域多利之宏敞；上环下环之殷，东澳西澳之广；据海陆之交通，与星州而争长。尔其缟縠天南，不可得而佛仿。九龙据其西北，方濯足于海澜；或奋鳞而翘首，亦夭矫而郁盘；内有竹园锦田，外则深圳宝安。重港积深而极险，群山巉屼而相攒。昔鸦片之余孽，割斯土以交欢，举鹑首而赐秦,余于兹而永叹!

[**述要**]此述到达香港,停留时间很短,旋即购票往越南海防。《再会吧,乐山!》:"十七日抵香港。经过请领护照的手续,二十三日搭广元轮前往海防。计算新年的时候,可到昆明,作诗一首。《入川》:'朔方建国绍先天,粗粝腐儒亦屡迁。江北全家劳旧梦,云南万里入新年。遥峰此日看金马,虚幌何时对玉婵。不恤征衣飘尘土,嘉州只在夕阳边。'"在香港停留六日。

于是矗立云表,太平之峰;浴日映月,吸露餐风;俯窥沧海,横揽鸿蒙;贯千丈之铁索,亘歔吸而相通;登兹岭而北望,托遥思于归鸿;盈余襟兮掩涕,长太息兮安穷?则有五羊故都,南方重镇;带甲十万,结交豪俊。马其诺之防线,兴登堡之战阵;凭虎门之天险,据白云之雄峻。暨敌人之来攻,曾不闻其血刃;乃无贵而无贱,一朝化为灰烬。阻风广州之湾,维孤舟而一览;原平远而逶迤,海从容而澄澹;越西营之迢递,游余目兮赤嵌。坚壁则野无遗粟,教士则伐鼓坎坎;强敌窥伺于海外,犹徘徊而未敢。信贤者之为政,故卓然而难撼。

[**述要**]此述在香港登太平山顶,北望广州。当时余汉谋守广州,曾自诩为马其诺防线、兴登堡战阵,但一触即溃,时已为日军占领。1941年末师在乐山闻日本进占香港,有《闻香港被围》:"瑶岛孤悬碧玉盘,天南犹着汉衣冠。蛟宫直上金银气,鳌背双飞日月丸。百载废兴应有此,一时惆怅转无端。谁怜蛮触挥戈地,剩得衰翁袖手看。"

其南则有五指之山,琼崖之岛:獠峒黎窟,槟榔桲栲;乡号八蚕,田宜三稻;象耕鸟耘,山深水好;撤桑土于未雨,幸绸缪之能早;嗟沧海之遗珠,怆余怀之慄慄。

[述要]此节述海南,仅因舟过琼州海峡而述此。《再会吧,乐山!》:"二十五日,船过广州湾,看到海船上,挂着蒲帆,感觉兴趣,又作诗一首。《蒲帆》:'十丈蒲帆挂到天,云山岌嶪任高骞。惊风鸥鹭群三五,击水鲲鹏路万千。上道酸辛多远客,辞家箫鼓又明年。夜深欲唤鱼龙起,为寄相思若个边。'"

尔乃鲸浪骏奔,鹢首高骧;跨越千里,至于海防。文身黑齿之境,户北日南之邦;禹贡扬州之徼,西京交趾之疆。伤丁年之去国,对丙夜而怀乡;髮搔搔而易短,路漫漫而愈长。异哉安南之为国也,乃汉唐之故封,中原之旧土;及建号而称藩,犹依恋于共主;代身金人之入贡,上国天使之镇抚;南来草木,皆识黄公,再登衽席,独劳张辅。信可以外事中朝,内抚八部;百官播其声歌,万姓于焉安堵矣!然而诗书非御侮之方,礼乐无制胜之用;强敌已据其堂藩,诸生犹勤于弦颂。号窃公侯以自娱,年纪保大而垂统;彼东法都护之全权,合交趾支那而兼综。念列彼下泉之诗,听原田每每之诵;访河内之遗民,恒一过而腹痛。

[述要]此述越南之历史文化。在河内曾短暂停留,参观玉山寺。《再会吧,乐山!》:"二十七日抵海防,二十八日乘火车赴河内。"师存诗有《河内》:"日南户北费车船,回首乡关路八千。一路蕉花红似锦,两行桄树绿于烟。我来独上玉山寺,曾拂新题保大年。徼外兴亡谁管得,遗民何日问苍天。"

滇越铁道,远入南躅;坡陀起伏,屈曲蜿蜒;高高下下,尽为蔗田;蕉花红似锦,桄树绿于烟。彼老街之荒落,作重镇于雄边;鸣刁斗于碉堡,传柝声于霜天。其地则有红河千里,跨越外内;横长虹之百丈,扼山川之两塞;别异国之风波,感津吏之意态,客重洋而一归,闻足音而犹爱;涕泪流于胸臆,劳思发于感慨;故知去国之可悲,结念之有在。

[述要]次述乘滇越铁路,自河内、老街前往昆明之沿途所见。

《再会吧,乐山!》:"三十日入云南境,三十一日至昆明。"师存诗有《入河口》:"钟声渐密柝声多,刁斗森严澈夜过。竹树葱茏迎晓日,稻田高下入红河。当关津吏迎征客,回首故园泣逝波。为谢越南须慎重,顾瞻周道奈君何。"

自越入滇,一千余里;坡谷嶙岣于中天,重岗嶕崒而特起。錾山堙谷,方车两轨,横通旁达,忽远而迩。亦有凿岭捯峦,探幽入里,为大隧者一百七十有余,始至昆明之鄙。昔在句町且兰,牂柯夜郎,唐蒙开边而奉使,庄蹻割地而称王。白蛮乌蛮之土境,东爨西爨之故乡,罗凤自绝于天宝,善政建号于后唐;伟友德之虎略,慕西平之鹰扬,布雄威于边隅,化荆棘为康庄。经五华之故宫,泣永历之遗躅;昔胡虏之南迁,独奋发乎岭曲;福鲁唐韩之遗踪,黔滇粤桂之局促;教战则驱象成阵,治书则待漏刻烛。爰卷甲而疾趋,将掩取乎湘蜀;天意眷其北顾,怅国命之不属。吊天波于南荒,乃奋庸于帝载,惜大勋之未集,嗟孤臣之心瘁。伤南夷之不终,感定国之慷慨,缅高皇之威灵,历十世而犹在。丑三桂之反复,因尧犬而尧吠;不再传而灭宗,天意弃其瑕秽。

[述要]此述云南之形胜与历史。师存诗有《入云南》:"曙光纔动晓烟收,踏遍交州又益州。六诏山川归一统,三迤人物亦千秋。云笼远岫真奇崛,水咽寒溪欲倒流,试问新亭谁得似,频挥麈尾固金瓯。"

曲靖既北,平彝斯宇;蛮夷大长之流风,庲降都督之故府。昔先零之西征,有老成之规矩;伟李恢之请行,步充国之故武;嶷奋威而有济,忠宽宏而能抚。诸葛武侯之为政,斯先后与御侮。驱余车而东逝,经乎滇黔之交;岭郁兀而高耸,江屈曲而沉坳;四十三盘之险峻,两山夹道之豁庨。或入地而为溪,或攀云而为巢;壮关率之勇武,临殊方而建旄;美朱侯之遗迹,贯铁索而为桥。

[述要]师于1938年12月31日到达昆明,在堆栈略事休息,去汽车站购票,后几日已售罄,惟次日尚有余票,遂于1939年元旦乘西南公路汽车北行,在昆明未曾浏览。此节述滇、黔间车行之景色。

东过清镇,遂至贵筑;昔则户杂夷獠,今则地绾川陆。西连昆明,北通巴蜀;南控河池,东接岳麓;乃五方之繁会,作重镇乎心腹。伤疲民之征役,复何念之能淑。边徼荒陬之境,鹑衣菜色之氓;家无一金之蓄,地无三尺之平。重云积于山谷,复多雨而少晴。垒巨石以为壁,剖层岩而承甍;侏儒支离之状,蓬蒿藜藿之羹;繁天地之局蹐,实大困乎苍生!

[述要]此节述贵州情形。《再会吧,乐山!》:"四日宿贵阳。"

吊阳明于龙场,念斯民之先达;彼蠖曲以待时,试铅刀于一割;过遵义而偃蹇,望楼山而气夺。尔其峭崿巃嵷,巉嶙巀嶭;栖巨狖与苍猿,耸长松与翠栝;轨辙交于中天,咳唾落于木末。经兹岭而上下,嗟涉顿于天梯;冻雨忽其飘洒,行旅过而憯凄;访桐梓之故迹,历松坎之旧蹊;綦江漱石而潺湲,橘树蔽山而高低。纵目乎三江之会,税驾乎海棠之溪;望新都之熿灿,若天半之云霓。

[述要]此述自贵阳北行情形。当时贵阳已是雨雪纷纷,因车票紧张,只能乘装汽油的车走。车经娄山关,山路路滑难行,差一点滑到山谷。经遵义、松坎、綦江,到达重庆。《再会吧,乐山!》:"六日换车,八日至重庆。"

美哉城乎!巴子于斯建国,李斯之所经营;右大江而左涪万,故奇险而崇闳;真武缙云之高标,佛图阳关之峥嵘;太平储奇之旁达,都邮苍坪之精英。别有地称曾崖,寺名上清:建崇号于国府,卜一战于横庚。昔寇氛之逼南都也，乃率众而西迁；譬黄鹄之高举，览天地之方圆；心游乎八表，机发乎九天，将远跖而高掌，故一览而得全。驱庸蜀羌髳之众，用微庐彭濮之贤；方谋新而舍旧，物有爱而必捐。夫临危则侧席求才，图治则发愤自励；彼往哲之成规，非所望于当世。若乃金张许史之擅权，音凤恭显之得势；丰亨豫大之专佞，心腹肾肠之便嬖；持论则宇宙未宏，挟隙则秋毫匪细。临大江而长叹，吾属其将安济？

[述要] 此节先述重庆之历史及名胜，在国民政府宣布重庆为陪都以后，成为全国抗战之中心，应该追求的责任和目标。师于1939年1月8日到达重庆海棠溪，过江住大梁子宾馆，停五日。感觉到新都的气氛是权贵张扬，高官得势，党派纷争，好为空谈，感到很失望。

亦有椎埋发邱之雄，吹箫屠狗之丑；报睚眦于偶语，伺消息于杯酒；以杀戮为耕作，或叹息于畎亩；繁掩目而捕爵，咸结舌而箝口；譬九四之自王，聚二五而成偶；黄雀之伺螳螂，祸于何而不有？赴邦家之急难，扬祖宗之威灵；光国则责在匹士，苟免则邦有常经。然而用君之意，齐之以刑，衣不蔽骭之壮，年及中男之丁；若无罪而就死地，宣王为之涕零；生何恩而杀何辜，李华所不忍听！

[述要] 此节续写重庆见闻。当时陪都建立未久，多依靠地方势力与帮会人员维持地方，采取盯梢、告密等手段，虽然当时还未如以后之剧烈，但已颇见端倪。中男是未及成年的少年，见杜甫《新安吏》。当时拉壮丁成为普遍状况。

若夫燕喜之俦，鸿渐之族，退食自公，天锡百禄；蒙茸狐裘，厌饫梁肉；论事则自具肺肠，御冬则我有旨蓄；人嚣嚣而难知，理翳翳而愈伏；天道之不敢言，孰剥极而能复。别有院号参政，职在风义；过天阁而叩关，谒纳言而投刺；方欲陈民生之多艰，邦家之憔悴，不无献纳之言，宁有出位之思？彼方褒如充耳，我则愧而入地；始知夏虫之不能语冰，肉食之未可与议。

[述要]此节述到参政院访问秘书长王世杰的情形。师说当时参政院虽不是民意机构，但总是表达民意的渠道。王世杰虽为旧友，但谈话难以投机，更感到失望。

爇平生之瓣香，窃致敬于南丰；经术许郑之流亚，音韵江段之异同；安那其之学说，柯伯坚之词锋，言政于百世之后，既发瞶而振聋，彼滑稽以玩世，异阿谀而取容；孟子之论柳惠，亦既和而不恭。

[述要]此节述在重庆见到吴稚晖的感慨。师早年曾为吴民初办报之助理，并承吴介绍到英国留学，瓣香南丰指此。师到重庆曾访吴，吴所告对日战争之看法及蒋汪分途之原因，让师颇感遗憾。

于是翱翔徘徊，从容天半；驾飞机而西行，望万象之弥漫；初敛翼而低昂，忽奋迅而泮涣；摩埃壒于九霄，摘星斗于天汉；山蜂涌而群飞，川倒流而相乱；过泸叙而一窥，曾不知其畔岸。峰回路转，云树纠缭；岁暮而沙渚尽寒，水落而乱州竞出。其上则有离堆之天险，三江之浡漰；巨浕演衍而蜿蛇，蒙沫吞吐而横溢，凌云左峙而幽深，二峨右抱而屼崒；回吾軨于西州，挹征尘而若失。

[述要]此节述从重庆乘飞机到乐山的经历。因当时从重庆到乐山的汽车票难买，乃乘民航公司的水上飞机，于1月13日抵达。《再会吧，乐山！》："那时重庆到乐山有渝嘉线飞机，因此购十一日飞机票前往。十一日警报，十二日大雾，十三日飞机开航，下午一时到达乐山。从泰兴到乐山的旅途至此结束。"师晚年作《遗远集叙录》自评此节："叙飞机之行，自谓古人所未发。演进既急，

事物愈繁,古人之所未见,自当有古人所未发之作。"

郡号嘉定,县名乐山,冰酾江而凿壁,蒙辟道而开关;子云草《玄》之勤,舍人注《雅》之闲;赵昱斩蛟而入水,文振跃马而驱蛮;卫公之提重兵,杨展之号殷顽:斯皆彰诸史册,考之班班者矣!若夫游览之萃,人文之薮;斯有皇华台之冈峦,嘉乐阁之陵阜,心怡于乌尤之寺,梦游于龙泓之口;或夸方响之洞,或羡东岩之酒。林壑十寻,则有白崖之三洞,程公之户牖;金身百丈,则有海通之精进,韦相之左右。其产则有红岩之铜,玉屏之铁,大渡河之金沙,流华溪之盐穴;荔枝之隽永,海棠之芳烈。白蜡之虫,栖于女贞之树;墨鳞之鱼,出以清明之节;绸有苏稽之美,纸有嘉乐之洁。凡民生之所须,不可得而尽列。

[**述要**]此节述乐山之历史文化与山川名胜。

国学既迁,来依兹土;别珞珈之烟云,辟高幖之林莽;上有万景之楼,下为丁东之宇;讲经于圣人之居,论学于文章之府;书卷陈于高台,精舍辟于两庑。钟鼓之声,发于内廷;从者之屦,集于外户。国子司业之伦,四门博士之职;传道设教,授业解惑;值风雨之飘摇,犹弦颂之不息;斯则诗书之渊泉,人伦之准式。至治待兹而裨赞,鸿文于斯而润色;将非开诚心而布公道,焕大猷而建皇极也欤?

[**述要**]此节述武汉大学迁址乐山以后的教学状况,特别强调教育对于国家今后建设发展之重要意义。

余以不才,待命扫除;时迁岁往,日居月诸;沍寒发于林樾,重阴结于绮疏;滴空阶之长夜,流春膏于新渠;观山川之霡霂,余将化而为鱼;是以遣怀而作赋,庶几有感于起予。夫天地之道多端,生人之事不一;或以多难而兴,或以逸豫而失;少康之众一旅,文种之教七术;内君子而外小人,致中和而履元吉;民怀来苏之望,鬼瞰高明之室;论治道而经邦,是所冀于暇日。

[**述要**]末节述作赋之缘起,感慨时事殷忧,事在人为,治国经邦,寄望未来。

附记:近因整理朱师遗著,检出此篇大赋,嘱门人王庆卫、管华君代为输入,张金耀博士与我再覆校一过。朱师孙女朱邦薇、吴格伉俪也有所指正。适香港中文大学中文系于建系五十周年之际,以"今古齐观:中国文学的古典与现代"为主旨举办学术会议,此赋虽体属汉魏旧格,内容则可纳入现代文学,其中一节且述经留香港之所见所感,似恰与会议主题契合。乃据师晚年自传《八十年》(出版时改题《朱东润自传》)及其他记录,略述师此赋之写作始末及章节大旨,以便学者诵读。尚拟请友人详作笺证,则有待于异日。今适当师西行首途后之七十五年,诵读数过,想见师当年别离妻子、慷慨西行之壮举,犹感情怀激昂,意气风发。师常告文学当写真情实感,认为杜甫《北征》《羌村》非身经战乱而难以深切体会,此赋于此得之。惟用典甚多,体会难以准确,若有误失,幸方家赐正。

及门陈尚君谨述于二〇一三年十二月二十七日

唐史双子星中稍显晦黯的那一颗
——纪念岑仲勉先生诞辰130周年

在近百年唐史研究史上,惟一能与陈寅恪先生齐肩并论的只有岑仲勉先生,在圈内几成定论,但在圈外则冷热相差很大。虽然十多年前中华书局曾出版十六卷本的《岑仲勉著作集》,但对其成就的认识似乎又一直不是很高,读过几本的,初步印象都认为所论太过琐碎,根本不足以与陈寅恪相提并论。过激的,甚至认为他最多只能算一个唐代文史资料员。我曾很认真地读过岑氏几乎所有能找到的论著,心追力仿,写过几篇几乎与岑氏同题的论文,体会他的治学方法,领会他研治唐史的总体格局与学术建树,有一些独到的体会。今年是岑氏诞辰130周年,也是他辞世55周年,他当年任教的广州中山大学历史系将召开纪念研讨会,我愿趁此机缘,将一些认识写出,纪念这位难得的史学大家。

一、自学成才、大器晚成的史学家

岑仲勉名铭恕,中年后以字行。1886年8月25日生于广东顺德。其家据说是商人家庭,祖辈都开米店。其父孝辕公为前清举人,他出生仅三岁就去世了。其父关心海防和新学,留心经世之学,岑氏自云志学之年曾得见其父批读的杜佑《通典》。其伯父简庵公曾师事粤中名儒陈澧,其二兄于光绪末在翰署任职。虽然到现在为止,因岑氏本人自述尚未公开,仅从他本人偶然叙述中披露一二,其门人也有简单叙述,详细情况还不太清晰,大体可以认为是富裕商家走向文化与仕宦的道路,两者并不违格。

岑仲勉就学以后的最初十年,接受的是传统科举教育,但风气遽变,科举废除,他的兴趣也转向史地、掌故、政典之学。十八岁入两广大学堂,习经史之学,对汉学之考据与宋学之义理皆有兴趣。虽也动过出洋的念头,终因经费难以筹措,弃而入北京高等专门税务学校,转学税务理财之学。在当时,文史之学唯大富贵之人方能玩转,博学如王国维,名声中天之时,为其酷爱文辞之学的二子,选定一学海关,一学邮政,即知此二途方能裕家存活。岑氏毕业后任职于上海江海关,月薪250元,收入很高。此后转任广三铁路局局长,从1920年起任广州圣心中学教务主任,达十五年之久,初任课为微积分与解析几何。其间对生物分类学有了浓厚兴趣,尝试用西方分类学作中国植物名实考订,并撰植物分类学书稿五十多万言。当然更大的兴趣还在文史,主办校刊《圣心》,几乎只发他个人的论文,重点则在西北史地与唐史研究。因为次一机缘,他与史学大家陈垣建立通信,研究水平也为陈垣所激赏。陈垣向傅斯年推荐他到当时文史研究的最高机构中央研究院历史语言研究所专力从事学术研究,但他一直犹豫。1934年起任上海暨南大学秘书兼文书,1936年转任潼关禁烟会计专员。直到1937年方下决心放弃俗务,入史语所任职。

以上列举岑氏的早年经历,一是要说明其先人虽有一定的家学根底,但层次并不高,估计其父读过一些经世之书,其伯父知读经与碑帖之学,皆不足以名家,他的文史之学几乎完全靠阅读摸索而得。自学者最大的优势是兴趣浓厚,体悟深切,涉学无界域,无权威,无定见,缺点是不免绕弯路,出疵瑕。就起点言,岑氏与陈寅恪不可同日而语。二是他对西方自然科学和现代社会、经济的涉猎与理解,远较一般专攻文史者为系统。北京高等专门税务学校乃1908年清廷为培养本国税务人员而建,主要请洋人任教,修业四年,设统计、海关、银行、商业四科,对外文要求很高。岑氏早年研究植物分类,并曾教授微积分与解析几何,对西方自然科学曾有系统认识。西方生物分类的基础是全球生物物种调查,其分类方法主要是形态分类,核心是复杂的层级分类和细微差异的观察记录,以这种态度研治唐代文献,当然与乾嘉以来一般的治学方法有了根本区别。三是在五十一岁转入专业治学以前,岑氏长期担任实务,在圣心中学和暨南大学的两段经历,主要职务仍属行政方面。即便有机会转入研究所,他仍难下决心,很可能主要原因还在于家累,在于经济压力。五十一岁后的二十年,他的著述总数超过一千万字,也实在很惊人。说大器晚成,恰如其分。

二、抗战迁徙岁月中建立学术丰碑

1937年以前,岑仲勉仅出版一种专著,即《佛游天竺记考释》,1934年上海商务印书馆出版,主要解读法显行记中的地名问题。此书引起同样关注西域南海问题的陈垣的关注。岑寄出自己的已刊各文,并请陈为《圣心》题签,来往遂密。此时他所著《隋书州郡牧守编年表》《李德裕〈会昌伐叛集〉编证》等书也陆续完成,未能刊布,但许多论文在国内重要学术刊物如《金陵学报》《东方杂志》《史学专刊》《辅仁学志》发表,声誉日隆,陈垣向傅斯年推荐他到史语所工作,得到积极安排。

1937年7月5日,岑氏到史语所报到,过两天抗战就全面爆发了。其后战火遍及江南,乃随所迁徙长沙,次年初迁昆明,1941年迁重庆南溪板栗隘,1943年迁宜宾李庄。虽然不断迁徙,但凭借史语所的丰富藏书,岑氏全力以赴,迎来个人学术生涯的巅峰。虽然他仍坚持纯学术而不关涉时事,但今日读他当年的著作题记,如《唐集质疑序》"1937年记于长沙",《唐人行第录序》"1938年入滇,维时研究所图书在途,供读者只随身零本",《跋唐摭言》"时民国二十七年十二月,云南起义后四日,顺德岑仲勉跋于昆明",《论〈白氏长庆集〉源流并评东洋本白集》"顺德岑仲勉记于昆明龙头村,时1939年6月月半",《〈白氏长庆集〉伪文》"1939年11月,草成于昆明龙泉镇",《〈文苑英华辨证〉校白氏诗文》附按"1941年3月,识于四川之南溪",《从〈文苑英华〉中书翰林制诏两门所收白氏文论白集》"1942年7月下旬,仲勉识于板栗隘张氏新房"，《唐唐临〈冥报记〉之复原》"1945 年 1 月 19 日，南溪李庄"，如此转徙无定所，仍坚持做最纯粹的学术，这种治学精神，以及在国难中史语所为保证同仁学术研究之努力，真值得今人三思。

　　岑仲勉一生最重要的成就是《元和姓纂四校记》，他在抗战转徙之间的所有工作，其实都是为此项工作而作文献搜录工作之间的意外收获。《元和姓纂》十卷，为唐人林宝元和七年(812)所著，缘起是因某次某官授爵，误属郡望，宰相王涯认为应有记录魏晋以来世家谱系与当代官阀望贯的专书，以便参考。林宝受命，广参群籍，以三月之力编成此书。内容其实包含两部分，一部分为依据从《世本》《风俗通》《潜夫论》《姓苑》《英贤谱》等书构筑的所有姓氏之得姓来源与房支递传，另一部分则是北魏以来至中唐为止约三四百年间皇室到重要官员的实际占籍与家族谱系。由于唐以前的谱牒类著作几乎全部失传，该书成为记载汉唐间士族谱系的惟一专书。如果举不太合适的譬喻来说明，汉唐士族社会的总体构成，如同参天的大榕树，无数支权如同各大小家族，大支分小支，最后到无穷榕叶，就如同那个社会曾生存的无数个人。正史一般仅记载当时最重要人物的活动，至于这个社会是如何构成，各姓各房间又是什么关系，正史无传但曾生存于那个社会的次一等人物又处于什么位置，《元和姓纂》可以说是研究汉唐士族社会总体构成与所有支脉的惟一专书。宋以后社会转型，这本由近两万人名堆砌的书之不受重视，自可理解。原书明以后不传，清人从《永乐大典》中辑出，仍编为十卷，馆臣略有校订，是为一校；嘉庆间孙星衍、洪莹重加校补，是为二校；罗振玉作《元和姓纂校勘记》二卷，是为三校；岑校称《四校记》，原因在此。岑校采用穷尽文献的治学方法，致力于该书的芟误、拾遗、正本、伐伪，程功之巨，发明之丰，校订之曲折，征事之详密，堪称其一生著述中的扛鼎之作，也是中国近代古籍整理工作中可与陈垣校《元典章》并列的典范著作。在缺乏系统的古籍检索手段的情况下，岑氏从数千种古籍中采录《姓纂》所记近两万名历代人物(唐人占绝大多数)的事迹，逐一考次订异，并据以纠订前人辑校本的各类错误。《四校记》的意义已远远超越对一部书的校正，其揭示的大量汉唐人物线索为这一时期的文史研究提供了丰富的矿藏，称其为人事工具书也不为过。虽因此书刊布于沧桑巨变的前夕，传本不多，加上五十年代后学术风气的变化，没有得到其应有的学术重视，另此书采用传统的校书不录全书的体例，仅于出校处录文，读者如不核对《姓纂》原书，则不尽能体会其真旨，也限制了一般学者对此书的利用。中华书局委托孙望、郁贤皓、陶敏整理该书，将《姓纂》原书与《四校记》拼合，1994年出版，并编有索引。从署名来说，岑氏一生最重要的著作，与林宝与三位整理者一并列出，稍有些吃亏，但其学术意义仍无法遮掩。

这期间岑仲勉完成大量论文与专著，中心是围绕《姓纂》校订工作展开，更大的规划则是对唐代史事站在现代学术立场上的重新认识。为求《姓纂》二万人名之取舍斟酌，他几乎翻检全部存世与唐五代史交涉的典籍，几乎所涉每一种书都发现各种文本脱误、事实讹晦、传闻不实、真伪混杂的情况。读《全唐诗》，目的是遴取人名记录，很快发现该书小传多误阙、录诗多讹脱之类大量问题，月余检遍，随手所札乃成《读〈全唐诗〉札记》一书。《全唐文》成书于嘉庆间，文献取资与作者小传皆较《全唐诗》为优，在他如炬目光下，仍发现众多误漏，乃成《续劳格〈读全唐文札记〉》，所得倍于劳氏。读唐人文集，则成《唐集质疑》。对白居易、李德裕等重要文集，则反复推敲寻研，皆有多篇长文加以研索。读唐人诗文，深感时俗喜以行第称呼，历经千年，多难得确解，乃排比文献，取舍归纳，为多数人落实了本尊身份。他特别重视对唐人缙绅名录之考订。对前人有专著者，如《登科记考》《唐方镇年表》等皆有所补订。翰林学士在中晚唐政治史上的地位众所周知，但存世仅有丁居晦《重修承旨学士壁记》初备梗概，唐末僖、昭、哀三朝则尽付阙如。岑撰《翰林学士壁记注补》和《补唐代翰林两记》，使一代制度及学士出入始末得大体昭明。唐六部尚书下之各司郎官，多属清要官，传世有右司郎官题名石柱，清人赵钺、劳格撰《唐尚书省郎官石柱题名考》，考索每人事迹。岑氏反复斟酌原石及拓本，发现清人所据有误录、缺录，更严重的是石刻拼接有误，乃更精加校订，成《郎官石柱题名新考订》及《新著录》二种,尽力还原真相。《姓纂》清辑所载姓名多讹夺,要求其是,务必广征石刻。岑氏对宋代以来的石刻专书作了系统梳理,发现前人考订方法存在众多偏失,乃成《金石证史》《贞石证史》《续贞石证史》等系列札记,逐种考定,阐释义例,追求真相,足为石刻研究之典范。对正史、《通鉴》《唐六典》《唐会要》等基本典籍,用力更勤,如《通鉴隋唐纪比事质疑》摘出司马光疏失达数百则之多。以上论著,所涉问题之广,考订之细,征引之富,审夺之慎,发明之多,不仅并世无二,前后亦难见出其右者。在抗战及稍后的多期《史语所集刊》上,岑氏几乎每期都以三五篇以上论文同期刊发,著述之勤,亦皆可见。

今人阅读岑著,惊其骇博之余,也常会有所疑问,研治唐史,基本典籍已经可以解决大部分问题,用得着这样不避细琐地加以寻索吗?我想,传统史学重褒贬,讲义例和笔法,忠奸既分,颂德斥恶即可,不必计较细节和真相。但现代史学的任务则首先要穷尽文献,究明真相,再加以分析评判,务求准确可靠,以岑氏治学之严苛,阅读所及,都能发现前人之不足及究明之办法,因此留下大量具体的读书记录。看似琐碎,其实取向大端是明确的。或者换句话说,他早年学经济,习数理,特别是研究植物学,所学是西方一套科学精密的治学办法。转治史学,都用科学的态度审读群籍,不断发现旧籍之不餍所期。在生物分类中,由大的门类到具体属种的科学分类,任何细节的差异对判读物种归属都应加以考虑,以此方法治唐史,岑氏对所有一手文献不加区别地加以审夺,去伪存真,恰好他又精力过人,效率惊人,因此有如此多的涉猎。

三、《隋唐史》所见岑氏治隋唐史整体构想

以上所有岑氏的研究几乎都是具体入微的,表达他对唐史系统认识的著作只有《隋唐史》。该书正式出版在1957年,但其初稿《隋唐史讲义》完成则在1950年。我比较怀疑最初动手的触机是1948年脱离

史语所,到中山大学任教,教学需要教材,方陆续编成。时当鼎革之际,应该经过几度改写,也不知最初的手稿有无保存,讲义虽存也不易得见,这里仅能就公开出版者加以讨论。

该书卷首有岑氏《编撰简言》,说明全书用浅近文言,一是求与中古文言史料之便于对接,二是引导专攻白话的中学生进入大学后养成阅读文言的习惯。特别强调断代史教学应与通史不同,应向各专门化途径转进,凡涉问题,必先胪列众说,"可解决者加以断论,未可解决者暂行存疑",为学生今后研究打下基础。这一点很重要,他在该书中对古人与今人之见解都有充分的讨论,因陈寅恪学说在当时影响巨大,故讨论亦多,此下节再说。

岑著凡隋19节,唐68节,对隋唐史的几乎所有重大问题,从国际大势到朝代兴亡,从民族冲突到制度变革,从军事冲突到政事纷争,从佛经翻译到文体迁变,无不有所涉及,这在当时的通史和断代史中都是少见的。他在隋史部分用四节述突厥史,特别讲到突厥因丝绢贸易而与东突厥发生联系,力辨铁勒非民族而只是史籍误译所致,都接受了欧美学者的新见。特别讲到隋代三大工程,即大兴城之兴建与通济、永济渠开凿之意义,也与一般只讲大运河有所不同。在唐史部分,他的所长在制度、氏族、经济、人事,各方面都有很充分的发挥。比如田制,他用"北魏均田之缘起及其制度"、"唐之均田"、"庄田"、"俸料、公廨本钱及职田等"四节作充分讨论。即便一般史家很少讨论到的文学问题,也有"佛徒撰译之文艺价值""文字由骈俪变为散体"、"西方乐曲影响于开元声律及体裁""盛唐、中唐、晚唐之诗人"加以论列。在唐史最后部分,更罗列地方区域及社会组织、手工业及物产、市虚及商务、交通、黄河、水利、学术与小说、历法与天文、乐舞及百戏、服饰等内容,可见其视野之广备与独到,部分已经触及九十年代新史学论述的核心内容。在这些所有方面,岑氏既不循历代正史之定说,与海内外时贤之见亦多有商榷,显示了他的独到见地。

具体可举二例。唐三十四节为《西方宗教之输入》,分别介绍祆教、景教、摩尼教在唐代传入之始末,这并非其治学所长,但援引陈垣、向达、沙畹、方豪、张星烺、冯承钧诸家之说,清晰叙述了三教之教义及入唐传教之始末,虽然认为《墨子》中的炎人国即祆教未必能成立,但在课堂上的这些讲授对学生无疑多有启示。五十八节《市虚及商务》,涉及唐前后期商业活动之不同,从长安东西市之繁荣,讲到各地因墟成市之发展,续讲对外四大商港比景(今在越南)、广州、泉州、扬州之盛况,复讨论陆路商务、南海商务及西域商路之变化,最后介绍海外输入物品之丰富。这些介绍,无不援据丰博,启迪思路,虽非皆发明,但准确周翔,足可信据。

不过,《隋唐史》是教材性质的专著,它必须向学生提供各方面清晰的知识,岑氏折衷百家言,成一家说,与独立的学术专著稍有不同,加上此书岑著毕竟与五十年代的主流史学相去甚远,得到一些前辈的认可,未必适合新时代的要求。能刊布已属大幸,授课成就能有多少,真很难说。几十年后再读,他所讲到的很多都成为显学,当然他的所见也为新说所超越。

四、岑、陈二氏史学分歧及治学方法之比较

陈寅恪的史学成就早有定评,无须讨论,需要讨论的是岑氏的成就。

岑仲勉年长于陈氏五岁,成名则要晚得多。1937年他到史语所任职,傅斯年在寄出聘书的同时,即告他研究计划须与历史组主任陈寅恪商定。岑赴所前曾两度信告陈垣以连络陈寅恪,均未果。他到所时,陈寅恪适因父丧在北平,至次年方在昆明见面。《唐人行第录序》云:"一九三八年入滇,……八九月间在昆明青云街靛花巷初与寅恪兄会面,渠询余近况,余以拟辑《唐人行第录》对。"不知是否谈及其他话题。此后陈脱离史语所,岑则随所十一年,至1948年返粤任中山大学教授。巧合的是,院校调整时,陈也随岭南大学并入中山大学,唐史双雄遂同在一系。据蔡鸿生回忆,两人间私下来往不多,但能互为礼敬。岑著《隋唐史讲义》篇幅多达60万言,系统表达他对隋唐史几乎所有

重大问题的看法,其中包含大量与陈氏商榷讨论的意见。据项念东的比读,对陈氏学术观点的批评多达78处,除少数几则为补充陈说或引陈说以为佐证外,绝大多数为对陈说的批驳,包括关中本位政策、李唐先世出赵郡李氏、太宗压制中原甲姓、府兵兵农合一、牛李党争所分阶级及始于元和、唐制承北齐、唐小说与古文运动之关系、唐将相文武分途说,等等,几乎涉及陈氏大多主要学术建树。该书1957年由高等教育出版社出版,陈氏虽失明而不良于阅读,但他友生众多,对此应有所知闻,但并未作任何回应,也从未对岑氏有任何批评。

就岑氏之立场,凡学术问题自应以精密的文献与周圆的考虑予以立说,重要的结论尤应有多方面的考虑与审视。他曾撰文批评李嘉言《贾岛诗注》与《贾岛年谱》,李氏回应颇有一些激烈言辞,岑奉覆云:"总言之,学术经讨论而愈明,留昆明时李君虽未谋面,固曾一度通讯,然僚友中如董作宾、向达、马元材、杨宪益诸先生,拙亦屡有讨论之作,则因我的看法,讨论与友谊,应截然划分为两事也。"他订补吴廷燮《唐方镇年表》时,认为"其声誉愈高,愈易得人之信受,辨正之旨,非抑彼以自高,亦期学术日臻于完满而已"。他与陈寅恪的学术讨论,也应属此一性质,仅属于君子之争。在五十年代学术风气下,岑著仅就问题加以讨论,绝不引向政治问题,始终保持书生本色。但就他人特别是陈氏及门与追随者来说,未必愿意这样看。前辈史家金毓黻初读此书,认为岑走陈一路学术,"于极细微处亦一丝不苟","偏于专而短于通",仔细再读,方发现岑"旁征博引,证明陈氏之不尽确当,可见其善于读书",但更欣赏陈之"从大处着眼",认为岑"所引诸证亦能穷原竟委,为陈氏注意所未及",缺点是"不能贯通前后"(均见《静晤室日记》),均属中肯之言。海峡对岸的傅乐成看到岑著,感到骇异,极力反驳,有些感情用事。到目前来说,以项念东《20世纪诗学考据学之研究——以岑仲勉、陈寅恪为中心》之讨论最为客观深入。

以下仅就牛李党郑问题略作讨论。

牛李党争是中晚唐之际的大事,因大中后政局为牛党把持,晚唐史家多右牛而黜李,到司马光仍如此。陈寅恪向推崇《通鉴》之有识,多赞同其所见。岑则依据李德裕文集与史实比读,再加上对两造人物仕历与论政之反复比证,右李而斥牛,对李会昌间之建树及谋国公忠,多有揭示。因此力主李党无党,进而对陈说有关两党涉及不同的阶级、李党重门第而牛党重科举、两党分别代表旧门世族与新兴阶级提出商榷,进而涉及两党相关人员之立场,以及党争初起之原因。这些意见之讨论均涉及复杂之考证与具体之人事,岑之所言虽不能皆是,但确多发人深省之意见。就我近年感受,当时依违在两党间之人物,人数众多,如元稹、李绅近李,刘禹锡与李交厚,与牛党主人亦唱和不断,白居易则广泛交结,却又远远躲开,白敏中为李所引,但在武、宣之际打击李又不择手段。牛僧孺元和三年制策,陈推测针对德裕父李吉甫,此策近年在宋人编《唐策》中找到,并没有相应内容。李本人为门荫出身,对进士之浮华有所批评,但他南贬时,"八百孤寒齐下泪,一时回首望崖州"之民意,也足见李之主持公道,大中后牛党把控科场,丑行多有,更为世周知。本来阶级与操守就很难划等号,岑引《新唐书》作者宋祁说,认为牛李之李指李宗闵,则牛李为一党,并引晚唐北宋诸家说认为李德裕无党。《隋唐史》这一节的篇幅多达二万言,他贬斥牛党目的、手段"只是把握朝政,以个人及极少数之利益为第一位而不顾国家、人民,性质属于黑暗社会",他力辩李德裕不结私党,赞同《云溪友议》认为他"削祸乱之阶,辟孤寒之路,好奇而不奢,好学而不倦,勋业素高,瑕疵不顾,是以结怨侯门,取尤群彦"之说,对沈曾植之牛李以科第分,"牛党重科举、李党重门第"之说,以及陈寅恪以个人行为来界定旧族或新兴,皆致不满,排列陈氏认定的核心人物二十多人中大多为旧族出身,二李党人物则各占其半,证明沈、陈之说不能成立。他对司马光、陈寅恪都赞同牛僧孺放弃维州及将吐蕃降人交还吐蕃的说法尤致强烈的不满,考辨议论都非常详尽。当然,岑有时也因意气用事而有失冷静,如李德裕已出为女冠之配刘致柔,究竟为妻为妾,大约还是陈氏为是,刘的身份是妾而非妻,但她所生子李烨已立为嗣子,丧事又有李烨操办,因此而与一般之妾志有所不同。岑对此段史实的研究,用力极度邃密,故能在讨论中占尽上风。后来傅璇琮撰《李德裕年谱》，为岑说提供了更坚强的支持。

具体说到陈、岑二家治史方法之不同，可以借缪钺谈唐宋诗之语为例，陈是登高远望，意气浩然，岑是曲径寻幽，得其精能。比如言农获，陈见万顷良田，禾稼盈丰，风雨调顺，灾害不兴，猜其致隆因由，断其秋获必盛，每多卓见，足启后学；岑则开沟通壑，勤耕细作，去草灭害，日日辛劳，至秋获已毕，粮谷入库，称量完成，方细说所得，总结始末，虽然琐碎，但精确无比。譬如绘画，陈所作为写意画，大笔挥洒，意境全出，文章生动，韵在象外，启人意志，观者如云；岑所作为超现实之工笔画，画树则每片绿叶之叶脉皆精准无讹，画山则山石飞走无不毕肖其真，读者骇其博，未必赞其艺。无论怎么说，百年来的唐史研究，总体水平高于其他时代，两位大师从不同立场的分析和探讨，互为竞争也互为补充的研究，是其中的关键。那么二人的共同点何在呢？我认为都是从基本文献出发，突破唐到北宋史家对唐史的基本叙述，用现代学术立场重新建构一代史学。

五、唐史学家引领唐代文学风气的转变

1949 年以后，岑仲勉治学勤奋如故。对于新的主流学说，他也试图加以尝试，故在《隋唐史》中附列一节以《试用辩证法解说隋史之一节》为题，所讲则为北朝及隋之对突厥馈赠引发东罗马与波斯间的争斗；另列《西方乐曲影响于开元声律及体裁：从〈实践论〉看诗词与音乐之分合》，也有些贴标签之生硬。在社会分期讨论兴起之际，他撰写了《西周社会制度问题》参与讨论。1953 年根治黄河方案推出，他以二年之力写出 60 万言《黄河变迁史》，提供决策参考。他努力适应并服务于新社会，方式则与那时的一般曲学阿世者有很大不同，基本治学方法与致力方向并没有大的改变。在五六十年代，纯学术著作之出版并不算太景气的情况下，他先后出版《黄河变迁史》(人民出版社 1957)、《隋唐史》(高等教育出版社 1957)、《府兵制度研究》(上海人民出版社 1957)、《西周社会制度问题》(同前 1958)、《墨子城守各篇简注》(中华

书局 1958)、《突厥集史》(同前)、《西突厥史料补阙及考证》(同前)、《隋书求是》(商务印书馆 1958)、《两周文史论丛》(同前)、《唐史余沈》(中华书局上海编辑所 1960)、《唐人行第录》(同前 1962)、《中外史地考证》(中华书局 1962)、《通鉴隋唐纪比事质疑》(中华书局 1964),达十三种之多,其中许多是他早年的著作。此外《金石论丛》《郎官石柱题名新考订》《〈汉书·西域传〉地里校释》等几种也基本定稿,到文革后出版。可以说,他生命的最后十来年,在忙碌而兴奋中度过,尽管这时他的健康状况已经大不如前,"双手颤抖,写字东歪西倒,但他却毅力过人,老来弥笃,著述不辍。"(陈达超《岑仲勉先生传略》)

在学界,岑氏基本是一位独行者。在前辈与同辈中,似乎只有陈垣始终关心有加。他指导或曾授课的学生中,陈达超坚持多年,陆续完成他遗著的刊布,较有成就的有姜伯勤与蔡鸿生,但治学路径已经有很大不同。

最近四十年中,岑氏最大的拥趸群体,则来自唐代文学领域。或者可以说,岑氏的治学方法影响了最近几十年唐代文学风气的转变。

较早地可以说到瞿蜕园、朱金城之分别或合作笺注李白、刘禹锡、白居易诗,瞿家与陈寅恪父子两代世交,瞿氏注刘诗特别关注贞元、会昌间之政局动向及在刘诗中的反映,注意揭示刘与各方政治人物来往交际中所存留的复杂痕迹,其对人、事、时、地及诗文寓意的揭示,兼得陈、岑二氏之长。朱金城注白居易诗,特别关注白氏一生交际中的人际变化,他的三篇《〈白氏长庆集〉人名考》长文,将白居易诗中不同称谓人物的具体所属逐一指明,从而揭示人际交往中白诗的具体指向,最得岑氏治学之精神。《中国大百科全书》中将《登科记考》《唐两京城坊考》等列入文学卷,也出于他的手笔。

傅璇琮受法国社会学派影响研治唐诗,特别关注唐代诗人生平与创作研究如何走出传说的记录,而追溯诸人真实的人生轨迹,关键是据《姓纂》、石刻、缙绅职官录等可以准确定时、定地、定家世实际的记录,纠正笔记、诗话乃至《唐才子传》一类传闻记录的偏失,揭示诗人的人生真貌与创作原委,从而给唐诗以新的解说。傅主持所编《唐五代人物传记资料综合索引》,将以往很少为人关注的包括史传、全唐诗文、僧录、画谱以及包括《姓纂》在内的各种谱录做出精密的索引,以便学人充分利用。又著《李德裕年谱》光大岑说。晚年继岑氏而做《唐翰林学士传论》二种,将两百多位学士在政治、文学方面的建树作了更彻底的清理。

整理《姓纂》及岑氏《四校记》的郁贤皓、陶敏,对岑氏治学也深有体会。郁之成名作《李白丛考》,循岑氏治学理路,广征当时还很难见到的石刻文献,对李白初入长安之人际交往、李白诗中崔侍御为崔成甫而非崔宗之、李白供奉翰林非出吴筠推荐等重大问题,作出精密考订。其后更感到唐诗中大量出现的王使君、李太守之类交往难得确解,确定这些人名的具体人物对考订唐诗作年的极其重要,乃发愤编纂《唐刺史考》,将岑氏《隋书州郡牧守编年表》的工作扩展到有唐一代。陶敏在笺注刘禹锡集中深感唐诗人名考订对诗歌作年、本事及文本校订之重要,在整理《姓纂》中对一代人事有极其精准的掌握,在完成《〈全唐诗〉人名考》前后两版及《〈全唐诗〉作者小传订正》等著中,主要依靠文本解读寻觅内证解决唐诗及诗人研究中许多重大问题,晚年并据岑著且补充新见文献,写定《姓纂》新本。

我本人在八十年代初开始做唐诗辑佚,此前曾查阅了岑氏大量著作,体会基本方法,曾将《姓纂》通抄一过,比对岑校细读,从而认识唐一代人事的基本格局。此后为唐诗文考订补遗,作《〈全唐诗〉误收诗考》《再续劳格〈读全唐文札记〉》《〈登科记考〉订补》《唐翰林学士文献拾零》以及石刻研究的系列论文,都依傍岑著而有所发明,并学会从文献流传过程中揭示真伪,追溯真相。

以上所述包括本人在内研治唐代文学诸家治学所受岑氏之影响,当然不包括当代研究唐文学的全部,但一位历史学家之治学如此密集地为文学研究者所追随,确实很特殊。如果一定要加以解释,我认为传统史学的关注重心在上层政治史,而岑氏著作几乎涉及唐代所有与文史相关的典籍,指示这些典籍存在的问题及校订办法,更揭示了以《姓纂》与郎官柱为代表的中层官员及文人群体的存在状况。多数诗人虽然偶然也涉足上层,但更多时间则行走基层,交往中低层级的官员,岑著的文献考订和治学追求,无疑提供了解读这些诗人及其作品的可靠途径。一些文学学者因此而涉足史学领域且乐此不疲,也就可以理解了。

项念东博士寄示其所著《20 世纪诗学考据学之研究——以岑仲勉、陈寅恪为中心》(安徽教育出版社 2014)及未刊稿本《岑仲勉先生学术年谱简编》,本文均曾充分参考,援据不能逐一注出,谨此说明并致谢。

二〇一六年十月二十七日

瞿蜕园解读刘禹锡的人际维度
——瞿蜕园《刘禹锡集笺证》评述

瞿蜕园先生去世于1973年,遗稿有《刘禹锡集笺证》,定稿稍残,整理者据其初稿补足,由上海古籍出版社1989年出版。我第一时间购置了该书,原书没有自序,仅有简单的整理说明,因此没有特别地阅读,对其成就也一直缺乏深入的理解。2001年为傅璇琮、蒋寅主编《中国古代文学通论·隋唐五代卷》(辽宁人民出版社2005年版)撰写《隋唐五代文学的基本文献》一篇,介绍此书"为刘集第一个全注本,着重于名物典章和史实人事的诠证,引征丰富,精要不烦,颇具功力"。只是浮泛的肯定。近年因全面校订唐诗,方得缘仔细阅读此书,很惊讶于此书达到的成就。虽然书出已经二十六年,仍感到有必要介绍此书之成就,以及瞿氏独到的治学方法。

一、瞿蜕园的人生经历与《刘禹锡集笺证》之成书

瞿之生平,复旦大学2012年田吉博士论文《瞿宣颖年谱》有详尽考定。述其大略,则可概括如下:瞿宣颖(1894—1973),初字锐之,后改兑之,晚号蜕园,湖南善化人。是清末重臣瞿鸿禨幼子。一生涉足政、学两界,往来南北各地,交游和治学的兴趣都极其广泛。更具体些说,则他出生在甲午战败那年,在他少年时期,其父瞿鸿禨历任署吏部尚书、充中日议约全权大臣,授协办大学士、军机大臣、外务部尚书,充核定官制大臣,地位接近宰相。欲引岑春煊与袁世凯相抗,反为袁所噬而出缺回乡。瞿蜕园因为父亲的缘故得以广交天下名士,也深切体

会官场之波谲云诡,瞬息万变。他在清季民初有深厚的旧学积累,但进入大学则接受的是现代教育。进入圣约翰大学是学生团体的骨干,转学复旦大学后更遭逢五四学运席卷全国,他是上海成立的全国学生联合会主席,并充满激情地亲自起草《学生联合会宣言》,引一节如下:"期合全国青年学生之能力,唤起国民之爱国心,用切实方法,挽救危亡。远近各地,请即日响应,互通声援,以为全国学生自动的卫国之永久组合。自由与公理,为吾人同赴之目标,死生以之,义无返顾。"但毕业要谋职养家,他只能在父亲熟悉的人事环境中谋发展,到北京政府任职,曾任国务院秘书、司法部秘书、国史编纂处处长、署印铸局局长、国务院秘书长等。国府南迁后,他以文教活动为主。1937年后留滞北京,下水担任诸多伪职,还曾短暂署理过伪北大校长,虽无大恶,但毕竟不甚光彩。1949年后一直没有固定职位和生活来源,冒广生曾欲推荐他进上海文史馆而不果,只能靠为报社写稿,为出版社写书来谋生,后者较重要的有科学出版社约请整理清末王先谦遗著《新旧唐书合注》,为中华书局上海编辑所(今上海古籍出版社前身)撰写《李白集校注》(与朱金城合作)及《刘禹锡集笺证》。他努力希望适应新社会,但身份只是社会闲杂,要交待历史问题还是自己努力投递上去,1955年得到"不予追究刑事责任"的决定。但1968年仍因私下议论惹祸,以七十五岁高龄获刑十年,八十岁瘐死狱中。

周劭《瞿兑之与陈寅恪》:"中国学术界自王海宁(国维)、梁新会(启超)之后,够称得上'大师'的,陈、瞿两先生可谓当之无愧。但陈先生'史学大师'的称号久已著称,瞿先生则尚未有人这样称呼过,其实两位是一时瑜亮、铢两悉称的。"这一说法可以从陈三立、陈寅恪父子的文字中得到引证。陈三立1936年为瞿《丙子诗存》题词:"抒情赋物,悱恻芬芳,而雅韵苍格,阶苏窥杜,无愧健者。"以为得窥杜甫、苏轼之门阑。次年陈三立去世,瞿作挽诗五首,《吴宓诗话》云:"寅恪言,散原丈挽诗,以瞿兑之宣颖所作为最工,惜宓未得见。"足见评价之高。其后瞿、陈二人的交谊唱和一直维持到文革前夕。

从目前看到的上海古籍出版社存档,瞿蜕园在1961年12月26

日致函称"《刘禹锡集校注》工作亦望酌量提出",但版本及其他资料请提供利用便利。到 1963 年 9 月 16 日告该集笺校已毕,称"逐细考订,大致无遗,字数在 30 万以上",请预支稿费。到 1964 年 7 月 16 日再告"现已接近最后阶段。除已交之部分外,增加注文及补充笺证,约计为十万字"。1965 年 1 月 11 日,告"此稿阅时三年有余,几经修订,合计全稿约五十二万言",前交稿外又"钩考群书,补撰《刘禹锡集传》一卷、《刘禹锡交游录》一卷、《永贞至开成时政记》一卷",请求结清稿酬。同年 11 月 8 日寄去最后修改稿,总计约六十万字。巧合的是,恰是在这前后一二天,姚文元批判《海瑞罢官》之文发表,文革爆发,瞿不幸遭劫,这部书稿因已交出版社而得以保存。

陈寅恪《元白诗笺证稿》出版后,瞿蜕园特作长庆体诗《陈六兄寅恪自广州寄诗见怀杂述答之》相赠,诗末云:"料君养目垂帘坐,听我翻诗转轴成。格律香山元不似,或应偷得句中声。"自注:"君近著《元白诗笺证》,持论精绝,故拟其格以博一笑。"在笺校刘集时,他还通过吴宓,"有二三诗史上问题请于寅恪"(《吴宓日记续编》1964 年 5 月 13 日)陈寅恪同年作《赠瞿兑之四首》有云:"三世交亲并幸存,海天愁思各销魂。开元全盛谁还忆,便忆贞元满泪痕。"表达关切思念,以及共同的藉开元、贞元历史研究寄寓家世、时代沧桑之感的志趣。

二、《刘禹锡集笺证》之学术追求

一定程度上可以认为,《刘禹锡集笺证》是瞿蜕园晚年卖文为生的一部书稿,在基本交稿后,他即提出"已陆续借支部分稿酬。兹值写定成书,可否惠予结清,藉以应付个人生活所需,实深感盼",其困顿可想而知。但同时他又说:"关于刘集之资料,仍在继续搜集研究中,今后如有所得,尚拟补入稿中,以期尽量充实。必要时仍当分批取回该稿一用,用毕即归还。"已交稿仍未必满意,希望不断充实提高,绝不因卖文谋生而应付了事。

从表层来说,《刘禹锡集笺证》是一部符合古籍整理基本规范的著作。刘集唐时凡四十卷,到北宋已缺十卷,宋敏求另采《刘白唱和集》《彭阳唱和集》《汝洛集》《名公唱和集》《吴蜀集》等书所存刘诗407篇,另得杂文22篇,编为外集十卷,成为后世刘集的通行文本。瞿氏以日本崇兰馆藏宋蜀刻本为底本,参校绍兴间董棻刻本以及明清几种刊本。两种宋本虽珍贵,但前者为董康1913年影印,后《四部丛刊》收入,后者则1923年徐森玉曾影印,皆易见。瞿氏复参校《文苑英华》《唐文粹》《乐府诗集》《万首唐人绝句》等书,校勘认真,这在今日一般古籍整理者都能做到。全书没有辑佚,是志不在此,因此缺收可靠文章如《文苑英华》存拟翰林制诰,存疑作品如《陋室铭》与"司空见惯"的那首诗,稍存遗憾。值得称道的是涉及文本异文时,瞿氏每能追踪经史文本加以定夺,显示熟稔旧籍的深厚功力。如《哭王仆射相公》诗首句,诸本多作"于侯一日病",瞿校以为崇兰馆本作"子侯"为是,盖用《史记·封禅书》载霍去病子子侯暴病一日死之事,切王播之暴卒。再如《再经故元九相公宅池上作》,《全唐诗》所录有句作"蛙螟衣已生",瞿认为宋本"螟"作"蠙",是用《庄子·至乐》"得水土之际,则为䵷蠙之衣",是宋本不误。又如《咏古有所寄二首》之二"遗基古南阳",一本作"南方",瞿认为咏东汉阴丽华事,必不作南方。《金陵五题引》"迺尔生思",朱氏结一庐本作"乃尔",瞿谓"迺尔"用班固《答宾戏》语,"乃尔"为误解。《征还京师见旧番官冯叔达》,宋蜀本作"旧曹官",瞿谓当依《文苑英华》卷二一八、《万首唐人绝句》卷五、《全唐诗》卷三六五作"番官"是,并引《唐六典》为证,知其人为刘官屯田时的掾吏。再如《元和甲午岁诏书尽征江湘逐客》首句,宋本作"云雨江湘起卧龙",似乎可通,瞿认为此处用《易解卦》,当依朱氏结一庐本和《全唐诗》作"云雷"。再如刘禹锡为何字梦得,他认为取名是据《禹贡》"禹锡玄圭",而梦得则可能据纬书《孝经钩命诀》"命星贯昴,修纪梦接生禹"。凡此之类,非熟谙旧籍、典实、制度、地理等,难以臻此。

就全书构成来说,则主体为刘集所有诗文的校订解读,每篇下分诸栏,一为"校",乃求文本之真,操作规范,已如前述;二为"笺证",非一般之注释文义,而是各就人事、事件、地望、制度等展开讨论,部分篇章称"注",体例未及划一,亦有"注"与"笺证"兼有者,则"注"明细节,"笺证"则发挥该篇写成时间、背景及所涉寓意之讨论。各篇详略各异,详者或至数千言,可作一篇论文看。全书之末,则有四项附录,一为《刘禹锡集传》,以刘氏自撰《子刘子自传》为本,据本集勾稽事迹以成新传,总约二万余言,类年谱而将传主一生大节揭出。二为《刘禹锡交游录》,凡收五十五人,总约九万言,以刘之作品解读为依凭,稽考诸人之生平出处,重点交待与刘之交往始末及恩怨情隙,仔细阅读,方知为全书最精彩之部分。三为《永贞至开成时政记》,首末三十八年(叙至刘卒),为刘禹锡一生与朝廷政治最密切的时期。似为他考查刘诗文人事交集与政治纠葛之长编大纲。四为《余录》,为治刘集之随感而各篇难以归属者。估计以上部分皆最后完成,是总结笺证心得而尤望加以发挥者。

  刘禹锡存诗约八百首,存文约二百二十篇,颇为可观。因他学问浩博,为人强项,交游至广,大多为特殊原因或人际交往而作,寄意深远,解读不易。瞿蜕园早年即成长于同光余风的氛围内,于骈散文和古今各体诗皆称擅场,特别善于体会微妙的人际应酬和复杂的政治角逐中的含蓄表达,何况他的先人曾深陷政争,他本人又曾长期周旋官场,这些独特的经历和学养使他的解诗能有许多切肤凿骨的揭发。

  举一首诗之解读为例。刘禹锡《代靖安佳人怨二首》有引:"靖安,丞相武公居里名也。元和十年(815)六月,公将朝,夜漏未尽三刻,骑出里门,遇盗,薨于墙下。初,公为郎,余为御史,繇是有旧故。今守于远服,贱不可以谏,又不得为歌诗,声于楚挽,故代作《佳人怨》,以裨于乐府云。"诗云:"宝马鸣珂踏晓尘,鱼文匕首犯车茵。适来行哭里门外,昨夜华堂歌舞人。""秉烛朝天遂不回,路人弹指望高台。墙东便是伤心地,夜夜秋萤飞去来。"诗旨在诗引(禹锡父名绪,故序皆作引)已经说明,丞相武元衡因主张平叛,为方镇遣刺客杀于上朝途中。禹锡与武有宿怨,此时恰在南赴连州的路上,得讯而作此二语,托武姬人口气表达哀悼。前人对此诗之评论,如宋葛立方《韵语阳秋》卷三即认为"其伤之也,乃所以快之欤",刘克庄《后村诗话续集》则比较柳宗元同时所作《古东门行》,认为二人虽皆与武有隙,柳"犹有嫉恶悯忠之意",刘则"似伤于薄"。然则恩怨是个人间之事,武之平叛是为国家,牺牲更属壮烈,借此泄愤,更属不堪。瞿蜕园则认为刘之怨怼仅在诗引中"公为郎,余为御史,繇是有旧故",谓二人名位本相埒也,"今守于远服,贱不可以诔",明已之贬斥由于武也。不作挽诗而托于乐府,"虽不为快意语,亦固不许其为人矣"。这样的解读显然比宋人更为精当,更为刘诗之"微而婉"提供具体的注脚。附录柳《古东门行》,认为柳"不以元衡为力主讨淮西者",诗意但"慨唐室之无能","与禹锡之制题隐约略同"。

文章即便明白者,其本事如何,也很难得到确解。如刘禹锡祭柳宗元文有"近遇国士,方申眉头",当然是说柳在病亡之际,得到有力者之赏识,可望起用。但国士为谁呢,瞿蜕园排比元和十三、十四年之秉政者,只能举出令狐楚、李夷简二人,但柳与令狐无交往之迹,李居相短暂也未见推挽之事,因而竟难以究明。

三、人际维度解读一:杜佑

读其诗需知其人,知其人需明其世,知人论世尤要辨其人之识见作为及奉公或谋私。瞿蜕园对刘禹锡进入仕途后国家大势的认识是:"自贞元政主姑息,唐之衰亡分裂已肇其端。德宗既卒,继事者不得不思矫其弊。王叔文辅顺宗,首折韦皋、刘辟割据之谋,移宦官典兵之权。及宪宗嗣位,杜黄裳始谋伐蜀,李吉甫继谋经画两河,吉甫殁而裴度继之。(李)德裕秉其父训,始终以富强为务,观其会昌中措施,皆叔文、黄裳、吉甫与度一脉相承之旨趣也。至于主安静,戒生事,汲汲以容身保位为务,因而忌功害能,党同伐异,则又张弘靖、韦贯之、令狐楚、钱徽、萧俛以及李逢吉、牛僧孺、李宗闵、杨嗣复诸人夙所主张者也。"(《刘禹锡交游录·李德裕》)这是一段刘禹锡从入仕到去世四十多年政局总体走向的提纲挈领的大文字,一方面是在宦官、节帅和朝臣交互影响下,经历了七位皇帝的权力更迭,另一方面是大臣与文士因为家族、科第、仕宦、婚姻、师友等原因形成各种犬牙交错的利益集团,展开此伏彼起的政争和纠缠。政治斗争的原因经常并不是因为施政方针或原则有什么不同,焦点经常只是由谁来做,通过什么途径和方式来做。这是读这段政治史所必须了解的。刘禹锡的仕宦和文学就是在此大背景下展开。请先从他早年与府主杜佑的关系说起。

杜佑是德宗朝的名臣,从贞元五年(789)起任淮南节度使,镇守扬州十五年,保证唐东南财赋之运达。刘禹锡从贞元十五年(799)始,入其幕府为掌书记,极受信任,且私人关系也甚密切,《上杜司徒书》曾自述:"小人自居门下,仅逾十年,未尝信宿而不侍坐,率性所履,固无遁逃,言行之间,足见真态。"今存刘为杜起草的表奏尚多达29篇。贞元末杜入朝为相,直到元和七年去世,其间刘亦入为监察御史,并因卷入永贞党争而长期被贬。用现在的话来说,刘是杜的部属,因杜之入朝而授京职,但在刘遭遇政治挫折长期被贬过程中,杜虽高居相位但从来没有发声,这当然是很特殊的情况。

瞿蜕园勾稽文献揭示,杜佑早年从事浙西,与禹锡父刘绪为同事。当杜以善理财而得擅东南财赋时,更乐于以世善财计的故人之子为掌书记。刘禹锡自叙与杜之相得无间,正因此特殊原因。当叔文用事时,杜已入朝为同平章事,充度支盐铁等使,禹锡以屯田员外郎判度支盐铁案,即仍为杜之助手,且充杜与叔文之间的联络人。杜佑兼山陵使,禹锡亦为其判官。瞿蜕园认为:"佑与禹锡,恩谊之深应非寻常可比","不意此时佑忽为流言所中,使禹锡陷于王叔文、韦执谊之狱,不加营救"。换句话说,在新政期间,刘禹锡一直仍是杜佑的助手,杜佑以位高德重,在永贞内禅以后到去世的六七年间,一直居相位而未曾改移,但刘禹锡深陷党案,遭到长期贬黜的处分,杜佑对他没有任何援接,几乎一言不发。

解开二人隐情的关键是禹锡到朗州贬所后给杜佑所上长信,其中有"飞语一发,胪言四驰,萌芽始奋,枝叶俄茂,方谓语怪,终成祸梯"之语。瞿蜕园认为飞语发自何人,语为何语,皆难以究明,但绝非王、韦之狱,而应该是起于私嫌,甚至可能借王、韦之狱为报复之举。他再参以禹锡给武元衡之启有"本使有内嬖之吏",直指谗谤始于杜佑之左右。瞿蜕园怀疑此人或即杜自淮南升为正室的嬖妾李氏,即闺门中人干预公事,认为杜本为"位重而务自全者","尤易入肤受之言",以至刘禹锡虽百般解释终难获谅解。

近年由于杜佑撰李氏墓志的发现(详《文史》一百期拙文《杜佑以妾为妻之真相》),瞿氏所疑仍可再检讨,一是永贞间李氏随杜已经三十多年,禹锡既经常出入其府第,自属旧所熟悉之人;二是其人时年已逾五十,且元和二年(807)即去世,而杜佑直到六年后致仕,方驰函于刘,稍有见谅之意。虽事实仍多不明,但杜在关键时期对自己的薄情,是让刘深感失望的。瞿蜕园从刘禹锡所述杜佑一段自污的佚事中,读出刘对杜之为官仅为容身之计的鄙夷,也是一种理解。

四、人际维度解读二:二王八司马

今人所言永贞革新,是指顺宗即位后,他所倚信的以王叔文、王伾为首的文人集团试图改变德宗末年的慵堕朝风,改良政治的一系列举措。但因德宗逝世于贞元二十一年(805)年初,顺宗即位后当年未改元,待禅位宪宗后方改元永贞,故史称永贞内禅。王叔文等用事时并无永贞年号。顺宗退位后,他所信任诸人或被杀,或长期贬窜,史称二王八司马,刘禹锡、柳宗元皆在其内。其实二王八司马只是一个松散的文人集团,形成有一很长的过程,彼此之间也不免有许多分歧,在失败后各人之命运更有很大不同,唯刘、柳始终如一,友情不变。瞿蜕园对诸人关系有许多精彩揭示。

王叔文集团之形成,瞿蜕园所考虽承旧说,但精细过之。他指出叔文侍太子即唐顺宗逾十八年,柳宗元与叔文相交亦逾十年,禹锡因宗元而得识叔文,相识虽晚而相知甚切,故虽叔文败亡,仍在《自传》中给王以积极评价。瞿蜕园认为顺宗之立,宦官间已存异议,而其得权之方式,则因顺宗即位时已得风疾不能视事,由牛美人侍病,美人受旨于帝,复宣于亲信宦官李忠言,李授王,王与亲信文士图议后再下中书,交韦执谊施行。所恃为病入膏肓之顺宗,且又采取如此特殊之方式,虽施行之策颇有特见,一时权倾天下,内外则不免树敌太多。至其欲谋夺宦官兵权,必招致宦官群起反对。瞿蜕园云:"永贞之变,肇于宦官之分党,而成于藩镇之固位。"诚为卓识。台湾学者王怡辰认为,在顺宗继位前,宦官中已有拥立舒王李谊之一派在。而德宗后期怠于政事,方镇节帅或至二十年未迁改者。在新皇布新之际,各有利益必须维持,王叔文等峻急行新政,不遑顾及各方实力和利益,其覆亡自是不旋踵即可逆料者。瞿蜕园的这些分析,很好地解释了何以宪宗朝之举为与顺宗朝并无大的不同,而于王、韦诸人则严谴如此,盖历来政治之是非重点不是做什么,而是由谁及采取何种次序来做。

　　韦执谊为叔文集团外朝宰相,地位重要,但在刘、柳文集中皆很少提到,其人面貌颇显模糊。瞿蜕园据各种点滴记载力图追踪其人之真相,知道他出身世家,进士登科,人物俊美,但其早年官微时即因缘得在德宗前论朝士之是非,二十多岁即任翰林学士而得宠任,瞿认为德宗性本猜忌,他的这些所为必然遭致朝士之"妒宠播谗",无端敛怨,为后来的永贞事变埋下祸根。再者在顺宗居位时,执谊"既为叔文引用,不敢负情,然迫于公议,时时立异",导致与叔文渐成仇怨。特别在永贞内禅之重大分歧点上,执谊首鼠两端,直接导致叔文之败。瞿蜕园分析说:"盖叔文孤寒新进,故专倚顺宗,自谓能行其志。执谊甲族进士出身,熟于宦府党援之习,不肯为直情径行之举。"是从出身背景判断两人行事风格之差异。执谊不反对太子继位,但宪宗掌政后,则仍不能谅其所为,虽最晚贬出,但所至也最荒僻之地。瞿推测"刘、柳亦恶执谊之持两端而有以致叔文之败",虽还难断言,但执谊子韦绚则长期得到刘禹锡、李德裕的如子弟般的关照,刘之"笃念故交盖未尝稍懈",尤属可贵。韦绚记录二人所谈为《刘宾客嘉话录》和《戎幕闲谈》二书存世,为古代较少见的私谈记录。

　　柳宗元为刘挚友,放在后文叙述。

　　二王集团其他人,王伾则刘几未提及,原因不明。韩晔为旧相韩滉族子,虽参与较深,以累叶卿相,及祸稍轻。凌准在贬后三年即去世,最为不幸,瞿蜕园认为就所见文献考察,其人绝非禄禄者,特别是在贞元末为翰林学士，与闻德宗遗诏之草定，并进而分析同时诸人皆出生南方，"南人联袂而居禁密之地，宜为当时士论所骇"，"愈足见南北地域之见亦有以召永贞之变也"。韩泰，瞿蜕园认为是八司马中最具干才之人物，最善筹画，能决阴事，故叔文派其为神策行营节度司马，是二王谋夺宦官军权的关键人物。其虽被贬，但从韩愈元和末在袁州敢举其自代，似被谤不及刘、柳为深。其与刘交谊保持到大和间身故，更属难得。程异是八司马中最早起复者，大约在元和四年即因李吉甫保荐而起为扬子留后，当时给刘、柳看到重出的希望。更特别的是他在元和十三年(818)意外入相，是八司马中历官最高者，但仅半年多即卒于任。瞿蜕园分析他虽居高位，但因本属党籍，畏祸谨慎而不敢援引朋侪，大约其人之所长在输纳理财，得有力者推挽而得大用。陈谏之名不见于刘集，瞿蜕园认为其人为八司马中最少表见者。可以补充的是，他早年为刘晏属吏，著《彭城公故事》推许刘为管仲、萧何一类人物，永贞间以仓部郎中领度支，盖亦善财税者。

五、人际维度解读三：元和诸相

刘禹锡因永贞政败而贬朗州司马，元和十年(815)曾短暂归京，旋再出守连州。从表面看，他远离京城，闲居外郡，无所事事，其实他一直在观察人事变化，寻找机会，希望得到有力者的汲引，虽没有大的突破，但一直在努力。瞿蜕园通过大量具体作品的解读，揭示了他的种种作为，以及最终未能成功的深层原因。

权德舆于元和五年(810)至八年(813)间为相，时禹锡贬朗州，无一语相交。瞿蜕园考出权早年曾为扬子盐官，与禹锡父刘绪同官，禹锡当视其为父执。禹锡初登第，权作《送刘秀才登科后侍从赴东京觐省序》，禹锡亦有诗赠权。禹锡晚年与德舆子权璩唱和，璩诗已佚，从刘和诗分析，有念旧之意，而刘和诗仅述与璩之交集，不涉先世旧谊。瞿蜕园引《旧唐书》德舆传"循默罢相"之评价，认为他"庸谨而已"，"庸庸自保"，"非能深知禹锡"，更难为其争一头地。

李吉甫，元和前期曾两度入相，且其进入中枢在宪宗即位以后，与永贞党争无涉。虽然八司马被贬时有"纵逢恩赦，不在量移之限"的严厉处分，但当八司马之一的程异被李吉甫召为扬子留后时，柳宗元、刘禹锡都看到了希望，分别致书启于李吉甫，请其代为缓颊进言。瞿蜕园从文本中读出以上史实，更进一步探究为何都难以实现。他从点滴记载中读出刘早年或曾识李，李首唱讨叛，视其政治主张与王叔文等并不扞格，又从李之为人与行事作风判读，他未必不肯援手，但最后办不成，瞿的判断是"非得解于（武）元衡不可"，即要为刘、柳解套仍要当年关键人物武元衡表态。

　　武元衡，可能是与刘禹锡中年经历最具关系，而事实真相最不显朗的一位。瞿蜕园在《交游录》中未列其专节，但各诗文释读时则议论较多，但仍多难解处。武年长于刘十四岁，但贞元十九年（803），武为左司郎中，刘为监察御史，地位相当，但次年武任御史中丞，则为刘之主官。史云德宗死后，杜佑为山陵使，武为其副即仪仗使，刘求为仪仗判官，以助王叔文等拉拢武，为武拒绝，因此挟嫌罢武为右庶子。对此瞿蜕园有所质疑，即刘于杜佑人事为亲，且山陵使地位为高，何以弃亲重而求疏轻，认为史载不足信。瞿蜕园另注意到李吉甫指点刘仍须有求于武，并亲自抄示与武唱和诗，由刘继和。刘于是再走武的门路，有《上门下武相公启》，瞿蜕园特别注意到启中有"山园事繁，屝屦力竭，本使有内嬖之吏，供司有恃宠之臣"，本使必指杜佑，其时已死，刘为自明，不惜揭其短以自解。刘柳诸人元和九年（814）得召至京，瞿认为非经武同意不办，但入京后二月，关系则再度恶化，以至宰相票拟新任地方，要让刘去最偏远的播州。原因何在，瞿以为难有确解，肯定其间有不可解之事发生。旧传刘此年春初游玄都观看桃花赋诗"玄都观里桃千树，尽是刘郎去后栽"，为人诬其有怨愤，白于执政，因致嫌隙。瞿蜕园认为此诗本只是一般咏怀，因一时传诵，"恶之者从而加谤，谅亦事实"，但真相必不如此简单。

　　还要说到裴度。执政既要刘禹锡去播州，母老难于行，柳宗元提议以自己的柳州对换，自是朋友相助的无奈之举。出来仗义执言者为裴度,乃至冲撞宪宗亦在所不惜,终为刘改至连州。瞿蜕园详考二人行迹,有同时在朝之经历,但不见交往之记录,若然则尤见裴度秉公处事之可贵。其后裴度入相后出征,平定淮西,建不朽之殊勋,功绩震于朝野,刘禹锡既贺其功业,亦申述旧恩,希望得到他的提携。柳宗元作《平淮西雅》等,亦怀同样目的,但都没有盼到,两年后柳捐馆柳州,刘丁忧去职。瞿蜕园对此分析朝中权力变化,认为裴度在中书职主军事,未必有余暇顾及人事,而与同时诸相各不相得,终于难有作为。他还分析禹锡在南方所得传闻是裴度得到宪宗的倚重,但没有可能理解裴立朝期间的阢陧不安。此类分析,诚非老于官场者不办。

瞿对文宗时裴度因迎立之功而得掌朝事,对刘的几次照拂也都有揭示。对二人退居洛阳时虽唱和频繁,鲜及时事,认为"经甘露之变,亦必相戒以多言贾祸"而致然。

最后要说李绛。他进士比禹锡早一年,贞元末任监察御史与禹锡同官,前此则先后任渭南尉,颇存交谊。元和间为宪宗信任,以直言敢谏著名,自翰林学士入相,前后多历年所。禹锡对他寄予厚望,曾上书叙及李在私下说到对自己的哀悯,但李也始终没有给以援手。晚年彼此有唱和,但似已颇生分。后李绛因兴元兵变遇害,可说以身殉国,禹锡既为祭文述哀恸之情,又为其文集作《集纪》,即序,尽到自己的责任。瞿蜕园从祭文历述二人之交际始末,读出离合始终之感喟,更从"虽翔泳势异,而不以名数革初心",读出"不足之意"。

六、人际维度解读四:韩柳元白

中唐文学,韩愈、柳宗元、元稹、白居易最称大家,诸人间卓然自立而可与抗衡者,亦仅禹锡一人,即称并世五家亦可。刘与四人均有极密切之交往,虽早晚、亲疏、事功及文学建树各有不同,要为中唐最可称道的文学风景。瞿蜕园对此解读至为精彩,不能不为之分疏一二。

柳宗元为禹锡一生最心会之朋友,其为人心气极高,亦最为耿介重义。瞿蜕园特别注意到柳在长期流贬中,对王叔文始终推重,未尝有异辞,并认为其《寄许京兆孟容书》称与王叔文等"共立仁义,裨教化","勤勤勉励,唯以中正信义为志,以兴尧舜孔子之道、利安元元为务",这是共同的目标和理想,但失败则在于:"加以素卑贱,暴起领事,人所不信,射利求进者填户排户,百不一得,一旦快意,更造怨谮,以此大罪之外,诋诃万端,旁午构扇,尽为敌仇,协心同攻,外连强暴失职者以致其事。"相信这是他外贬多年冷静思考后的总结,瞿蜕园认为"此数十语于永贞政变内幕揭发无遗",可以揭示许多隐情。至于柳于韩、刘之关系,瞿蜕园认为"韩非真知柳者","柳于韩殆亦非心服",对刘在柳去世后一系列文章中,不道其性行,评价文章亦仅借他人之言,瞿认为"盖禹锡知宗元深,决其志事必不湮没,故不为赘词,且哀之极亦不暇文也"。

韩愈与刘柳关系的解读,大约是瞿著中最精彩的文字。众所周知,韩与刘、柳在贞元后期已有深交,但因言得罪而贬阳山,于路有"同官尽才俊,偏善柳与刘。或虑语言泄,传之落冤仇。二子不宜尔,将疑断还不"的猜疑。永贞党败,韩则作《永贞行》丑诋之,今论者或谓韩与刘、柳政治立场迥异,并进而斥其人品。瞿蜕园则认为贞元末同官中,刘所最亲者即为柳、韩,待其结交王叔文、韦执谊时,则韩已南贬,因此而廓清韩之贬因得罪王之曲解。并梳理韩遇贬之缘由,一为言天旱人饥而指斥京兆尹李实,二或为言宫市,皆与永贞诸人所见相同,王叔文等无论成党与否,皆不至排韩。至永贞败后韩所作诸诗,瞿认为确有许多"无以自解"处,如比王、韦为共工、骧兜,瞿认为是因颂圣而"运用故实不无过甚"。对《永贞行》则认为一为"宦官之拥兵者张目",二则述"求官不得者忿嫉之词",三则将王、韦等比为董贤、侯景,有"天位未许庸夫奸","谓王、韦将谋篡,其谁信之"。这些过分甚至诬枉之词,瞿的解读是韩既要颂圣以让"君、相见此诗必深许其忠",又要尽量撇清关系,"汲汲以不与刘、柳同党自明",同时也留与刘、柳今后相见之余地。对韩之诸诗,刘、柳皆未曾以为忤,也无怨韩之辞,瞿认为乃二人与韩在政治取径上虽不同调,"乃更望愈之仕途亨遂,早据要津,始有弹冠相庆之可冀"。这样解读虽似有些俗见,但可能正是元和间三人升沉各异,始终没有"损及私交"的合理解答。柳宗元殁于贬所,韩愈为其撰墓志、祭文及《罗池庙碑》,尽了朋友之责任。刘禹锡先后有祭文悼念柳、韩,都反复述及三人之交谊。在政治风潮中人生命运会有起伏荣黜,三人虽曾稍有龃龉,而最终能友道始终,诚为不易。瞿之设身处地为古人着想,不掩恶,不苛求,极具学人之识见。

元稹为中唐大家,无论其出身、仕历及交往,当时与后世皆有较多争议,瞿蜕园则广征文献,为其辩白。一是《旧唐书》本传云元和初元稹针对王叔文等故事,奏请东宫官宜选正人,瞿则引元稹原奏,所针对者为以沉滞僻老及疏弃斥逐之人,并非针对二王而发。二是他的进用因得宦官崔潭峻推荐之力,朝论鄙之,因此而为武孺衡于朝官聚食时侮之。瞿以为虽然元诒事潭峻为事实,不必曲护,但其时显宦而得交宦官者并非仅此特例,个人之间的交往有和有不和,任何时代都一样。崔奏进元诗,瞿认为元之新艳诗体为当时广传,"中官进以为娱",皇帝也未必理解其中谏诤之意。他认为朝官对元之不屑,并非因缘宦官,而是出身明经,进身太速所致。并举出元和十年刘、柳等被召入京,元亦被召者之一,认为事出李吉甫,不能以召永贞党人为名,故一并召及,但诸人到京而吉甫已亡,秉政者武元衡不赞成诸人起复,因而有再贬远州之处置,元亦再贬通州司马。武儒衡为元衡从父弟,有仇隙借机发挥也很正常。三是裴度对元的极度反感,瞿分析说:"至于稹与度似已至不可调和之程度。盖度腾章诋稹,非有深憾不至于此。以常理而论,度在平淮西以后,被推为元老重臣,似不应有轻率忿激之章奏,殆必有交扇其间者也。"原因难以究竟。瞿的这些分析,对理解中唐政事也很重要。至于元、刘间的交往,瞿认为二人在贞元末即可能结识,对顺宗时变政的举措,元亦应可赞成。其后元之贬官,刘颇表同情,元贬江陵,与朗州不远,来往更显密切。到长庆间元稹与李绅、李德裕同在翰林,因各自友人之关系,交往更深,刘除夔州,也可能得三人之助。其后十年,刘与元稹、李德裕关系密切的程度,几近无话不谈,且多有心曲之交流与时政之感慨,可另详下节。唯元死得突然,殊为可惜。此外,元、白齐名且交谊密切数十年,但刘与元、李走进以后,元似无意牵扯白入局，也是有趣的事情。

白居易与刘禹锡同年出生，登进士第则晚了七年，但贞元、元和间文学声名鹊起，他亦勇于言事，但大多泛言时政得失，偶及中贵，因不似禹锡之结党抱团，多数情况下并无大碍。至元和十年(815)因越职言事得罪宰执，贬居江州，用世之心发生根本转折。瞿蜕园追踪刘、白二人之家世渊源与早年轨迹，认为结交于弱冠应属可能。元和、长庆间二人诗名各得擅场，有文字交往之痕迹，但绝无彼此私谊可言，是甚为可怪者。白居易云二人初逢在宝历二年秋，时白自苏州因病去职，刘则和州任满，不期而遇于扬州，时二人皆已五十四岁。瞿蜕园虽认为"初见""初逢"都是泛言，但也找不出二人前此同游之确证。不可思议的是，此后十六年，二人似乎一下子都认可了对方的价值，成为最好的诗友。特别是大和五年(831)元稹去世以后，与刘唱和更频繁。《淳熙秘阁续帖》在白与刘书云："微(元稹)既往矣，知音兼勍敌者非梦(禹锡字梦得)而谁。"

瞿蜕园认为白、刘二人志趣颇有不同，禹锡始终未忘用世，而居易中年后敛尽锋芒；在人事上，居易因婚杨氏，与杨汝士兄弟亲好，而诸杨则属李宗闵、牛僧孺一党，禹锡则与李德裕为莫逆之交。虽然有这些不同，但瞿蜕园认为元、白、刘三人同为开元和新派之人物，为诗各成壁垒，居易尤能知人，能服善，特别称赏刘禹锡"雪里高山头白早，海中仙果子生迟"，"沉舟侧畔千帆过，病树前头万木春"二联，得其神妙。挽刘诗"杯酒英雄君与操，文章微婉我知丘"二句，"概括刘禹锡一生遭际，与二人之契合，其旨甚深"。也就是说二人唱和诗虽很少涉及时政，但"感往伤今，惊心触目，殆只相遇于无言"。二人之友谊，与刘、柳之深交，虽在不同的层面，但有特别的境界。可以说是脱尽铅华，勘破事功，在风花雪月中悟出人生的真谛，在心照不宣间彼此惺惺相惜。

七、人际维度解读五：牛李诸人

长庆以后，牛李党争激烈，此升彼降，势如水火，士人各有取舍，趋避为难。如白居易即因此自称朝隐,尽量规避。刘禹锡个性强烈,好恶分明,此时既与李党之李德裕、李绅、元稹等交往密切,曾编与德裕唱和诗为《吴蜀集》一卷,与牛党之牛僧孺、令狐楚交谊亦密,与令狐唱和十九年,往返七十九次,有《彭阳唱和集》三卷,此外与李逢吉、杨嗣复、杨虞卿等也有过往。怎么解释这一独特的文学现象呢?瞿蜕园各有很具体的解说。

李党的几位关键人物,如李德裕、李绅、元稹等,与刘禹锡都堪称挚友。

李德裕是晚唐最有作为,也最多争议之政治家,其一身亦关涉唐后期之诸多重大事件。瞿蜕园特别关注德裕二事,一为以门荫出身,为进士出身之清流所不喜,二是欲成就事业而不能不笼络宦官,甚至平定泽潞后追戮甘露蒙难诸人之遗族,以求欢于宦者。但引拔寒素,平定叛藩,经略边事,振刷有为,也确无他人可比。刘禹锡与他结交大约始于长庆至大和初,接识虽晚,很快就结为莫逆,颇为知遇。瞿蜕园读出李德裕初镇浙西,有《霜夜对月听小童薛阳陶吹觱篥歌》,述听乐后之沦落之感,时白居易、刘禹锡、元稹皆在东南,各和此诗,元诗已佚,白诗专就听乐铺写,不涉德裕之心事,禹锡和诗则直接德裕心境,乃至为唐末罗隐所激赏。李德裕随即作《述梦四十韵》,叙述担任翰林学士承旨,接近权力中心的感受,并及外守后的凄凉抑塞,仅寄翰林同官元稹,元稹唱和后,李再示禹锡,禹锡虽未曾入翰林,但被二人视为知己,亦步韵相和。李德裕后来将此组诗收入其本人文集。此组诗显示三人间亲密无间的友谊,且因涉及翰林院景致与制度,四十韵皆次韵,也在史实与文学层面上有重要价值。接着李再作《晚下北固山喜径松成阴怅然怀古偶题临江亭》长诗分寄二人应和,但三人诗仅刘诗完整保存,李、元诗皆仅存残句。仅就刘诗看,李因凭吊六朝故地而述强烈的用世之心,刘则感同身受,以"用材当构厦,知道宁窥牖?谁为青云髙,鹏飞终背负"为结,对李寄托希望。那年李三十六岁,比刘年轻十五岁。其后二人唱和不绝,李改镇滑州,作《吐绶鸟词》示刘,刘和诗借鸟之遭遇喻李之屡为异党排斥。李入镇四川,游房管故地,诗再示刘,刘和诗有"目极想前事,神交如共游",瞿蜕园认为刘"洞悉其心事",即感慨李与房命运相似,难展长才。大和七年(833)李德裕入相,赋《秋声赋》以结好令狐楚,刘和此赋,瞿蜕园认为他虽不肯作衰飒语,但亦自知难有机会行其志。果然仅一年有余,李即为李训、郑注等所挤,罢相再度出镇浙西。刘禹锡方守汝州,乃出州境为其送行。李虽再度蹉跌,但因此躲过甘露之难,乃不幸中之大幸。李、刘后来的命运是大家熟悉的。瞿蜕园说:禹锡虽一直"望德裕之相汲引,不谓德裕得势于会昌初,禹锡已老病且死矣"。

李绅早年与元白因首倡新乐府诗而得名,长庆初与李德裕、元稹同为翰林学士,因声气相类,结为党援,此后其历官大起大落,皆与党争有关。他与刘禹锡年岁相同,会昌二年(842)入相,即德裕所引,若禹锡时方健朗,未始没有机会。禹锡与绅元和中相识,大和末一镇越州,一守苏州,因有唱和。瞿蜕园推测"必常有书问往来",惜并无明证。

李逢吉登第较禹锡晚一年,但元和后期入相,与裴度为敌,长庆间再入相,则与李德裕等为敌。瞿蜕园认为禹锡周旋其间,因身不与政局,得虚与委蛇,交情不深。从唐末开始,有逢吉夺禹锡家妓之说,始则《本事诗》载之,继则《南楚新闻》演之,瞿蜕园认为二人其间仅一度相见,逢吉虽凶暴,必不至如此无礼。我赞同其说,且以为瞿考尚未尽言,当别文详辨之。

牛党另一要人杨嗣复,其父杨于陵与禹锡元和间颇多往还,故与嗣复亦有唱和。瞿蜕园认为所作"语皆谀颂,非有深意",并进而认为"禹锡此时年老,怵于朝端南北司及党祸之烈,必亦无意于进取",故与党争诸人"无不虚与委蛇"。是较妥当的解释。类似的情况在李珏、杨虞卿等人身上亦复如此。其中杨虞卿与白居易为姻亲,与刘也为旧识,大和间因有私人来往,比较奇特的是杨之小姬英英亡故,刘、白乃至从未谋面的姚合一起唱和哀伤,展示其时士人私生活的情景。

但牛党中令狐楚、牛僧孺二人,刘禹锡是真心相交的,情况比较特殊。

令狐楚今人多视为牛党人物,瞿蜕园从科第和宦迹分析,他因河东兵变后助严绶继任而得揄扬,与李宗闵、李逢吉、杨嗣复相交尤彰,奇特的是他之所敌皆禹锡所厚者,他与禹锡虽订交甚晚,但交谊甚笃,至死不改。瞿蜕园分析,他与刘禹锡初见并订交在元和十五年(820),时楚遭遇重大挫折,自宣歙观察使再贬衡州,与刘经历相似,故有同病相怜之感。对二人之交谊,瞿认为二人"似止于文章,而不及政事",令狐对刘的前途虽颇关切,也曾数度相约欢聚,但并没有实质的援借。结论是:"楚之为人,小有文名,而务营党结私,所昵近多非端士,即与禹锡气类不同有明征。而私交顾始终无间。"虽感对令狐贬斥稍过,但气类不同自亦可成为笃友,人之交往本可以有多种类型。

牛僧孺于刘、白皆为后辈,元和初急切言事虽起波澜,但仕途则颇亨畅,方过四十即入相,为牛党魁首人物。据《云溪友议》卷中《中山诲》所载,牛登第前投卷于刘,刘率性褒贬,因此有隙。直到大和、开成间得缘相见,彼此赠诗述及往事,时牛已两度入相,刘则以幕府署郎职,至此居然相隔近四十年,仍为郎官,彼此地位相差悬殊,牛赠诗有"莫嫌恃酒轻言语,曾把文章谒后尘"句,虽略憾于往节,但对先进仍存礼数,刘则以"追思往事咨嗟久"表达歉意,以"待公三入拂埃尘"请牛见谅,终能尽释前嫌。瞿蜕园对牛之为人为政皆颇多批评,但也认为待诸人退居洛阳时,皆以年高无复宦情,牛亦不忌二人,"聊为游伴,只谈风月"而已。且在唱和中,白因曾为牛座主,有恃旧之意,"刘则词句多含谀颂,自处亦极谦抑,足征其惩前车之覆,力求解释旧嫌也"。

八、人际维度解读六:其他诸人

永贞至会昌初三十八年,曾居相位者约四十六人,与刘有个人交往者多达二十五人,实在很可观。其他仆尚丞郎、方镇大员、文臣名士来往者更不可胜数。瞿蜕园的解读,颇关切刘禹锡与诸人之交往始末,及其人之为政大节及人品末行。略举数人如下。

王播,中唐时长期镇淮南,领盐铁,长于理财,但为政名声不佳。

禹锡与他谈不上私交,但在他去世后有三篇哀挽随感之诗文。瞿蜕园认为祭文为代诸郎中作,照顾场面时偶存调侃。而挽诗则自抒己意,既以霍子侯为比,以及"歌堂忽暮哭,贺雀尽惊飞"句,见其平日声势之烜赫,以及暴卒后之门庭冷落。另认为《有感》:"死且不自觉,其余安可论?昨宵凤池客,今日雀罗门。骑吏尘未息,铭旌风已翻。平生红粉爱,惟解哭黄昏。"为感王播暴卒作,讥其"不存士行,奸邪并进",仅知留连红粉,"不务荐达士类"。

王彦威,为中唐后很少不以进士出身而致身通显者之一。瞿蜕园分析其为元和相李墉之内姻,或因此致身通显。又分析其政治立场,为依附李宗闵一党者。禹锡既为其父撰碑,又与其有诗歌唱和,瞿蜕园认为:"禹锡于宗闵之党方得势时,不显与立异,亦不绝往还,要之胸中非不辨泾渭者。"

甘露四相中王涯年辈最长,历官亦久,与禹锡亦最为旧交。甘露之祸无辜蒙难,如白居易早已淡忘世情,所作《九年十一月二十一日感事而作》"当君白首同归日,是我青山独往时",用潘岳事,哀王涯之不幸。但禹锡全无述及。瞿蜕园认为:"及涯被祸,禹锡甫到同州刺史任,于甘露事变之始末,仅能得之官报,故默无一言矣。"又说:"要之禹锡与涯相交岁久,甘露之祸,人所同愤,虽无一言,亦不能不隐为之悲也。"稍有些强作解释。

李程,宗室,贞元末任监察御史时与禹锡有过一段同事经历,二人友谊似乎一直保持始终。柳宗元亡于柳州,韩、刘各在南方,李程适为鄂岳观察使,居南北通衢,故刘托其料理柳之后事。李程成名早,历居要职,敬宗时短暂为相。刘禹锡可能有两次到他任所探访。瞿蜕园对此都有具体的解读,比较有趣的是还在韩愈诗中读出一段露骨地对李程表达不满的话:"我昔实愚蠢,不能降色辞。""公其务贳我,过亦请改事。"(《除官赴阙至江州寄鄂岳李大夫》)虽寄了诗仍绕过武昌,取道安陆归京。虽事实不明,但韩之为人木强,于此可知。

瞿蜕园也承认,有些人事解读由于文献欠缺,仍多不可解处。如刘禹锡贞元末任屯田员外郎时举柳公绰自代,这虽是贞元初确定的官场惯例，但推荐者必须对被推荐者有为人为政方面的认可，误举将遭连坐。瞿推测可能是因柳宗元的缘故，但公绰与宗元并非同一房支，而其后公绰致位显达，与禹锡并无过从。瞿蜕园认为"不可解"，是合适的。

九、结　语

《孟子·万章》云："颂其诗，读其书，不知其人，可乎？是以论其世也，是尚友也。"知人论世遂成为后世评论文学的重要原则。唐宋以后，诗文在人际交往中发挥了越来越重要的作用，在中唐时期的风气转变越来越明显，诗文写到的内容越来越广阔，涉及的人事越来越具体，制题、加注等方面所作交待也越来越详密，而诗歌本身在语词方面的凝练、雅洁，特别是古典和今典的大量运用，要表达的意见除当事人以外，越来越不易为一般读者所理解。一个人一生要结交无数特定的人物，诗人与各种人等因家族、科第、仕宦、师友、恩怨情仇等各种原因，形成错综复杂的人际关系网。梳理人事，解读作品中渗透出来的或显或隐交际维度，是准确而深入解读作品的关键。要臻于此，则要学者对诗文不仅要读通读懂，更要读穿读透，即以娴熟的古典诗歌驾驭能力，深厚的人生阅历特别是官场体悟，体会作品表达的表层意思和深层蕴含，并广参史籍，在准确定时定地定人的基础上，还原历史原貌，给作品以深度阐释。瞿蜕园大约是古典诗歌最后的娴熟掌握者，加上他的家世渊源、仕宦经历，以及历尽沧桑后的人生参悟，发为学术，因而能大大超越前人的研究。他的好友陈寅恪治元白诗而得享誉学林，瞿蜕园治刘禹锡，是不是有与好友一较高下的想法呢，目前看不到具体的记录。但可以判断的是，他在六十六岁高龄，且生计窘迫，只能卖文为生的情况下，坚持数年，完成如此高水平的学术专著，实在应该令我们肃然生敬。

与瞿蜕园同时，卞孝萱著《刘禹锡年谱》，1963年出版，瞿应能得见。八十年代后则蒋维崧等有《刘禹锡诗集编年笺注》(山东大学出版社 1997 年)、陶敏、陶红雨有《刘禹锡全集编年校注》(岳麓书社 2003 年),细节比瞿书肯定有所超过。瞿为当时条件所限,文本未及校,辨订未精密,不免仍有,但瞿当年达到的深度和高度,似也很难为后人超越。无愧经典,令人景仰。

  瞿蜕园出身名门,熟谙文史,擅各体诗词,兼习水墨丹青。其治学博洽多通,长于治史,于秦汉史料、历代掌故、社会风俗、职官制度、方志编纂及唐诗文笺证,均造诣独到,各有专著。才情学养,为近代所罕见。其亲历近现代诸多历史事件,交游者亦皆一时贤杰。然以文人从政,不免蹉跌,回归学术,又遭逢坎坷,晚年卖文为生,不能尽展平生所学,这是他个人之不幸,也是一个时代的不幸。即便如此,他仍留下了极其丰厚学术遗著,值得作全面系统的整理研究。

二〇一五年十一月十七日于复旦大学光华楼

严耕望先生唐史文献研究方法发微

2016年是严耕望先生百年诞辰,也是他去世二十周年之忌辰,纪念研讨会下月在香港中文大学举办。爰撰本文,以敬瓣香。

一

桐城严耕望先生,近代学人之典范,平生建树最著者,一为汉魏行政制度史研究,二为唐代人文地理研究,尤以《唐代交通图考》享誉学林,三为唐史文献研究,最著者为《唐仆尚丞郎表》。近百年唐史研究前以陈寅恪先生、岑仲勉先生得造其极,继起而获学界认可者,严先生为不二人选。他一生勤于著述,不计名利,如到台北参加中研院会议期间仍携带卡片及时处理,在香港任教多年,一直担任高级讲师,为专力于研究工作而不申请担任教授或讲座教授,皆非一般人所能做到。更难能可贵者,是他在1955年的学术选择。这一年,严先生年近四十,考虑一生之学术目标,于唐代人文地理与唐史基本文献研究二者之间,犹豫彷徨,难作抉择。他自己在《钱穆宾四先生与我》一文中的叙述是:

> 我在撰述《唐仆尚丞郎表》过程中,深感新旧两部《唐书》各有优劣。《新书》体制完备,但文伤简略,往往因文害意,酿成很多错误。《旧书》叙事详尽,但因后期史料零落,比次每误,仅就我撰此《表》时,已发现谬误或夺讹不下六百条,此外问题可想而知。清人沈炳震东甫合钞两书为一编,甚有卓识,但是详者钞之未尽,误

者摘发殊少,所以我很想"本沈氏《合钞》,抄之益审,纠之益精,又广征他籍,为之注补",俾"学者研寻,取给为便",意欲如王先谦之于两《汉书》,对学林亦是一项贡献。只是唐籍浩繁,必须投入毕生精力与时间,始克有成。但我自一九四六、四七年已开始搜录"唐代人文地理"材料,意欲从地理观点研究唐五代人文各方面的发展情况。这项工作也工程浩大,亦非投入毕生精力与时间不可。故此两项大工作势难兼顾,致迟疑不决。

所引一段文字见其撰《唐仆尚丞郎表》序言,此序定稿于 1955 年 9 月。此时陆续搜辑的"唐代人文地理"材料,还不同于后来撰《唐代交通图考》之计划,大约更接近于 1953 年所撰《唐代人文地理》一文所述,涉及"疆域与边防"、"行政区划"、"户口分布"、"产业——农林(附水利工程)"、"产业二——渔牧"、"产业三——工矿"、"交通"、"都市与商业"、"民风区域与人才分布"、"佛教分布"、"边疆民族"、"地理图志"等方面。这当然是很大的规划,确非投入一生而难以告竣。

先生当年之犹豫困惑,殆在二者皆为非一生投入不可,又必能传之久远之著作,其学力大进之时,知学识、眼光及定力投入其间,足能完成,且并世别无合适人选。是年方值人生之半,有此自断尤其珍贵。严先生云当时《唐仆尚丞郎表》已撰述完成,将来去向必须及时决定。他说:

> 一次(钱穆)先生来到台北,我即以此项犹豫的问题向先生请教,先生稍加思索,告诉我说:"你已花去数年的时间完成这部精审的大著作。以你的精勤,再追下去,将两部《唐书》彻底整理一番,必将是一部不朽的著作,其功将过于王先谦之两《汉书》。但把一生精力专注于史籍的补罅考订,工作实太枯燥,心灵也将僵滞,失去活泼生机。不如讲人文地理,可从多方面看问题,发挥自己心得,这样较为灵活有意义。"

据林磊《严耕望先生编年事辑》(中华书局 2015 年)所考,此事发生在 1955 年 9 月,钱穆兼任新亚研究所所长,受邀担任教育部访日代表团团长。钱穆之指点,自属学术史上难得之佳话,但非全据学理及价值考虑,亦自分明。所谓在局者迷,局外者清,或可作一例。因为此次选择,严先生决意放弃他念,全力做唐代人文地理。他在《唐代交通图考》序言中说,此后"决定从事唐代人文地理之研究","除一般之政区沿革外,泛及经济、社会、文化、民族各方面,凡涉区域分布发展者,皆在搜讨之列,而特置重在交通路线一课题,诸凡正史、《通鉴》、政书、地书、别史、杂史、碑刻、佛藏、科技、杂著、类纂诸书,及考古资料,凡涉中古交通,不论片纸巨篇,搜录详密,陈援庵先生谓'竭泽而渔',余此项工作庶几近之。"可以见到从侧重人文地理到决意做《交通图考》,在资料积累到学术意义方面的不断探索。事实是,从 1955 年完成《唐仆尚丞郎表》,到 1966 年发表治唐代交通第一篇论文《唐蓝田武关道考》,其间悬隔十一年。积累之富,准备之丰,确令人骇叹。

严先生对《唐代交通图考》的自我评价:"此为我平生功力最深之著作,亦为司马氏《资治通鉴》以后 900 年来史学界功力最深之论著。《日知录》《明儒学案》《文史通义》诸书,其境界也高,影响也大,但功力不如我之深,我书精审远过前人。"这是他 1986 年 3 月 11 日给大侄严伯高信中的话,因是亲属,又是学术圈外的人,因而得以将内心之自负,坦率地表达出来。对此,我是十分赞同的。司马光修《通鉴》,目的虽是提供治乱之道,但方式则是欲将 1362 年间的重大史事梳理清楚,重点之关注在人、时、事,方法则是先全面占有文献,逐年逐月逐日编排,先成长编,再删繁就精,写成定本。严先生之关注重点则在地理,廓而为道路、城乡、河湖、山水,虽以唐为中心,具体则要追溯唐前以明源委,考察唐后以见变化,而他的此项工作则因关注文化地理,民俗迁变,古今改移,人事来往,而为前古所未有之著作。他的编纂办法,也与司马光接近,即先穷尽文献以作长编,他积累的超过二十万张卡片,即相当司马光的长编。他的研究工作事实上绵历了近四十年,如此厚积薄发,故能精品迭出,惊骇学界。虽然《唐代交通图考》最后完成仅为计划之五分之三,我相信他留下的学术卡片,应该已经完成了全书的长编,希望这部分资料能够得到保存、整理,甚至出版。我想特别强调,今人谈到司马光,经常称赞他身后留下的数据与初稿即达两屋之多,从现代史学立场看,这些原始文献如果得到保存,其价值应该不在《通鉴》之下。

他在1955年的学术选择,更感他之明智与定力。这是他人难以认清,更无法做到。从1955年转向,1966年初有发表,1985年出版《唐代交通图考》第一册《京都关内区》,到生前陆续出版《河陇碛西区》《秦岭仇池区》《山剑滇黔区》《河东河北区》五册,生后由门人据遗稿整理《河南淮南区》,仍有《江南岭南区》《河运与海运》《交通制度》及《综结》四册未完成。回看他在1955年的学术选择,惟此方能有成,即此终未底成,足令今人赞佩与唏嘘。

二

严先生治唐史,自承始于1947年春,此后八年,历经世变,始终专心著述,以1955年《唐仆尚丞郎表》之完成告一段落。该表之著述动机,则一因前此他有编著《两汉太守刺史考》之经验,知道以完备之文献、细密之考证及按科学方法重新排比职官年表,可以突显存世文献之缺漏与未尽精密;二则为治唐代行政制度史之必须,唐代日常政事由尚书省承其大端,而六省尚书、侍郎各主部务,所任至重,梳理清楚此一时代中枢核心人物之任职始末,为此项研究之基础;三则因唐职官年表完整者,仅《新唐书·宰相表》一种,翰学年表大约存三之二,其他仅吴氏《方镇年表》略备。除此以外,左右仆射、左右丞、六部尚书侍郎,自是唐代政治舞台上最重要之人物。此外,我还想指出此项工作虽肇端于史语所在大陆的最后阶段,但主体部分则完成于史语所寄居桃源杨梅火车站附近仓库的艰难时期。全部运台之两千多箱书籍、文物,开箱上架者仅一二百箱。严氏之工作以唐代基本史籍为依据,补充诗文集、杂史说部及石刻、内典、敦煌等新文献,主体文献是比较常见的典籍，正适合此艰难时期之图书条件。尽管如此，严氏之工作并没有因此而降低标准。

《唐仆尚丞郎表》文献准备极其充分。就当时言，必然曾作大量的卡片和辅助工具书。即就唐人存世各类典籍中曾任尚书左右仆射、尚书左右丞、六部尚书及侍郎，包括中唐以后与户部并称三司之度支使、盐铁使一并考及。将所有基本载籍中所涉曾任该数职官之人物，逐项编制相关卡片，然后剔除其中之赠官、中叶后之检校官，比较同一任官之记载同异，校订姓名正误，所任职官之准确官名，其实际预职之起讫时间，并通过这些排比，藉以了解同一时间六部主官哪些人在位，各尚书、侍郎之前任后继又各是哪些人。这些事实，不通过精密的排比和校读，一般读史是无法知晓的。

该书体例周详，卷一《述例》说明官守与制度，卷二至卷四《通表》则为各任官人物之年表，卷五至卷二二《辑考》则说明文献依凭，最后附引用书目与人名索引。其考证之精密，方法之科学，成就远在吴《表》以上。六十年来新见文献数量巨大，就笔者所知可作订补者未逾百人，足见此书之成就。

还可以进一步举例来说。《唐六典》和两《唐书·职官志》，对唐代中央到地方之官员设置皆有具体之规定，而正员之外，则有兼、判、权知、检校，前期虽非真除，但属实职，至后期则有所不同。肃、代间属于过渡时期，需要区别对待。同一人授官，其品阶、官借、赏赐等均有区别，但迁转书法，则又各有所不同。严书于凡例中定书法十二例，即品同职均曰换，品高职均曰迁，品低职均曰换，品同职重曰迁，品同职轻曰转，品高职重曰迁，品高职轻曰徙，品低职重曰换，品低职轻曰左迁，重谪曰贬，特迁曰擢，曰擢迁，仆尚丞郎外任曰出为，节镇刺史入为仆尚丞郎曰入迁，又以图表之方法将仆尚丞郎共十六项官守按照上下左右来揭示其品秩位序。这些严格的规定，确保了全书的质量。全书凡数度删削方得定稿，将繁琐的官称尽量用简称来代替，将复杂的考证尽量从繁趋简，大多仅列举书证，无庸烦言，一般考证均在一二百字内得到结论。即便如此，全书仍达百万字规模。此书为史语所迁台后第一部新撰大书,在极其艰难中仍得出版,对作者与主持者皆应致敬。

在《唐仆尚丞郎表》撰述中,严先生所得任职官员凡1116人,2680余任,而仅此部分之考订,即发现两《唐书》谬误讹夺逾600则。严先生据以推想,二书所涉时间、人名、地理、辞章、名物、事件之讹误,"更不知凡几",没有专人对此作系统、完整、精密之考订,则二书何可使人信任。我认为,正是从此一立场,严先生看清楚校理唐史基本文献学术意义之重大,以及具体之实施办法。

三

两《唐书》编修时,唐国史实录尚多有保存。《旧唐书》成于乱世,可贵者为多存国史旧文,遗憾者为未究诘文献成就一代良史。《新唐书》之成,文献尚丰,惟二位主编热衷于文章义例,及文省事增,于事实真相多未尽究,故留下遗憾亦多。司马光诚一代良史,其于唐五代史实之保存,功不在两《唐书》之下,惜以一代兴亡为中心,见其大而弃其微。其他若《唐六典》存官制,《开元礼》存礼制,《唐会要》存典章,《元和志》《寰宇记》述地理,各臻其极。严先生在撰《唐仆尚丞郎表》期间,穷尽文献,对唐史文献之基本构成及价值,有极其深刻之体会,加以分解史料,按官位逐年编次,更看到许多史实之记载欠缺,彼此之矛盾违忤,究诘真相之可能及解决问题之方法。看到这些问题,他在五十年代前期已经有一些具体的论著,较著名者有《旧唐书夺文拾补》《旧唐书本纪拾误》《新旧两唐书史料价值比论》等论著,追溯人物早年活动者如《杜黄裳拜相前之官历》,考订史文者有发表在《大陆杂志》等刊物上的学术短札等。这些所得,大多于《唐仆尚丞郎表》之编写有关。

《杜黄裳拜相前之官历》(《史语所集刊》二十六本,1955年)有憾于两《唐书》黄裳本传于其早年事迹记载简略,乃据《郎官石柱题名》知其在杜佑前曾任金部郎中,当在大历十四年以后;又据《旧唐书·德宗纪》,知其建中四年为司封郎中;据《册府元龟》卷一六二,知其兴元元年以给事中兼御史中丞、江淮宣慰使;复据《旧唐书·德宗纪》,知其贞元五年为河南尹,据多书记载知其六年迁刑部侍郎,七年仍见任,寻以礼部侍郎知贡举,此年冬,改吏部侍郎,十一年,以中贵谗谱贬官。这些基本事实之廓清,当然可以补史书之阙文,更重要的则在于梳理清楚他的宦迹交游后,对研究他因家族、科举、从幕、同官、交游形成的人事网络,对研究传主的人生轨迹和政治事件中的冲突进退,都有重要的关系。今人傅璇琮撰《唐代翰林学士传论》,即是凭借此一思路,穷尽文献,对中晚唐在政治、文学上均据有极其重要地位的200多位翰林学士的仕历作了彻底的清理。倘若有人将两《唐书》所有具名人物之生平脉络梳理清楚,其意义极其重大。

《旧唐书本纪拾误》(收入《唐史研究丛稿》,新亚研究所1969年),自称为撰《唐仆尚丞郎表》时"留意所及之诸问题,择其有足补正《旧书·本纪》者",编次而成,其中"有属传刻夺误者","有属传刻字误者",再则为"原书撰述之误",所举则年月误者,"有恰误前一年者","有误前两年者","有恰误后一年者","有恰误后两年者","书事谬误者",则"有一事前后重书者","有误一人前后两事为一事者","有误罢官为始任者"。至于官衔谬误,则更不胜枚举了。

《旧唐书玄宗纪开元十七年条夺文》(《大陆杂志》十三卷五期,1956年),认为《旧唐书·玄宗纪》此年八月"乙酉,尚书右丞相、开府仪同三司兼吏部尚书宋璟为尚书右丞相",粗看似可通,下之"右丞相"为"左丞相"之误,但颜真卿《宋璟碑》则载宋至十六年以西京留守兼吏部尚书,则前一衔必非其所有,复据《唐会要》及两《唐书》诸人传之所载,知张说、源乾曜、宋璟三人同时转官,本纪所载前一"尚书右丞相"下当夺"张说为尚书左丞相"八字,璟之原官仅为"开府仪同三司兼吏部尚书"。

《旧唐书宣宗纪大中八年条书事多误》(《大陆杂志》十三卷七期,1956年)则指出本纪该年书九事,就中五事有误,一是将魏謩监修国史,应在九年三月或十年三月,不应提前记在八年三月;二是据吴廷燮《唐方镇年表》,知李景让自山南节度使入为吏部尚书为大中十年春事,不应载在八年三月;三是记载韦澳自翰林学士为京兆尹,丁居晦

《翰林承旨学士壁记》载在大中十年五月,《通鉴》同,纪作八年五月事显误;纪又载苏涤五月自户部侍郎、翰林学士承旨出为荆南节度使,应为六年或七年出院为尚书左丞,其本官也应为兵部侍郎而非户部侍郎;七月载魏謩兼户部尚书,严先生引《新唐书·宰相表》认为大中间宰相皆循六部尚书之高低步步迁升,次序不紊。謩兼户部为十年十月事,作八年误。

以上两篇加起来仅不足二千言,为其作《唐仆尚丞郎表》期间之片断所得,说起来波澜不惊,但写起来谈何容易。后来中华书局点校本尤倾力于此类史文误失之清理,但要净尽真谈何容易。

《通鉴作者误句旧唐书之一例》(《大陆杂志》六卷二期,1953年),认为《通鉴》卷一九九载"以太子左庶子于志宁为侍中,少詹事张行成兼侍中。以检校刑部尚书、右庶子兼吏部侍郎高季辅兼中书令",所载为贞观二十三年五月太宗弥留之际太子李治以东宫寮属控制中枢之人事安排,传本并无讹误。但与《旧唐书·高宗纪》对读,可知"检校刑部尚书"当上读为张行成之新官,不是高季辅的旧职,高的新职为"检校吏部尚书",再从前后记载找到确证,从而证明司马光当年误读史文,以致误叙。

《旧唐书食货志盐铁节夺文与讹误》(《大陆杂志》十二卷三期,1955年)则指出《食货志》载开元元年十一月河中尹姜师度开水道置盐屯,"公私大收其利",引致左拾遗刘彤言事,上令宰相议其事,引起盐铁专卖政策之变化。严先生则指出此节出宋本,另《册府元龟》卷四九三亦全同,知误文宋时已经如此。其中"州自余处"之"州"字为衍文,"比令使人"以下,据《唐会要》卷八八知夺"至十年八月十日,敕:诸州所造盐铁,每年合有官课"二十字。再为姜师度守河中之时间,《旧唐书》卷一八五下姜本传载其开元六年方为河中尹,严认为仍误,因《册府元龟》卷六七八载姜开元八年仍在同州刺史认,则其徙河中、治盐池事必在此以后。清理文献,严先生考定改蒲州为河中府及姜为尹,皆九年之事。此则考证,知唐史文献歧互多有,且类型千变万化,不作穷究,则难得真相。

以上各文均属片段，但非有全面比读文献则难以发现问题，没有细致追究则难以解决问题。严先生深知读书中得片段发现并不难，要彻底或相对彻底地清理文献，则非有巨大的投入而难有大成。

四

对于具体治唐史文献之方法，《钱穆宾四先生与我》一文中也有具体之论述，其言云："我在撰述《唐仆尚丞郎表》过程中，深感新旧两部《唐书》各有优劣。《新书》体制完备，但文伤简略，往往因文害意，酿成很多错误。《旧书》叙事详尽，但因后期史料零落，比次每误，仅就我撰此《表》时，已发现谬误或夺讹不下六百条，此外问题可想而知。"他的基本设想是继续清沈炳震《新旧唐书合钞》的办法，在其基础上参照王先谦治前后《汉书》的办法，穷究史料。这确实是一项大工程，最后可以形成超过千万字的著作，并为今后治唐史者以永久的参考。但此一设想尚属初步构想，若继续工作，我以为必然还会有许多的调整。特别是当代代学术观念已经发生根本之变化，今人治学更重视第一手文献，更看重有层次地揭示文献先后的变化轨迹，以及通过全部文本的反复比读索引亦追求事实真相。就此而言，沈氏《合钞》多数以《新唐书》为基础，附钞《旧唐书》，就未必妥当，我相信严先生如果继续这一工作，逐步会有很大的调整，体例也会更趋细密。

在此要特别讨论严先生晚年所写的两篇文章，一篇是《资治通鉴的史料价值》，写于1992年4月，刊于该年创刊的《香港中文大学中国文化研究所学报》第一期，另一篇是《新旧两唐书史料价值比论》，初稿与前篇为同时所写，定稿于1995年11月，即其辞世前不足一年，刊出则在他谢世次年之《新亚学报》十八卷。后一篇开首即云："前人论两《唐书》，多抑《旧》而扬《新》。若从史学观点言，此论固不可易，若从文章观点言，此论更不可易；但若从史料观点言，则两书各有优劣，不可偏废。"此为大略。具体讨论则甚为深入。他认为，"《旧书》本纪，自唐初至中晚期敬、文时代，月日分明，记事详赡，尚不失常规。自武宗以下,乃繁简失均,且极零乱,晚唐列传,亦甚零落"。

具体分析,则有涉《旧唐书》价值有以下数点:"第一,《旧书》本纪固然远较《新》纪为详;列传方面,一人在两书皆有传者,大抵亦《旧》详于《新》。就史料言,同一史事,记载较详,价值多半较高,何况《旧书》记录较为原始。""就史料言,抄录原料,不加改作,使原料较原始之形态得到保存,正足宝贵,故就此点言,《旧书》史料价值实在《新书》之上。""第二,《旧书》晚唐诸帝纪,常见七零八落,详略失衡,甚至杂乱无章。""就传统正史本纪体例言,可谓极其繁芜,极不得体。""却因此保存了原史料本来面目,价值反而极高。"第三,《旧书》无表,诸志也远不如《新志》之详赡,但也有极大长处,如《地理志》详记各州府沿革及领户情况。而《旧唐书·职官志》因《六典》见存,故无大作用,但如《六典》不存,则必为鸿宝。

对《新唐书》,严氏充分肯定其增补之功,其中最主要的为表与志,《宰相表》《方镇表》均具卓识,两《世系表》为中古士族世系留下珍贵记录。诸志则除新增《仪卫》《选举》《兵》三志,其余诸志均有较多增补,有些篇幅增倍。列传则大量增加中唐后重要人物之事迹。列传书诸人之籍贯,《旧书》多书郡望,《新书》则尽量改记实际籍居出生地。

至于《新书》之缺憾,也多有揭示。《新书》删略史文,有极其重大史实而漏略者。严举《旧唐书·德宗纪》载代宗末年藩镇基本定型之各镇领州、兵之数,让读者对国家大局有基本之理解,《新唐书》认为置于本纪过于臃累,自可成说,但于《方镇表序》及《藩镇列传序》仍无所及,只能认为识短。而《旧唐书·宪宗纪》有李吉甫《元和国计簿》载天下方镇、州县数及领户数,以及财政依办数和兵戎数额,自是极重要之记载,而《新唐书》若删而移至《食货志》犹自可恕,但却大多无存。

再述《新唐书》为节省文字,往往导致重大失误。严举四例,一为太宗伐辽时,莱州与陕州各承不同责任,却将其归并为一;二是述李谨行事迹,《旧书》作"其部落家僮数千人",《新书》仅为文章计,视"部落"为冗文而删去,全不虑家僮何以至数千人;三则《吐蕃传》叙唐蕃定界,《旧书》云"云(当作灵)州之西,请以贺兰山为界",是指双方此段以贺兰山为界，而《新书》则改作"请云州西尽贺兰山为界"，是吐蕃所求远远超过原来事实；四则《旧书》叙西突厥王庭所在，"自焉耆国西北七日行至其南庭，又正北八日行至其北庭"，是北庭在南庭正北八日行，而《新唐书》删一"又"字，则似焉耆正北八日行至北庭。宋人重文章，重史例，重书法，删冗辞，全不虑及史文删改后造成的讹失。此则《旧》优于《新》者。

以上分析，皆客观中肯，非研读旧史数十年者难以臻此。

《资治通鉴的史料价值》则主在纠正前人认为该书"只是融铸正史材料"之偏失，认为从史料观点看，战国秦汉时代史料价值可能不高，魏晋南北朝时代正史外材料已经不少，至隋唐五代则正史外材料极其丰富，此则于《通鉴考异》所引，南宋洪迈、高似孙皆有抉发者。严先生以《通鉴》与唐五代正史本纪对读，枚举彼此详略同异之若干事例。又揭示其考正严谨之多例，强调《考异》与胡注皆存有重要史料。并引温公《与宋次道书》，知修《通鉴》时仅《唐纪》所作长编即不减六七百卷，而定稿不过八十一卷。"足见长编辑录史料之富，惜皆删落。若长编仍存，保存史料更多，其史料价值应必更高"。我是十分赞同的。我还可补充说明的是，如果将《通鉴》五代诸纪分切为中朝与十国两部分，十国又按国别史分别编次，不难看出十国部分因为充分利用了刘恕已经失传的名著《十国纪年》，其叙十国史事部分远较他书为详。

从上举二文，可以看到严先生从1955年后虽然转治人文地理为主，但对唐史基本文献之关注始终没有轻弃，基本看法比早年更为圆融透彻。

五

最近六十年，唐史文献的最重要工作，一是大陆两《唐书》点校本的出版（当年没有参考严先生的工作），二是大量新出稀见史料的发表，三是各类专题论著的出版。其中《旧唐书》点校本比较充分地参考了该书的存世善本，并充分参考前人的考订成果，重视他校在文本写定中的作用。尽管由于完成于特殊时期,最后定稿因过于强调校勘记从简,而使已经发现的问题没有得到充分校改,从中华书局所存当年由我任教的复旦大学点校组所作长编来看,确达到很高水平。当然,当年由于闭国所限,包括严先生在内许多海外学者的见解并没有得到参考。现在回过来看,严先生当年设想如果完成,将总体提升唐史研究的水平。一些学者已经部分完成了类似的工作。比如今年刚弃世的傅璇琮先生《李德裕年谱》和《唐翰林学士传论》两种,就是从个人研究到群体研究值得重视的著作,且对唐史基本文献重建据有学术示范的意义。(详拙文《唐代文史研究的典范之著——评傅璇琮先生〈唐代翰林学士传论〉两种》,收入卢燕新等编《傅璇琮学术研究文集》,商务印书馆 2012 年 8 月)。

尚君自 1993 年始,肆力作五代文献之辑复,历 12 年,至 2005 年出版《旧五代史新辑会证》,其中最重要之收获在于彻底利用《册府元龟》所存五代实录原文以校订《旧五代史》史文,从而得以看清虽然五代实录从南宋起即陆续沦亡,而其十之五六尚赖《册府元龟》之摘录而得保存,若加上《五代会要》《旧五代史》《资治通鉴》诸书不同形式之节录改写,则十之七八当可恢复。同时也得理解,唐代实录之原书,虽仅《顺宗实录》一种五卷,赖宋刊《韩昌黎集》得以保存,其他各朝实录之遗存,远比一般学者所知为更加丰富,若得有心人加以辑录校考,得为一般学人所信任与利用,实在是功莫大焉。深憾岑仲勉先生开拓众多而最终未能总集其成,感慨严耕望先生明了唐史文献研究之方法与意义,最终未获展开,不自量力,因有意继起而承此。我的设想稍有不同之处是,从人、事、时、地、书诸端考虑。旧史以人为中心,因欲作两《唐书》列传笺证,纠订讹误,补充事实,以《旧书》为主,《新书》为补,鸠聚新旧文献以明真相。无传人物,则拟作《唐碑传集》《唐史翼》及《元和姓纂》新本以扩充之。唐基本史书的初源为国史、实录,后者皆编年,《通鉴》即删其繁而成。实录原书虽多遗逸,然原文及间接所存者为数极多,拟作唐实录辑存及《唐史长编》以尽其事。六经皆史,唐人之著述亦皆可作史来读,存佚不一,则拟作《唐人著述考》以加究明,详记作者、成书、内容、存逸及子遗。至于地理、事件、制度,今人建树多矣,可不必重复。以上所见,我在 2010 年为詹宗佑遗著《点校本两唐书校勘汇释》(中华书局 2012 年 1 月出版)所作序,以及前引 2012 年为傅璇琮《唐翰林学士传论》两种所作书评中皆有讨论,在此不赘。初成框架,无奈多年合作之重新写定存世唐诗之《全唐五代诗》一书,被不肖者无故劫掠,自念积累多年,文献已丰,学力稍进,不能轻弃,故自 2008 年起蹈厉感奋,欲以个人之力独立成书,底成大约历时十年,倏忽已老矣,更感严先生当年决断之有识,故述所感如此。非敢自诩也,愿告后学此一端学问之意义与方法,期有继起而能得有成就者。

二〇一六年九月十八日　于复旦大学光华楼

花开花落皆安命　但开风气不为师
——悼念傅璇琮先生

2016年1月23日,入冬后最冷的一天,过午传来更寒凛的消息:"傅先生病危,上了呼吸机,没有意识。"惴惴不安地为他祈祷,希望能够渡过难关,然而三个小时后还是传来噩耗:"傅先生走了。"悲痛何如!为我失去一位尊敬的长辈和学术引路人,更为中国文史学界失去一位真正可以称为大师的学者和出版家,感到无限的悲哀!

傅璇琮先生出生于1933年11月,今年84虚岁。他的一生经历了几度沧桑巨变,从新锐的文艺青年,遭遇蹉跌,托庇中华书局做资料工作,四十五岁前几乎未以本名发表学术文字,却曾与王国维次子王仲闻一起点校过《全唐诗》(署名王全,全与璇南方音近),编过古典文学资料《黄庭坚与江西诗派卷》(署名湛之)、《杨万里与范成大卷》(署名徐甫),得以在轰轰烈烈的年代饱览唐宋文献。春阳初照,学术复苏,他的厚积开始暴发,1980年前后井喷式地发表大量一流学术论著,引起中外学界广泛关注。他本人也逐渐走向中华书局领导岗位,担任总编辑多年,为最近三十多年中国的古籍整理出版工作作出极其突出的成就。数其大者,《续修四库全书》,由他与顾廷龙先生主编,收录清《四库全书》未收及其成书后的重要古籍,规模与《四库全书》相当;《中国古籍总目》,由他与杨牧之先生主编,对存世中国古籍作了完整的簿录;《全宋诗》,他是第一主编,将有宋一代诗歌汇于一编,收诗数为清编《全唐诗》的五倍。此外,他主编的书还可以举到《唐才子传笺证》《唐五代文学编年史》《全宋笔记》《宋登科记考》《宁波通史》《续修四库全书总目提要》《宋才子传笺证》等等,每一部书都是重量级的,每一部书他都不是浪挂虚名。据我所知,他从选题策划、出版落实、编写约稿乃至后期编辑都有参与,实力实为。比方《全宋诗》编纂的数年间,他经常每周末用业余时间去北大工作。他是宁波人,地方政府请他领衔主编《宁波通史》,他也多次返乡主持编务,在地方史著中堪称翘楚。他承担这些工作,是觉得中国学术需要这些基本文献建设,热心于此,并不计较名利,只要事情能做成,排名前后无妨。

以上所说,是傅先生作为一位在古籍出版界有崇高声望的领导者的成绩,我更愿意较详尽叙述的是他本人在唐代文学研究领域取得的成就,他独到的研究方法以及影响力,以及我所知道他的为人与为学。

我于1978年秋开始研究生学习,专业是唐宋文学,广览前辈著作,特别关心诗人生平和诗作本事研究。当时很认真揣摩分析夏承焘先生《唐宋词人年谱》的治学方法,了解年谱编纂最重要的是生卒年确定,然后将所有的传记、轶事、交友、作品记录逐年加以编次,从而完整地还原作者生平,并以此为基础分析其作品的本事、寓意及成就。其间偶有所感,写成《温庭筠早年事迹考辨》《姜夔卒年考》等文。这时从复刊不久的《中华文史论丛》第八辑读到傅先生《刘长卿事迹考辨》,可能是他用本名发表的第一篇长篇学术论文,也是我第一次读到他的名字。刘在文学史上不算重要作家,一般仅数句带过,傅文则指出刘存诗数量多,生前身后都获广泛好评。其生平基本情况,见于《新唐书·艺文志》:"《刘长卿集》十卷,字文房。至德监察御史。以检校祠部员外郎为转运使判官、知淮西鄂岳转运留后。鄂岳观察使吴仲孺诬奏,贬潘州南巴尉。会有为辨之者,除睦州司马。终随州刺史。"后来如《唐诗纪事》《唐才子传》都据此敷衍,构成刘生平的基本叙述。傅考根据刘同时人高仲武叙述,知刘曾"两遭迁谪",再据独孤及《送长洲刘少府贬南巴使牒留洪州序》、刘本人诗《狱中闻收东京有赦》《将赴南巴至余干别李十二》《初贬南巴至鄱阳题李嘉佑江亭》等诗,还原刘第一次贬谪是在至德三年(758)初,从苏州长洲尉获罪下狱,远贬南巴,其间与李白、独孤及、李嘉佑都有来往。而在鄂岳任上的获罪,则根据史乘勾稽吴镇鄂岳在大历八年(773)至十三年(778),在前次贬谪后十五年至二十年,也有许多诗文佐证。理清刘两次贬谪始末,对刘在此前后的交友、心境和创作可以作出全新的梳理和解读。此外,他还纠正刘官至随州刺史的旧说,认为刘因建中三年淮西节度使李希烈叛乱去官,闲居扬州江阳县茱萸村,至少还存活了六七年。刘的进士及第,旧说在开元二十一年(733),闻一多据以推测其生于709年。傅文据《唐摭言》知刘天宝间还在科场为朋头(朋是进士之朋党性组织),佐证刘诗,知他及第肯定在天宝中后期,这样推他的生年,大约在725年。从生卒、科第、仕宦、交游,诗人的基本情况完全被颠覆了,而分析如此细致,举证又如此精当不移。阅读这样的考证文章,当年给我的震撼非常巨大。在此以前我总觉得唐诗及诗人研究,前人着力已多,未必有太多剩义,阅读傅文后看到只要方法科学,完全可以重新解读。

此后一二年,傅先生接连发表王昌龄、韦应物、戴叔伦等生平研究的多篇考证,创说也如前篇之精彩。到1980年将相关论文27篇结集为《唐代诗人丛考》出版,主体是初盛唐诗人生平和诗篇的研究。在前言中,傅先生自述学术渊源,是受丹纳《艺术哲学》的影响,认为伟大艺术家的出现与那个时代密切相关,经常成批出现,各怀才具:"个人的特色是由于社会生活决定的,艺术家创造的才能是以民族的活跃的精力为比例的。"对于这样的文学现象,文学史著作体例有很大局限,仅仅就诗论诗,以文论文,显然不够。他主张广征史籍和一切存世文献,真实地还原文学家的生命经历和情感变化,以及在不同遭际时的文学表达,从而深入准确地解读作品,再现真相。他自述为此不能不接触历史记载,在唐史大家陈寅恪和岑仲勉著作中得到"很多启发和帮助",而岑著史料之丰富更使他"获益不浅"。可以说,他的唐诗研究在学术思路上受到法国社会学派的影响,在文献处理和考证方法上则更多得益于岑氏的著作。岑氏自学名家,继承乾嘉朴学精神,认为存世所有文献都可为唐史研究所参据,但每种文献都因著作避忌、党派立场或文献传误等原因,存在种种缺失,需在精密校订后方能信任使用。岑氏代表著《元和姓纂四校记》即体现此一立场,广征文献校订文本的同时,努力复原中古世族谱系,展现了远比两《唐书》丰富的士人群体。

傅先生不仅承续岑氏占有文献、精密考证的立场,而且将岑氏骇博的文献拥有,做成可以让所有学者充分利用的《唐五代传记资料综合索引》(与张忱石、许逸民合编,1982年),收录正史纪传、全唐诗文、僧传画谱、职官编年、缙绅谱牒、方志文献在内的传记资料。他的考据绵密,正得益于此。

那时我还在研究生学习阶段,学位论文做完,正摸索今后发展方向,从傅先生著作中得到许多启发,试写过几篇唐诗人考证论文,还很夹生(朱东润师评语)。后来据目录以求全面占有文献,从唐宋所有存世文献中爬梳《全唐诗》《全唐文》以外的唐人诗文,特别是勾稽宋代大型类书、地志、总集、史乘、笔记、杂著时,指导方法上受傅著横跨文史的鼓舞,手边翻阅最多的就是上举《唐五代传记资料综合索引》。

因为有前此的阅读感受,我于1981年6月研究生毕业前夕,因查阅古籍、请益前贤的名义首度入京,与同学周建国(他后来与傅先生合作完成《李德裕文集校笺》)专程到中华书局看望傅先生。只记得他的办公室不大,光线有些暗,我向他呈送考证温庭筠的习作,他说已经读过,并在北京师范大学研究生论文答辩会上提到我的文章。当时我们都很青涩,他似乎也不太习惯应酬,没有展开谈话,见他也忙,很快就告辞了。此后几年,我全力作唐诗辑佚与考证,文章写得很少,可举者只有《杜甫为郎离蜀考》和《欧阳修著述考》,不了解外界反映,也不与学界联系。1983年初完成《〈全唐诗〉误收诗考》,以四万字篇幅引书数百种,考出《全唐诗》所收非唐五代诗诗作六百多首,自感较前有所提高。1985年末,此文在《文史》24辑刊出,傅先生读到拙文,立即给南开大学罗宗强先生写信,说到这几年唐代文学研究出了不少优秀的年轻人,陈尚君是突出的一位,特别托人邀请我参加次年春在洛阳召开的中国唐代文学学会第三届年会。这是我参加学术会议之始。记得当时傅先生告诉我,本希望我参加《唐才子传校笺》的工作,但因前此已全部约出,因推荐我与厦门大学周祖譔先生认识,当时傅先生代表中华书局约请周先生主编《中国文学家大辞典·唐五代卷》,全部条目已列出二千多条,主体已约出,仅剩下少数荒冷偏僻的小家,认为我最能胜任。我答允了,但提一条件,即请允许我就所知未列条目而确具文学家身份者补充条目,两位主编欣然允诺。最后成书,收四千人,我写二千,完成唐一代文人的全面记录。因为傅先生的识荆和周先生的宽容,我得有机会展现自己。

《唐代诗人丛考》出版,在中外学界引起广泛好评,对一时研究风气的转变也有很大影响。傅先生在日常编辑工作之余,并没有停止探索的步伐。1982年,他完成《李德裕年谱》,用史料系年系月考证的办法,还原对唐后期政治与文学关系极其重大的牛李党争过程,揭示党争中各种人物面对藩镇割据、宦官弄权、科举荣黜、人事升沉等事件中的不同态度,贬斥势利,倡导品节,也多有发明。比如元白,以往尊白而短元,傅先生则认为元虽热衷仕途,但在党争中则亲李而斥奸,白则亲牛而就闲,给以不同评价。再如小李杜,他认为李商隐不以时事变化而改变操守,杜牧则在李德裕执政时迎合求欢,失势后立即落井下石,无中生有,二人人品高下立判。

傅先生第三本著作是《唐代科举与文学》,出版于1986年,不久前刚获得思勉原创奖。我在傅先生书面发言后的点评,上周《中华读书报》以《一本书与一种学术范型之成立》为题发表,读者可参看。

八十年代中期后的十年,傅先生与国内知名学者周祖譔、吴企明、吴汝煜、梁超然、孙映逵、吴在庆等合作,完成《唐才子传校笺》。《唐才子传》十卷,为元辛文房所著唐诗人近四百人之传记总汇,中国失传,清开四库馆时从《永乐大典》辑出八卷,不全。近世在日本发现足本,为治唐诗者普遍重视。辛氏此书据当时所见文献匆忙拼凑而成,有珍贵的记载,如登第年月多据失传的《登科记》,但多数采据笔记、诗话、史乘,处理粗糙,失误甚多。傅先生认为此前日人的注释过于简单,他希望延续《唐代诗人丛考》的方法,以辛书为躯壳,对唐代主要诗人生平作一次彻底清理。他制定体例、样稿,自撰全书前三卷,多方合作,凸显每个人的贡献,出版后影响很大。他晚年另约学者主编《宋才子传笺证》,传是新写,体例沿前,完成宋代几百位一流文人的生平传记。

有前此的史实积累,他再约请陶敏、李一飞、吴在庆、贾晋华等合作,完成《唐五代文学编年史》,采取逐年逐月叙事的方法,记录唐五代三个半世纪间文学事件发生演变的过程。他认为这是文学史的一种特殊写法,可以立体反映一代文学的面貌,如某年某月某人在何处,和谁在一起,发生了什么事件,写了什么作品,这些作品又具体表达什么内容,达到如何成就,也就是把《唐代诗人丛考》中以若干点的尝试,汇成了一条浩瀚绵邈的文学长河。这部著作因此曾获得国家图书奖。此外,他还和台湾著名学者罗联添先生合作,完成十二卷本的《唐代文学研究论著集成》,希望将海峡两岸的杰出研究能够方便分享。

七十岁以后,傅先生完成近百万字的专著《唐翰林学士传论》。他认为翰林学士代皇帝起草文书,是唐代文人人生理想的极致,凡得臻此职者当时肯定都有很高的文学秉赋和时誉。因为文献缺失,许多人事迹不彰,有关文学活动和成就的痕迹不甚明显,但既领此职,必有可称。为此,他在丁居晦《重修承旨学士壁记》和岑仲勉考补的基础上,对有唐两百多位学士的家世履历和文学活动作了全面考察,从另一个侧面全景式地展示唐代文人的各种生存状态和人生悲喜剧。我曾为此书写长篇书评,除揭示以上收获,还特别指出此书另一特殊意义,即两百多位学士中,三分之二正史有传,但缺误极其严重,傅先生广搜第一手文献考察他们的真实人生,也揭示两《唐书》所有传记都应作此项考证的必要性和可行性。正史无传的七八十人,成就高下不一,傅著尽量勾勒他们的人生轨迹,也提示正史立传与否的不确定性。

傅先生主张学术民主,疑义共析,真诚欢迎不同意见的商榷。《唐代诗人丛考》出版后,当时还与他不熟悉的赵昌平与他讨论顾况生平,蒋寅与他商榷戴叔伦抚州推问的真伪,他都不以为忤,甚至主动推荐到刊物发表,此后成为最好的学术朋友。《李德裕年谱》初稿,他认为《穷愁志》四卷为伪。此后周建国仔细研读,举出多条非李德裕本人不能言的内证,在该书新版中,他接受周说,改为有少数伪文搀入,大多非伪。他主编《唐才子传校笺》出版后,陶敏告其中还有未精密处,立即鼓励陶尽量写出来。陶费时二月,居然写出十五万字,他觉得附书后太多,出一册稍薄,乃约请我也将所见写出,这才有了该书第五册

《补正》。他的《唐翰林学士传论》写成于七十岁后,为精力所困,许多后出石刻没有见到。为他庆贺八十诞辰约编论文集时,我交了补充文献四万多字的长文。我觉得,对傅先生这样一生求道的学者,这是最好的礼物。

傅先生为人低调,待人平和,既礼敬前辈,也尊重后学,与他交往,能够感受到他的真诚和坦率,更能感受到他对每一位合作共事者的体谅和尊重。我与他最初交往的几年,还只是讲师,但他认识到我对一代文献的熟悉,代书局约我修订《全唐诗外编》,又约撰《全唐文补编》。在《全唐五代诗》启动后,更认为我可以承担最繁剧琐碎的责任,坚持由我担任主编之一,负责体例、样稿的撰写,承担两百家别集以外所有散见作者诗作的整理。他从不觉得这是对我的提携,反而歉意地认为这样合作我是吃亏的。我还特别记得1993年拙编《全唐文补编》退改时,怕邮寄丢失,他到南京开会时,随身带了五六箱书稿,亲自交给我。在我人生最艰困的时候,从未放弃学术,他的理解支持很重要。

与傅先生有交往的所有中青年学者都有上述同样的感受,特别是在唐代文学学会的同人间。学会成立于1982年,他是发起人之一,从1992年起担任学会会长十六年,始终以倡导学术、扶携后进为己职,维护良好的学术氛围。每度年会,他都繁剧自任,操持辛苦,联络中外,鼓励多元。所作大会发言,都有充分准备,表彰诸方的成就,指示今后的方向。所涉人事安排,也能充分协调,取得共识。他的精神也鼓舞了所有学会同人,绝不争名逐利。他从2000年就想将会长交出,无奈各位副会长都觉得他的地位无法取代而作罢。到2008年他坚持年迈而交卸,比我年长且成就更高的各位也始终礼让,最后只能让最年轻而不称职的我接任。我知道,他们都着眼于学术的长远发展与后继有人,我感到了责任重大。

傅先生热心提携年轻学者,三十多年来为同辈和后辈学人做序,估计超过百篇。我在1997年出版《唐代文学丛考》,也曾烦他写序。他要我提供全稿副本,并写一节求学经历和心得的文字,以便参考。不到一个月就寄来六千字的长序,对我的学术道路、主要创获以及治学特色作了认真的总结,真让我非常感动。其中是否有过誉呢,当然是有的。傅先生私下谈话时说到,在经济大潮中,年轻人能不为金钱所诱惑,安心学术,潜心坐冷板凳,就值得肯定。即便还有一些欠缺,适当地给以指点,总有逐渐提高的希望。他有一本随笔集,取名《濡沫集》,正表达此一态度。书序的本格文章当然是为本书鼓吹,傅先生的立场当然恰当。我偶然为他人著作写序,有一段文字与作者商榷,遭致傅先生一段友好的奚落。

傅先生供职于出版社,且因长期主政中华书局,因此可以利用书局选题的取向引领学术风气,以推介海外优秀著作的方式改变国内学术取径(如《万历十五年》的出版),也因此得有机缘广泛地结识海内外的优秀学者。与我同辈的许多八十年代出道的学者,都曾得到他的关照,尊他为师长。然而出版社毕竟不同于高校,无法直接培养能够接续自己学术的门弟子,这是很遗憾的。他从出版社退休后,先是中国人民大学聘他去执教,稍后最初的母校清华大学特聘他为全职教授,指导博士生,最后十年有一段全新的经历。具体情况我不了解,这两天读微信见清华他系学生回忆老人家经常到学生宿舍小坐谈学,且每次都有电话预约,称学生为同志,老派作风令人起敬。他指导的学生我认识的不多,熟悉的是卢燕新,论文曾获百篇优博,任教于南开大学,傅先生入院后每周末都到北京侍奉汤药。思勉颁奖时认识替他领奖的杨朗,知道傅先生的书面发言在病榻上口授,由杨整理成文。这篇发言水平之高,是我与许多朋友之同感,可以说是傅先生的学术遗言。整理者对傅先生学术思想的认识,也于此可知。无论亲炙门生,还是私淑弟子,我相信傅先生的学术肯定后继有人。

昨天有记者采访我,要我谈傅先生还有什么学术遗愿没有完成,一时语塞,难以回答。仔细想来,可以举出两件。一是他在二十多年前曾倡导组织全国学者编纂《中国古籍书目提要》,即为存世的每一种古籍编写提要,篇幅估计将会是四库提要的五至十倍,若能完成,当然是中国传统学术的集大成总结。这一计划后来因为人事变化而中辍,虽然可惜,但后来几乎没有再提起。二是《全唐五代诗》编纂的波澜变化。傅先生对唐诗和诗人研究越深入，越感到清编《全唐诗》不能胜任现代学术的要求，应该普查文献、广征善本、详校异文、精密考订、合理编次，以期形成可供专家学者和一般读者信任，最接近唐人创作原貌的唐诗总集。此事由他倡议，各方参与，我也承担了较大份额的工作，但最后终因人事纠纷而几度苍黄。傅先生病重入院后，我两度看望，他都希望我能将有关过程写出，也希望此书最终能够完成，殷嘱于我。我今年初已经写成一节文字，也开始全书长编的编次，本想春间再有机会入京汇报请益，不期遽尔如此。

傅先生去世后，友人贴出他 2006 年的两段题词，一段录《庄子》语："知不可奈何而安之若命，唯有德者能之。"另一段是："得意之时淡然，失意之时坦然，看庭前花开花落，望时空云卷云舒。"这可以说是他一生心境的记录。从文学青年，退到编纂资料，以古籍编辑而引领学术风潮，在并不太理想的学术环境中，写下当代学术的一抹亮色。而他一直保持书生本色，不讲究享受，从不以权威自居，至水尽处，看云起时，安之若素地坚持始终。他的精神与学术，是将长存。

二〇一六年一月二十四日

唐代文史研究的典范著作
——评傅璇琮先生《唐翰林学士传论》两种

一

傅璇琮先生是最近三十年唐代文史研究领域最有成就的学者,先生的一系列著作对学术风气的转变起了导夫先路的作用,而先生本人则始终没有停止探索的步伐,不断摸索新路,不仅有大量足以传世的著作足示后学以轨则,且担任古籍整理出版的领导职务,组织了一系列大型学术著作的编纂和出版。先生的成就阔大而无边涘,非浅学如我辈所能完全理解。所能够表述者,是在我开始学术研究之际,因先生的著作而得到许多启发,三十年间也不断得到先生的提携和照拂,因而也时有心会的感挈。值先生八十华诞之际,略述所见,为先生寿,也与学界朋友共同分享我的感受。

傅先生经历反右、文革的挫折,幸得庇荫于中华书局的书海之中,在编纂数据汇编的过程中遍阅唐宋典籍,加上早年对西方艺术理论和近现代文学思潮的热烈爱好,开始个人的学术道路。当阴霾散去,天地晴明之际,很快就发表了一批在海内外引起震动的论著。我记得最早是 1978 年从刚复刊的《中华文史论丛》第七辑上读到他的《刘长卿事迹考辨》,感觉与我当时正在阅读的夏承焘先生《唐宋词人年谱》,虽皆研究唐宋文人生平事迹,但在方法体例上都有很大不同。稍后读到先生关于唐中期诗人的系列文章,不久见到结集成书的《唐代诗人丛考》,以及他与张忱石、许逸民两位先生合编的《唐五代人物传记综合索引》,得以对先生的治学路数有基本的理解。在文学思想和治学理路上,先生受法国社会学派影响很大,特别是丹纳《艺术哲学》对伟大艺术家及其时代关系的论述,让他拓宽视野,转而研究初盛唐二三流作家的文学道路。他从现代研治唐史最有成就的陈寅恪、岑仲勉两位大师著作中得到启发,将文学传记资料拓展到全部的存世唐代文史文献。在史料的处理上,他特别注意史料的主次源流,认为作者本人的诗文具有最直接的价值,认为唐人的姓氏谱、缙绅录的记载尤其珍贵,认为石刻所载士人的家世仕履和宋元方志所载地方官任职年月更为可靠。利用这些材料,他重新审视唐宋以来依靠笔记诗话数据所积累起来的唐诗人传记,发现传闻轶事许多并不可靠。他运用史源学的方法廓清传闻的误说,重新建立可靠的唐诗人生平轨迹,并藉此来重新解读唐人诗作,有许多出人意表的发明。我想特别指出以下两点。一是他没有采取前人常用的年谱或系年一类著作方式,因为那一类著作的基础是首先要确定生年,然后逐年编排资料,但从许多唐代诗人的生平资料来看,还无法完全做到这一点。与其如一些学者那样在确定相对生年的基础上,没有确证的情况下随意堆积文献,不如采取更灵活的研究方式。收入《唐代诗人丛考》的各自相对独立的论文,大多用"某某考"为题,分别就可靠的文献展开考辨,无法确定的部分暂且存疑,避免了前人著作常见的堆砌推测现象,将学术研究建立在科学可靠的基石之上。二是《唐五代人物传记综合索引》的编纂。考订唐代文史最深细博杂的岑仲勉先生的著作,引证之广博细密,让人惊讶感佩,觉得无从师仿,好像所有文献都靠博闻强记,后人无以企及。这本索引则揭示了构成岑著的唐代文史基本典籍的规模和具体细目,让唐代文史研究回到可以科学检索的轨辙。我在八十年代先后作全唐诗文补遗,基本方法就是利用这本索引提供的人事线索,遍检群籍以勾辑唐人遗作。

从80年代以来,傅先生的著作有许多新的变化。我认为可以特别提到的,一是《唐代科举与文学》,以《唐摭言》和《登科记考》为基本凭借,采用全景描述式的叙述方式,还原唐代文人在科举生活中的种种生存状态,如同打开了唐代社会生活的万花筒,展示科举与文学的纷繁复杂的交替作用,原生态地展开唐代文学产生发展繁荣的壮丽长卷;二是《李德裕年谱》,以第一手文献恢复谱主的生命历程,对晚唐时期最错综复杂的牛李党争,用逐年逐月逐月编录史料的方法,理清所有事件的来龙去脉,于晚唐党争夹缝中艰难生存、努力建树的李商隐、杜牧等人作品和为人的解读,也有很有新意;三是主编《唐才子传校笺》,以元辛文房《唐才子传》为依托,将唐代近四百位诗人的生平基本理清了。我虽因出道稍迟,没有机会参加该书最初的编写,但后来有机会与陶敏教授因感到前四册稍有可补者,将所见写出,承傅先生接纳,列为该书第五册《补正》,预有荣焉。

二

从 90 年代末开始,傅先生将研究的中心转向唐代翰林学士。经过近十年的努力,先后完成《唐翰林学士传论》(辽海出版社 2005 年 12 月)、《唐翰林学士传论·晚唐卷》(辽海出版社 2007 年 11 月),总约 100 万字,是先生晚近的力作。关于二书成就,李德辉教授已经在《文学评论》2007 年第 3 期撰文《评傅璇琮〈唐翰林学士传论〉》、《中国史研究》2008 年第 4 期撰文《评傅璇琮〈唐翰林学士传论·晚唐卷〉》予以介绍和评述,认为傅著写法新、视角新,具有科学性,考辨细致,于前人旧说颇多纠订,都是很客观的评价。吴在庆教授在《宁夏师范学院学报》2009 年第 4 期撰文《广搜慎考 精撰新史——〈唐翰林学士传论·晚唐卷〉读后》,认为二书的特色与贡献有三,一是纠订史籍的错误,提供了唐代翰林学士研究的可信史料;二是辨清史载文士事迹的误记,三是开辟了翰林学士与科场举子、文学家关系的新课题,四是具有强烈的问题意识。另该书责任编辑徐桂秋也撰文《与名家的交流使我受益匪浅——〈唐代翰林学士传论〉编辑手记》(刊《中国编辑》2009 年第 4 期)介绍本书的编辑出版过程。诸家之说我都赞同。我想通过本文,补充说明此书的编纂原则和方法,指出其在唐代基本史料和文献研究方面的贡献,特别强调此书的示例,对于重建唐代文史研究基本史料所具有的典范意义。

三

　　唐代翰林学士始设于玄宗时期，最初仅具有临时供奉的性质，肃宗以后越来越重要，以致有内相的称谓。宪宗即位设翰林承旨学士，在翰苑为首席学士，且因其特殊地位而得听闻参与机密。中晚唐从承旨学士而入相者比例很大，成为唐代文人进入权力核心的重要途径。经历五代、北宋，这一局面得以延续。宋人所艳称的从馆阁到翰院到两府的官宦快捷方式，正是很好的证明。南宋学者洪遵编录当时可以得到的十多种唐宋翰苑掌故类著作，编为《翰苑丛书》十二卷，其中唐人所著即有李肇《翰林志》、元稹《承旨学士院记》、韦处厚《翰林学士记》、韦执谊《翰林院故事》、杨巨《翰林学士院旧规》及丁居晦《重修承旨学士壁记》等六种。其中《重修承旨学士壁记》所记翰林学士入院始末，始于玄宗时，讫止懿宗咸通末，凡此间入院者，均备载进出翰苑的具体日期，以及在院期间的官职变化。此书虽署文宗时丁居晦撰，但叙事到丁逝世后约三十六年，丁只是一段时间的编纂者。唐代许多官署均有壁记，一记主要官员的任职始末，二记本司有关的格敕令式，以为办事的准绳。可惜留存下来的很少，像翰林院壁记能够如此完整地保存者，尤为仅此一家。

　　岑仲勉先生于1942年随中央研究院历史语言研究所避地四川宜宾李庄期间，先后撰写《翰林学士壁记注补》和《补唐代翰林两记》。后者于1943年发表于《历史语言研究所集刊》十一本，卷上为《补僖昭哀三朝翰林学士记》，补录丁记未载之三朝学士凡五十八人；卷下为《翰林承旨学士厅壁记校补》，分别对元稹、韦处厚、杜元颖、韦表微等人的翰林院文字予以校订，对翰林承旨学士加以排列梳理，又附翰林纪事诗及翰林盛事。前者则迟至1948年始刊于前刊十五本，内容是笺释丁记，在比读史籍后罗列所载诸学士之入院始末事迹。二文至1984年收入上海古籍出版社出版之《郎官石柱题名新考订》，为目前通行之文本。岑氏二文长达二十多万字，可以说已经将唐代翰林学士总体情况和每人的入院始末，都基本弄清楚了，是二十世纪上半期关于唐代翰林学士研究最重要的著作。比如僖、昭、哀三朝翰林学士，岑氏考出五十三人。六十年后傅先生所考知者，并在岑氏以外有所增加，结论之不同仅是在对孔温裕于僖宗初任侍讲学士表示疑问而不取，于郑毅及杜荀鹤之五日学士亦未采信，凡此皆可见岑氏所考所达之水平。

　　在基本事实清楚，且岑仲勉已经用力基本廓清事实之基础上，傅先生费十年之力，逐个探讨唐代翰林学士之人生轨迹和文学成就，是从更为广阔的学术层面上展开研究。

　　在《唐翰林学士传论》上编，傅先生写了九篇文章分别探讨唐翰林学士研究中的重大问题。其中《李白任翰林学士辨》《从白居易研究中的一个误点谈起》《〈蒙求〉流传与作者新考》是个案研究，但所涉重要，必须厘清。《唐翰林学士史料研究札记》《唐翰林学士记事辨误》《岑仲勉〈补僖昭哀三朝翰林学士记〉正补》属于史料研究和辨析，《唐翰林侍讲侍读学士考论》是职官制度变化的研究，《唐代翰林与文学》则从文学研究层面，阐述本书研究的学术追求，可以看作全书的总论。

　　虽然因为有丁居晦《重修承旨学士壁记》和岑仲勉研究在先，翰林学士的基本文献不像其他职官史料那样的残碎而没有统系，但探究到深处，则问题依然很多。傅先生对岑氏的研究一直很推崇，也肯定他对翰林学士考订的成就，但对其粗涉文献所造成的种种误失，也有很仔细的甄辨。在《岑仲勉〈补僖昭哀三朝翰林学士记〉正补》一文中，他就指出郑延昌入院应在中和初，可能在三年二月已经出院，岑考将其出院制文误读为入院制文，又据制文作者刘崇望的历官时间来推定郑入院在光启元年，显属误系，所据《益州名画录》的旁证很有力；岑氏据钱珝《授右司郎中张玄晏翰林学士制》，参钱珝任中书舍人的时间，定张玄晏为乾宁、光化间任翰林学士，但又据张所作《谢奉常仆射启》定其自员外郎充学士。傅先生反复研读张氏的存世文章，考定他自乾宁三年有右司郎中入为翰林学士，同年冬改为驾部郎中，新加知制诰，不仅纠订了岑氏误失，也使事实更为昭朗。晚唐史料极其芜乱错讹，傅先生的这些纠订有利于今后晚唐史实的重建。

丁居晦《重修承旨学士壁记》因为详记玄宗朝到懿宗朝翰林学士在院始末，而为学人所重视，也是傅先生研读翰林学士史料的基础。此记因为南宋洪遵《翰苑群书》的收录而得存世，但通行本错讹较多，特别是记载任官年月的具体数字，更易传讹。傅先生在《传论》写作之初，就与台湾学者施纯德教授合作，整理《翰学三书》，其中《翰苑群书》据影印文渊阁《四库全书》为底本，以《知不足斋丛书》本参校，由辽宁教育出版社出版。

《唐翰林学士史料研究札记》则从更广阔范围揭示翰林学士史料的丰富多样及其错综偏失。重点当然是收入《翰苑群书》的唐翰林诸记，傅先生将李肇《翰林志》等五篇作为记述"记述翰林学士院之建置、职能"的著作，认为韦执谊、元稹、丁居晦三记"重点是以壁记的形式记叙唐玄宗至懿宗朝翰林学士名次"，多可补两《唐书》的不足，也多有疏误。以史书、金石、制文与丁记对核，傅先生充分肯定丁记多数记载的准确可靠，但也指出其因对甘露事变的忌讳而漏载王涯、李训、郑注、顾师邕的入院过程，也有因各种原因造成的转官漏记、文本残缺、事实未详等缺憾。此外，他还列举制文、金石、笔记小说、类书等文献所存翰林学士文献的价值和利用办法。

正是由于对文献的全面把握和精密考证，在翰林学士在院事实的研究方面，《传论》大大超越了前人研究，成为此一领域研究的最权威著作。

四

《传论》二书所考翰林学士凡212人，这些学士的身份，一是文人，二是多数曾官至显职，其中官至宰辅者人数尤多，且多半在正史中存有传记。翰林学士是他们人生经历中的一段特殊经历，或短或长，意义各不相同，有的以此为转折而达到全力顶峰，也有在任病逝，以身殉职，如赵宗儒出院后又活了四十八年，更属罕见。二书研究翰林学士，并不局限仅研究他们在院期间的活动,而是将这 200 多人作为唐代政治文化发展过程中的若干个案,全面揭示他们的生命历程,评述他们的人生经历、政治事功以及文学造诣,从而多方位的展示唐代文人的生活状态和文学写作的过程,可以说是以翰林学士研究为叙事主干,展开的一幅唐代文人人生长卷。

大约有三分之一的翰林学士,正史中没有传记,或仅提到而所载甚简。《传论》对这些人物,重点在尽可能地网罗各方面的史料,尽量还原其人生轮廓。比如蒋防,因为写作《霍小玉传》而在唐代文学史上留下重要一笔,但两《唐书》都无其传,所幸,方志、史书和中唐文人诗文中保存许多他文学活动的记录。本书先据《咸淳毗陵志》的记载,考察他的早年经历,再据《唐会要》和丁记的记载,揭示其入院前历官和在院期间的文学活动,再据他本人和同时人诗文,考明他出院后贬任汀州、连州刺史,以及卒于大和间的结局。由于蒋防事迹载籍可见者比较丰富,得以较完整的得到恢复。还有一些学士就没有这么幸运了。比如僖宗时学士沈仁伟,其身世其实仅存三则记录,一是他是沈询之子(文献又有沈询字仁伟和名作仁卫的讹误),二是从右补阙充翰林学士,有刘崇望撰制文为证,三是随僖宗入蜀,有《益州名画录》存随驾臣僚之题记。仅此三点,弄清楚已很不容易,要据以作出更多的评述,显然就很难办到了。而如卢深、崔佩、崔湜、崔汪等留下的记载更少,可以知道晚唐文献丧失之严重以及试图考镜事实的困难。

至于正史有传的人物,虽然保存的事实一般都比较丰富,但其真实可靠程度仍有待斟酌。较主要的缺陷,一是漏略,一般对传主早年的经历多不叙或一笔带过,当然从国史的角度无可厚非,但要研究传主生平经历,总是缺失。《传论》广征各类史料,尽力弥补此一缺憾。二是过于表达好恶。晚唐因党争的缘故,议论常意气用事,而《新唐书》则主张褒贬史学,经常在没有弄清史实的时候就妄加笔削。三是事实错误。如下举《丁公著》传,一篇传有七八处错误。四是缺失。由于宣宗后实录缺修,史实旁落,不仅本纪叙事颠倒错互,列传更是挂漏尤多。晚唐重要人物在《旧唐书》中有传者,缺落较多,许多附在其祖辅辈传记后面,一笔带过,其任翰林学士前后的许多事实都没有述及,实在是很大的遗憾。

至于其他文献,当然各有价值,但也各有局限。如墓志、神道碑当然是记录人物第一手的记录,但因丧家之求,为亡者而作,不可避免的有掩恶溢美的倾向,不可全信。小说不免虚构,笔记每凭传说,也都有其偏失。学者的能力在于鉴别史料,驾驭史料,在此《传论》有许多精彩的案例,值得读者细心地品味。

《传论》二书,在文献搜罗之广备,取舍之细心,甄辨之严密,以及弄清事实再作分析评判的严肃治学态度,都足为学人研读唐史之典范。

五

翰林学士的职务是为皇帝起草文书,这是许多文士认为最荣耀的职位,也是许多诗人梦寐以求的光荣。从现代学术评价来看,这些为皇帝起草的制诰,无论弘篇巨制的即位诏书或南郊赦文,还是重要官员的除官诏敕,乃至率尔几句的君王答辞,都很难给以崇高的文学评价。一般文学史仅提到陆贽在奉天代德宗所作罪己诏的动情之处,以及此类文章的辞理晓畅对骈文体制改造的意义。《传论》则在厘清翰林学士生平出处的同时,重点揭示各人的文学造诣和成就,以及他们的文学和政治活动对于文风转变的影响。《唐代翰林与文学》一篇,对此有系统的阐述。

唐代诗人如何看待翰林学士?傅先生引杜甫《赠翰林张四学士》"天上张公子,宫中汉客星",刘禹锡《逢王十二学士入翰林》"星槎上汉杳难逢",王建《和蒋学士新授章服》"翰林同贺文章出,惊动茫茫下界人",说明在这几位诗文名家的眼中,是将学士视为"天上人",据有极其崇高的地位。又引韩愈、柳宗元、张籍的诗文,说明他们对学士都有一种敬畏乃至有意疏远的认识,说明学士身为近臣,接触机密,即便曾为朋友,来往时也会特别慎畏。虽然有这些变化,许多诗文名家仍愿意与学士增多来往，学士也会主动作诗赠与友人。傅先生认为这是由于儒辈既以学士为荣，学士也得到更多扩展自己影响力的机会，一般文人也更多地希望学士为自己扩大声誉，提高地位。因此，翰林学士之间的文学应酬，翰林学士与其他诗人的来往机率，都会大大提高，而他们的文学影响，也会通过各种渠道影响到文人的写作兴趣。《传论》列举学士任职期间，无论值班还是平日闲居，都有大量相互唱和，而他们的诗文流布开来，常会引起更广大的应和群体，在某种意义上繁荣了文学活动。许多此类唱和，曾结集流传，如《盛山唱和集》《三舍人集》都属于此类情况。

《传论》认为，学士身处宫中，地位特殊，许多诗人愿与其交往，在很大程度上有求荐的用意，而许多学士也自觉地将提拔和交结人才作为自己的日常行为，经他们推荐，使许多有才能的人物得到晋身的机会，甚或成为一代名臣。学士的推荐人才，有各种不同的方式。一是在君主顾问时推荐人选。如肃宗向苏源明询问天下士，苏荐元结可用，元结被召见后授官，由普通文士进入仕途。类似情况很多，并可以按照这一思路解读韩愈自阳山贬所归途上三学士诗的干请企图，杜牧上诗郑涓等学士的求官目的。二是在科举方面的作用。傅先生指出许多学士出院即知贡举，在院期间也常协助知举者举荐人才，同时也常参与覆试，并为制举草拟策问，这些都使学士有更多机会影响科场的进退，也让久困科场的举子将与学士交往，寻求学士的推荐，作为自己谋求出身的重要途径，并因此而形成数量可观的行卷作品，改变了唐文学写作的格局。

翰林学士职务行为与文学发展的关系，也是《传论》重点讨论的内容。虽然就其主要工作即起草王言，大多属于骈文写作，又纯为官方文告，距离文学较远。但从文史结合的视野拓展开来看，则这些诏敕因其影响的权威性和流布的广阔性，也足以产生其他文学作品不可能达到的影响力。而学士的文风趣尚，文体风格，以及他们的文化活动，他们撰写的各体文章，编选的文学作品，学术著作，都很强烈地具有风气启示意义。

《传论》在研究每一位翰林学士的文学活动时,有许多更为精彩的论述。如令狐楚,不仅说明其在院"专掌内制","冠于一时",而且曾为宪宗编纂《御览诗》,藉此表达对同时或稍前的几十位诗人的表彰;影响到张仲素受诏编录卢纶诗集;将与张仲素、王涯三人合作的乐府歌诗编为《翰林歌辞》,即现在所知的《元和三舍人集》,今尚有残本流传。白居易著作和生平前人研究已多,《传论》主要考述其在院期间的活动,包括参议政事、上奏直言,当然最重要的还是《新乐府》五十篇的写作,利用翰林学士可以与皇帝对话的机会,写出反映国事民生的诗篇,以求得闻至尊,下情上达。再如郑薰,今人很少提到,但在晚唐诗人群中则有很好的声誉。《传论》列举大量事证,说明郑薰无论在朝或出守,始终关切寒苦诗人群体的文学创作,尽己所能地给予帮助,让许多诗人一直抱有深厚的敬意。再如杨收,是很有争议的人物,《传论》既肯定他的早年才华,薛逢、卢肇等诗人也可能得到他的关照,但也揭露其结交宦官,夸侈求利的一面,是很全面的评述。至于学士政治上之晋身,如何依附特定的政治集团,利用权谋取得高位,也随着附着集团的垮台而流贬身亡,事例很多,不一一列举。人生百态,忠奸并存,二百多位学士的人生道路,示范了唐代文人的各种生存状态和人生悲喜剧。就此点来说,《传论》尽量尊重历史的本来面目,就事论事地给以分析评判,也可以作为唐代文人群体的肖像画来观赏体悟。

六

我在前年为台湾已故学者詹宗佑教授纂《点校本两唐书校勘汇释》(中华书局2012年版)作序时,特别提到今后唐代文史基本文献建设的若干值得展开的大型课题,其中包括"两《唐书》笺证",我的意见是:"到现在为止,对两《唐书》部分传记,包括人物传和四边民族传的笺证较有成就,志仅有个别涉及,就总体来说,还没有系统的成就可言。就唐史目前已经达到的成就来说,几乎对唐代所有的事件、人物、制度、著作等都有了详尽的研究,在此基础上学者应该考虑如何重建唐代的基本史料。在一定意义上，以两《唐书》为载体总结唐史研究的成就，是较好的表达手段。这一工作的重点是史实的订正和补充。就人物传记的部分来说，前几年傅璇琮先生著《唐代翰林学士传论》两册是很好的范例（就史实订正补充言，其著作形式非史传笺证）。"当然这一工作的基础是两《唐书》对校，虽然清代沈炳震做过《唐书合钞》，我在同序中认为"采取两《唐书》不取一本的体例是对的，但传记以《新唐书》为主则未必妥当。我认为两《唐书》互校的主要目的，是要揭示《新唐书》在《旧唐书》的基础上，增加了那些史实，其具体根据为何，那些可靠，那些不可靠。章群先生著《通鉴及新唐书引用笔记小说研究》是很具意义的著作，可惜还仅具示例的意义，远没有完成彻底的清算"。以下我希望借傅先生的研究，进一步说明上述看法。

傅先生在《唐翰林学士传论·晚唐卷》前言中，指出"文宗朝前十位学士，新旧《唐书》皆有传，但两《唐书》于此十位学士，均有误记"。"文宗朝共有 29 位学士，两《唐书》有传的为 26 人，而所记有误者则有 23 人"。"其他如宣宗、懿宗、僖宗、昭宗朝，误处有时更多"。全书利用各种手段，对这些错误作了极其仔细认真地考辨，努力追寻这些学士的生命轨迹，还原历史真相，以为知人论事的基础。这些考辨，展示了作者良好的治学态度和卓越的研究方法，足以给唐代文史学者以许多启迪。

以下试以傅先生在《唐翰林学士传论·晚唐卷》前言特别介绍的丁公著史实的订正为例。根据丁居晦《重修承旨学士壁记》和《旧唐书》卷一七上《文宗纪》所载，丁公著在大和三年四月二十六日自礼部尚书充翰林侍讲学士，至同年七月乙巳出院为浙西节度使，在院算足了也就三个月，也没有什么特别的建树。但若要弄清楚他何以能够成为翰林学士，在此前后有哪些经历和建树，则需要对史实作彻底的调查和分析。

丁公著，《旧唐书》卷一八八《孝友传》有传，凡 421 字，似乎事实都很清楚。《新唐书》卷一六四亦有传，凡 315 字。以两传作比较，则《新唐书》基本延续《旧唐书》的内容，所作主要是文章的改写和语句的压缩,似乎并没有增添什么新的史料。仔细比读,不同者有三四处,即一、推荐丁的观察使,《旧唐书》作薛华,《新唐书》作薛苹,前者属字有传误。二,《旧唐书》述其母死后"绝粒奉道",《新唐书》改作"愿绝粒学老子道",似据原文敷衍而成,盖绝粒本为道家修行之手段,据以理解其所奉即老子所创之道教,本也不错,增字而并未增加史实。三、将《旧唐书》"改尚书右丞,转兵部、吏部侍郎,迁礼部尚书"一段,浓缩为"四迁礼部尚书"。四,"翰林侍讲学士"作"翰林侍读学士",属误记。五、在任浙东观察使前加上"长庆中"的时间限制,由是而将任学士推到长庆以前。六、将"入为太常卿"放在大和以前。如果没有其他史料,这些记载似乎也足可凭信。然而,唐代文献存于世者数量巨大,只要确定原则,方法得当,就有机会廓清真相。与其他史料参证,可以认为《新唐书》除一处可疑校订《旧唐书》的传本错误,其他基本没有任何保存文献的价值,其内容在学术研究中可以忽略不计。

傅先生指出两《唐书·丁公著传》"有七八处讹误"。其实《旧唐书》本传也错误迭出。传云:"公著知将欲大用,以疾辞退,因求外官,遂授浙江西道都团练观察使。"傅先生根据《旧唐书·穆宗纪》的记载:"(长庆元年十月壬申)以工部尚书丁公著检校左散骑常侍、兼越州刺史、御史中丞,充浙东观察使。"认为他在长庆间出镇的是浙江东道,治所在越州。又根据白居易《白氏长庆集》卷五〇《尚书工部侍郎集贤殿学士丁公著可检校左散骑常侍越州刺史浙东观察使制》,知道他出镇前的职务是工部侍郎,而非本纪所述的工部尚书。又根据朱金城先生《白居易集笺校》的考证,知道白居易在长庆元年十月前任主客郎中、知制诰,其草制的时间契合,可以信据。此外,《旧传》云:"上以浙西灾寇,询求良帅,命检校户部尚书领之。诏赐米七万石以赈给,浙民赖之。"傅先生根据他撰《李德裕年谱》的考证,丁出镇浙西的前任是李德裕,受召回朝为相,丁是去接李之任。浙西是当时重镇,丁由翰林侍讲学士出守,可以见到文宗对他的信任。又引《旧唐书·文宗纪》的记载,丁奏杭州八县灾疫,获赈米七万石,在大和六年五月,即丁出镇三年后。《旧唐书》说成他因此而出镇,是又一误。

在以上的考证中，傅先生严格区分史料的史源和信值，在比较中确定其可信程度，尽可能地援据最早最直接的文献以确定事实真相。在他的分析考证中，不主一本，而以如何最接近历史真相为主要原则和目标。这一方法和原则，对于全面清理唐代文献，具有指导意义。我仅根据他的启示，按照前文表达的两《唐书》列传校订的意见，稍增史料，作《旧唐书·丁公著传》笺证一篇，附于本文之末，以见本书所具备的学术典范意义，也为今后的相关工作，提供一篇样稿。

七

就《传论》两册之考证来说，其精密及发明均已如前说。个别疏忽偶然还有。就我浏览所及，较明显的是苏涤生年的推定。《传论》引沈亚之《沈下贤文集》卷四《异梦录》所载，知苏涤元和十年（815）在泾原节度使李汇幕，并由此推证当时苏之年龄若以二十岁记，当生于大历十年（775），估计是将元和年号错记为贞元，因此而有二十年的错讹。后文因此而推苏在大中四年（850）入为翰林学士时，已经七十六岁，并感叹"以如此高龄入院，甚罕"，均沿前误。

此外，估计因作者写作二书时在七十以后，最新史料的利用和基本文献的检索都还有些遗漏。北京大学历史系陈文龙君已撰《晚唐翰林学士丛考——傅璇琮〈唐翰林学士传论·晚唐卷〉匡补》加以补订，可参看（我所见为友人见示之电子文本，未能检到刊于何处）。其中最重要的是据《全唐文补遗》第二辑有崔庾撰《嗣陈王李行莘墓志》，结衔为"翰林学士、朝议郎、守左谏议大夫、柱国、赐绯鱼袋"，时间在乾符四年七月二十一日，增加了一位岑、傅二位都失考的僖宗乾符间翰林学士崔庾。此外，最近二十多年的新出文献也有很大的数量，有些傅先生已经利用并写入本书，有些在定稿后才见到，在《唐翰林学士传论·晚唐卷》前言附记中有所说明。当然缺漏还有。比如学士本人墓志最近二十年发表者，即有赵宗儒、崔郸、崔凝、杨收、白敏中五位（三志发表在《传论》出版以后），各位学士撰写的诗歌文章以及相关其家族的材料,也陆续有所刊布。我多年来为全唐诗文的订补与整编,以及唐史基本文献的建构,积累了一些资料,本次因为分析《传论》二书的成就,也顺便将有关文献清理了一遍,另作《唐翰林学士文献拾零》一文,提供傅先生增订二书时参考。文献日新,学术日新。《唐翰林学士传论》为唐代文史学者提供了进一步清理文献、重建基本史料的原则和方法,如果能够沿着这一道路,完整清理唐一代基本史料,总结前贤,奠基来者,功莫大焉。

附录:《旧唐书》卷一八八《孝友·丁公著传》笺证

丁公著,字平子,苏州吴郡人。祖衷,父绪,皆不仕。公著生三岁,丧所亲。七岁,见邻母抱其子,哀感不食,因请于父,绝粒奉道[一],冀其幽赞,父悯而从之。年十七,父勉令就学。年二十一,五经及第。[二]明年,又通《开元礼》,授集贤校书郎。秩未终,归侍乡里,不应请辟。居父丧,躬负土成坟,哀毁之容,人为忧之。[三]里闾闻风,皆敦孝悌。观察使薛苹表其行,诏赐粟帛,旌其门闾。[四]

[一]《新唐书》本传作"愿绝粒学老子道"。

[二]公著大和六年卒,年六十四,是当生于大历四年(769)。年二十一应为贞元五年(789)。

[三]《吴都文粹续集》卷二〇明袁袠《观音岩访楚石和尚》附记:"(楞伽山)东南麓有丁家山,唐人丁公著父丧,负土作冢,故名。"

[四]《册府元龟》卷一四〇:(元和)六年二月,浙江西道观察使以前集贤殿校书郎丁公著孝行闻。诏曰:"丁公著辞官侍亲,不顾荣利,高行至性,人伦所称。今执丧致毁,又闻过礼,其所请旌表门闾,宜依。仍委本州岛刺史亲自慰问,并量给粟帛。"按:此诏《全唐文》卷六〇题作《旌前集贤殿校书郎丁公著诏》。苏州时属浙江东道。《旧唐书》卷一五《宪宗纪》载,元和五年八月,薛苹自

浙东观察使改润州刺史、浙西观察使。本传误作薛华。《新唐书》本传已改正。

淮南节度使李吉甫慕其才行，荐授太子文学，兼集贤殿校理。吉甫自淮南入相，廷荐其行，即日授右补阙。[一]迁集贤直学士。寻授水部员外郎，充皇太子及诸王侍读。[二]著《皇太子及诸王训》十卷。[三]转驾部员外，仍兼旧职。

[一]《册府元龟》卷三二四：（李吉甫）后罢相为淮南节度使，荐丁公著，授太子正字兼集贤殿校理。吉甫自淮南入相，复荐其行，即日授右补阙。按：此为本传所本。今知吉甫仕历，为元和三年罢相，出为淮南节度使。五年十二月罢淮南职，六年正月再入相。前引六年二月浙西薛苹方奏其孝行，是吉甫荐其官在二月后。而前次荐官则颇可疑，或太子文学即太子侍读之误，集贤殿校理即集贤殿校书郎之误。

[二]《册府元龟》卷七〇八：丁公著为右补阙、集贤殿直学士。元和十一年九月，改为水部员外郎，充皇太子侍读。

[三]《新唐书》卷五九《艺文志》三：丁公著《皇太子诸王训》十卷。按：《事文类聚续集》卷四、《合璧事类后集》卷四六作《官训》十卷。

穆宗即位，未及听政，召居禁中，询访朝典，以宰相许之。[一]公著陈情，词意极切，超授给事中，赐紫金鱼袋。[二]未几，迁工部侍郎，仍兼集贤殿学士，宠青宫之旧也。[三]知吏部选事。公著知将欲大用，以疾辞退，因求外官，遂授浙江西道都团练观察使。[四]二年，授河南尹。皆以清静为理。[五]

[一]《旧唐书》卷一六《穆宗纪》：（元和十五年）正月庚子，宪宗崩。丙午，即皇帝位于太极殿东序。是日，召翰林学士段文昌、

杜元颖、沈传师、李肇、侍读薛放、丁公著,对于思政殿,并赐金紫。按:《资治通鉴》卷二四一:"上未听政,放公著常侍,禁中参预机密。上欲以为相,二人固辞。"时同召者六人,公著忝末位,恐无即许为相事。

[二]《册府元龟》卷一七二:闰月,以驾部员外郎丁公著为给事中,兵部郎中薛放为工部侍郎,咸以东宫旧恩起奖。按:《资治通鉴》卷二四一作十五年正月癸丑事。

《唐大诏令集》卷一〇元稹《长庆元年册尊号赦》:尊师重傅,有国常经。李逢吉、韦绶、薛仿、丁公著等,普恩之外,各加一阶。按:南郊为正月事,《册府元龟》卷八一、卷九〇所载同。

《旧唐书》卷一六《穆宗纪》:(长庆元年二月)丙子,上观杂伎乐于麟德殿,欢甚,顾谓给事中丁公著曰:'比闻外间公卿士庶时为欢宴,盖时和民安,甚慰予心。'公著对曰:'诚有此事。然臣之愚,见风俗如此,亦不足嘉。百司庶务,渐恐劳烦圣虑。'上曰:'何至于是?'对曰:'夫宾宴之礼,务达诚敬,不继以淫。故诗人美乐且有仪,怜异屡舞。前代名士良辰宴聚,或清谈赋诗,投壶雅歌,以杯酌献酬,不至于乱。国家自天宝已后,风俗奢靡,宴席以喧哗沉湎为乐,而居重位秉大权者,优杂倡肆于公吏之间,曾无愧耻,公私相效,渐以成俗。由是物务多废,独圣心求理,安得不劳宸虑乎?陛下宜颁训令,禁其过差,则天下幸甚。'时上荒于酒乐,公著因对讽之,颇深嘉纳。按:《太平御览》卷一一四引《唐书》作三月庚子事。《资治通鉴》卷二四一列此于元和十五年十月。《考异》曰:"《实录》,明年二月景子,观神策杂伎,因云。上尝召公著,问云云。《旧纪》遂云其日上欢甚,顾公著云云,此误也。今因覃等谏荒事言之。"按:此又见《唐会要》卷五四,与《旧唐书》皆存《实录》原文,《通鉴》似疑之过甚。

[三]《白氏长庆集》卷五〇《韦绶从右丞授礼部尚书薛放从工部侍郎授刑部侍郎丁公著从给事中授工部侍郎三人同制》。按:《文苑英华》卷三八七所载题稍简。

[四]《旧唐书》卷一六《穆宗纪》："（长庆元年十月壬申）以工部尚书丁公著检校左散骑常侍、兼越州刺史、御史中丞，充浙东观察使。"《会稽掇英总集》卷一八："丁公著，权知吏部铨选事、检校右散骑常侍授，长庆三年九月追赴阙。"《白氏长庆集》卷五〇《尚书工部侍郎集贤殿学士丁公著可检校左散骑常侍越州刺史浙东观察使制》："敕：古者通守守土，刺史按部，从宜务简，今则合之。故任日崇而选日重，非廉平简直，兼恺悌之德者，曾不足中吾选焉。某官丁公著，尝以学行礼法，诲予一人，报德图劳，连加宠擢。起曹书殿，兼而委之，二职增修，三命益敬。朕以浙河之左，抵于海隅，全越奥区，延袤千里，宜得良帅，俾之澄清，往分吾忧，无出尔右。假左貂而帖中宪，操郡印而握兵符。勉哉是行，伫闻报政。可依前件。"按：又见《文苑英华》卷四〇八。浙江东道治越州，西道治润州。本传误以东道为西道，与其大和间镇浙西相混。据制文，公著以工部侍郎出镇，《旧纪》误作尚书。

　　[五]《新唐书》卷一七九《罗立言传》：迁河阴。立言始筑城郭地，所当者皆富豪大贾所占，下令使自筑其处，吏籍其阔狭，号于众曰："有不如约，为我更完。"民惮其严，数旬毕。民无田者，不知有役设，锁绝汴流，奸盗屏息。河南尹丁公著上状，加朝散大夫。

　　改尚书右丞，转兵部[一]、吏部侍郎[二]，迁礼部尚书[三]、翰林侍讲学士。[四]上以浙西灾寇，询求良帅，命检校户部尚书领之。[五]诏赐米七万石以赈给，浙民赖之。[六]改授太常卿。[七]以疾请归乡里，未至而终，年六十四。[八]赠右仆射，废朝一日。

　　[一]《旧唐书》卷一七上《敬宗纪》：（宝历二年五月）甲申，以右丞丁公著为兵部侍郎。

　　《册府元龟》卷二："（宝历）二年六月降诞日，御三殿命，兵部侍郎丁公著、太常少卿陆亘、前随州刺史李繁，与浮图道士讲论。

内官、翰林学士及诸军使、公主、驸马皆从。既罢,赏赐有差。"按:又见《旧唐书》卷一三〇《李泌传》附《李繁传》。

[二]《册府元龟》卷六三八:郑纲,文宗时为吏部尚书,丁公著为工部侍郎,知选事。大和二年闰三月己亥,都省奏落下吏部三铨甲内今春注超资官凡六十七人。敕:"都省所执是格,铨司所引是例,互相陈列,颇以纷纭。所贵清而能通,亦犹议事以制。今选期已过,方此争论,选人可哀,难更停滞。其三铨已授官都省落下,并依旧注与重团奏,仍限五日内毕。其中如官超一资半资,比格令已令据稍优者,至后选日,量事降折。尚书、侍郎注拟不一,致令都省以此兴词。郑纲、丁公著各罚一季俸。东铨所落人数较少,杨嗣复罚两月俸。其今年选格,仍分明标出近例,有可行者收入格,不可者于格内书破,则所司有文可守,选人无路侥求。"时尚书左丞韦弘景以吏部注拟不公,选多超资授官,纠按其事落下。敕申吏部,引例以为据,选人辈又惜官已成,道路沸腾,日接宰相喧诉,遂降此敕。按:《册府元龟》卷六三一、《新唐书》卷一一六《韦弘景传》载此稍简。公著当于闰三月前再以工部侍郎知选事,旋改吏部侍郎。

[三]《旧唐书》卷一七上《文宗纪》:(大和二年四月)乙未,以吏部侍郎丁公著为礼部尚书。

[四]丁居晦《重修承旨学士壁记》:丁公著,大和三年四月二十六日,自礼部尚书充侍讲学士,改正户部尚书、浙西观察使。按"改正"二字疑有脱误。《新唐书》本传误作"侍读学士"。

[五]《旧唐书》卷一七上《文宗纪》:(大和三年七月)乙巳,以礼部尚书、翰林侍讲学士丁公著检校户部尚书、兼润州刺史,充浙江西道观察使。

[六]《册府元龟》卷一〇六:(大和六年)五月壬子,浙西观察使丁公著奏,杭州八县灾疫,诏赐米七万石以赈之。按:亦见《旧唐书》卷一七下《文宗纪》。此赈灾为公著出镇三年后事。本传云引寇灾而命其出镇,恐未周延。《新唐书》本传云"长庆中,浙东灾

疠,拜观察使,诏赐米七万斛,使赈饥捐。"时间与原因皆误。

[七]《旧唐书》卷一七下《文宗纪》:(大和六年八月)壬申,以前浙西观察使丁公著为太常卿。《新唐书》本传述其任太常卿在大和前,误。

[八]《旧唐书》卷一七下《文宗纪》:(大和六年九月)丁未,太常卿丁公著卒。

著《礼志》十卷。[一]

[一]《新唐书》卷五七《艺文志》一:丁公著《礼志》十卷、《礼记字例异同》一卷,元和十二年诏定。
《玉海》卷三九引《中兴馆阁书目》:(《礼略》)十卷。丁公著序:采古经义,下逮当世礼文沿革,莫不附见。词约理备,故题《礼略》。
《宋史》卷二〇五《艺文志》五:丁公著《孟子手音》一卷。《直斋书录解题》卷三孙奭《孟子音义》二卷解题:"旧有张镒、丁公著为之音,俱未精当。"孙奭《孟子音义》序:"为之音者,则有张镒、丁公著。""臣今详二家撰录,俱未精当。张氏则徒分章句,漏略颇多。丁氏则稍识指归,讹谬时有。若非刊正,讵可通行。"此书今存,引录甚多,可以辑录。

公著清俭守道,每得一官,未尝不忧色满容。年四十四丧室[一],以至终身无妓妾声乐之好。凶问至日,中外痛惜之。

[一]《新唐书》本传作"四十丧妻",举其大数耳。

二〇一二年三月十一日于复旦大学光华楼

傅先生著作获思勉奖点评

祝贺傅璇琮先生获得本届思勉原创奖。傅先生是最近三十年唐代文史研究领域最有成就的学者,也是中国古籍研究领域的领军人物,他的一系列著作对学术风气的转变起了导夫先路的作用,他的获奖是实至名归,众望所归。刚才他的获奖书面演讲已经充分讲清了《唐代科举与文学》一书成书过程、学术追求和方法渊源,对此我十分赞同,也深感自己的学力难以对此作出点评。作为唐代文史研究的后学者,我从出道至今三十六年,一直从傅先生著作中得到启发和鼓舞,也得到他许多的指点和提携,我想将我所知傅先生的学术道路和学术业绩在此略作介绍,使各位有更多的了解。

我读到傅先生最早的文字是1978年刚复刊的《中华文史论丛》所刊《刘长卿事迹考辨》,与我当时正在阅读的前辈著词人年谱,在方法体例上都有很大不同,即不循年谱的旧例,不信传说的浮泛,从诗人的作品和姓氏书、地志、职官谱等一类书中寻觅可靠记录,还原诗人的人生轨迹。不久类似的系列论文连续发表,不久结集成《唐代诗人丛考》,对当时学术风气转变起了重要作用,日本学界推崇备至。他自述治学路数,受法国社会学派影响很大,特别是丹纳《艺术哲学》对伟大艺术家及其时代关系的论述,让他拓宽视野,转而研究初盛唐二三流作家的文学道路。他尊敬近代治唐史最有成就的陈寅恪、岑仲勉两位大师,将文学传记资料拓展到全部的存世唐代文史文献。在史料的处理上,他特别注意史料的主次源流,认为作者本人的诗文具有最直接的价值,认为唐人的姓氏谱、缙绅录的记载尤其珍贵,认为石刻所载士人的家世仕履和宋元方志所载地方官任职年月更为可靠。他与人合编的《唐五代人物传记综合索引》，更为学者全面占有文献提供方便。我与他初次见面在 1981 年，个人交往则从 1986 年始，理解他从早年燕京、北大的文学才俊，经历人生挫折，幸得庇荫于中华书局的书海中，在编纂资料过程中遍阅唐宋典籍，加上早年对西方艺术理论和近现代文学思潮的热烈爱好，开始个人的学术道路。其后他担任了书局和学界的一系列重要职务，曾主编《续修四库全书》《全宋诗》《唐才子传笺证》等重要著作，而他个人的研究也始终没有停止。如果我没有记错的话，他的第二本著作是《李德裕年谱》，对唐代最纠缠难解的牛李党争作了详尽周密的梳理。本次获奖的《唐代科举与文学》是第三部专著。唐代实行科举制，就如同今日之高考或公务员考试搅动全社会神经一样，牵动唐文学的发展和变化。此前似乎只有两本书可以参考，一本是记载科举传闻为主的南汉王定保《唐摭言》，另一本是清代徐松拼凑零星材料恢复科举编年史的《登科记考》。傅先生的这部著作，从梳理科举制度史着手，在理清所有相关细节的基础上，采用全景描述式的叙述方式，还原唐代文人在科举生活中的种种生存状态，如同打开了唐代社会生活的万花筒，展示科举与文学的纷繁复杂的交替作用，原生态地展开唐代文学产生发展繁荣的壮丽长卷。傅先生的书面演讲说到他受巴尔扎克文化风俗史、丹纳以环境描述呈现文人心态、朗松文学生活史等论述的影响，用集腋成裘、抟沙成器的巨大力量，还原历史真相，并力避烦琐考证，以生动流利的叙述写出唐文人的众生相，揭示一个时代的文人生活氛围，以及他们的生活道路和心理变化，并涉及数量可观的唐诗的重新解读。本书也是学术原创著作追求雅俗共赏的典范，即在完成极其繁重的文献考订后，用生动活泼的叙述面对读者。我还记得复旦陈允吉老师在读到本书时的感慨："老傅的文章写得就像陶渊明的诗一样，清浅明白而回味无穷。"

《唐代科举与文学》所提倡的文学与史学相结合的跨学科研究，与以往简单把社会历史作为文学背景之研究有根本改变，即认为文学的发展与繁荣是与一时代社会、政治、文化、习俗等因素密不可分，互为影响，外部因素改变了诗歌的审美趣味和体式变化，不理解社会的变动也就无法理解文学的演进。傅先生倡导的这一研究范式,在唐代文学研究领域首先得到响应,陆续完成一批研究文学与幕府、文馆、交通、铨选关系的专著,其后并波及唐前唐后各时代文学的研究。本书的学术示范意义于此可见。傅先生本人的研究也没有就此停止,其后他主编了《唐代文学编年史》,七十岁后更完成《唐翰林学士传论》两部。

更难能可贵的是,傅先生始终倡导学术平等,鼓励学术竞争,对与他争论商榷的文章,不以为忤,常主动推荐发表。他积极提携后进,见善乐举,先后为学界同仁撰序近百篇,一时有广大教化主之誉。可以说,中国古代文学最近三四十年的发展繁荣,是傅先生这样许多老辈努力的结果。

本周一我在京到电力医院看望病中的傅先生,他很关注本次颁奖典礼举行,我也在此祝福傅先生早日康复,健康长寿!

陈尚君　二〇一五年十二月十七日

我知杨镰

三月下旬某日,早醒,习惯从床边摸出本书来翻,是杨镰的《元代文学与文献研究》。深深被其吸引,睡意全无,且有写点文字的冲动。没过几天,传来杨镰新疆车祸去世的消息。震悼之余,方想到从没见过他,仅有一次文字交集也不算太愉快,我连悼念他都不够格。倏忽七个月过去,一直感到歉疚,仍想写出那个凌晨的感动。

我听说杨镰,是 1991 年夏,我校辑的《全唐诗补编》处理最后一校,包含 1981 年出版《全唐诗外编》修订本,仍保存郭沫若在《出土文物二三事》中特别推荐的米兰古城发现唐元和间青年坎曼尔的三首诗。此前也见《光明日报》刊文谓写诗古纸后映衬的西域文字,元以后方出现,或认为诗中馕字出现也属晚近事,但都不足轻易否定这张有"元和十年"绝对纪元题诗的可靠性。这年《文学评论》第 3 期刊杨镰长文《〈坎曼尔诗笺〉辨伪》,分上、中、下三篇,上篇为研究史,提到我前所读到疑伪文章为萧之兴撰,背后文字为察合台文,坎曼尔为十世纪后方传入的伊斯兰教特有名字,并言萧氏前,苏联已有反驳,张政烺在多种场合也有怀疑,但未成文。多数仍信其真,《唐诗鉴赏辞典》且以诗笺为附图,影响很大。中篇为质疑,追溯五六十年代新疆博物馆的南疆考古,考察原件照片所示原纸粘连及揭开之疑团,再就三诗内容逐一分析,包括自称汉人的可能性,以及诗中"诗坛"、"欣赏"、"东家"三词的计算机检索结果,均不合唐人表达习惯。下篇证伪,一是对诗笺发现经过的调查,二是诗笺制造过程的分析,三是直接证据的发现,找到了诗笺在 60 年代初的直接书写人。这首所谓唐诗,真相如此不可思议,作者追索真相、穷求不已的治学态度,更令我感动。我立即去信书局,请将此三诗撤下,附说明云:"坎曼尔《诉豺狼》。按《文学评论》一九九一年三期刊杨镰文,考定所谓《坎曼尔诗笺》为本世纪六十年代初伪造,举证确凿,毋容置疑,今据删。"否则真笑话闹大了。

我与杨镰惟一的一次交集是因当代中国出版社许多人挂名的《中国历代僧诗全集》,其中唐五代部分就是清编《全唐诗》和拙辑《全唐诗补编》的简单拼合,连僧传灯录都没有覆检,虽逐条说明来源于拙书,如此大面积的沿用,根本没与我打招呼。我托人询问,杨寄来三册书,并表示歉意。他在其中具体负责哪些方面,则书中无说明,我也不知其详。此后读到他的《元诗文献辨伪》,真心佩服,他也注意到我专治唐代,在我到文学所做讲座时,特意留话因在外地无法参加。我与他的研究领域虽然交集处很少,但有一点是相同的,他做元,我做唐,是所谓一代学者,我看他如此,想来他看我也会如此。

杨镰学术上最重要的建树,是主编《全元诗》,2014年由中华书局出版,凡存诗13万首,作者近5000人,数量相当于《全宋诗》之五分之三,是《全唐诗》的两倍半。立国时间不算太长,且在蒙古治下,有如此丰富的诗作,出乎意料。80年代说七全一海,《全元诗》由两位老辈学者翁独健、陆峻岭领衔,后来如何变化,完全不知道。2011年在中华书局聊天,方知杨镰书已交稿。后来书出了,有朋友愿送我,也以无处安放谢绝了。我专心治唐,元代似乎有些遥远。回到文章开始的那个清晨,我突然看到他的学术建树是如此杰出,甚至说伟大也不嫌过分。没有编过一代文献总集,无法理解此一工作之不易,我理解了,他却走了。

杨镰《元诗文献辨伪》说:"为编辑《全元诗》,我们在近20年间坚持不懈地进行了元诗文献普查,文献普查涉及元人别集数百部,总集近百种,其他有关文献超过一千部。元诗文献研究,实质是元诗文本与元代诗人生平的综合研究。"朴实的叙述中,付出之巨大,说来云淡风轻,但经过必极其艰辛。盖编纂此类总集,一要求全,必须翻检此一时代的所有典籍,以及后代可能载及此代作品的典籍;二要求真,即录在某人名下的作品,应该确认是其所作,做过斟酌互见、辨析伪托的工作;三要求是,即要广征善本、仔细校订方可。这些工作,要网罗一代,没有孑遗,诗人众多,作品交叉,要甄善美,谈何容易。《全唐诗》编成至今逾三百多年,无数学者就作者事迹、作品佚存、诗歌互见、传误辨伪等问题作了无数考订,我治此已逾35年,仍几乎每天都会有新的发现。

元诗文献辨伪,四库馆臣仅鉴别了署王偕的《荻溪集》一部,此后未有继续。杨镰鉴伪者多达几十部。如他发现张观光《屏岩小稿》与黄庚《月屋漫稿》居然是同一本书,张有名而黄生平较晦。杨镰找到吴师道为张集所作序,再以存诗比照二人生平行事,发现皆不合,因断该二集为明人依据宋林景熙、元释英等诗,拼凑的伪集。王士熙《王鲁公诗钞》、王祯《农务集》是据《元诗选》录出的伪集,严士贞《桃溪杂咏》是据《石仓历代诗选》伪造,后者录朱晞颜《鲸背集》诗则伪题宋无撰,俞琰《林屋山人漫稿》、吕彦贞《沧浪轩诗集》、宋体仁《成性斋集》、夏天佑《正思斋文集》亦皆属伪书。杨镰揭发明人批量伪造别集,并归纳作伪的多种手法,保证了《全元诗》的质量,也值得所有学者引以为戒。

元诗佚书寻觅也多可称。杨镰说到两种总集,一是《郭公敏行录》,常见有《宛委别藏》本,善本则有国图存元至顺刻本,所载为名臣郭郁宦游酬赠之作,存诗271首,是很特殊的个人文献总集,二是不见载录的《述善集》,1986年由河南濮阳村民公布,为其家秘藏六百年的秘本,保存此一色目家族从择居濮阳以后百年间的家族文献,结集于明初。

杨镰特别用力于对元代蒙古、色目(即西域)双语诗人以及也里可温的研究,描述这些作者及其家族融入汉文化的过程和民族痕迹,对萨都剌、薛昂夫、金元素等皆颇用力。《菊林诗人金哈剌元素》,记录家族有基督教背景的诗人金元素,《元诗选》和《永乐大典》存诗皆无多,前者且将一人误作二人,杨镰据周清澍、萧启庆的论文,知日本内阁文库存江户写本《南游寓兴》,使其诗增加到368首,并将其生平基本理清。对乃蛮人答禄与权尤多发明。他从文献考知与权祖父抄思是蒙金三峰山之战功臣,曾至禹县考察古战场。与权出生扶沟,仕元至正五品,归明后从宦近十五年。杨镰据文献勾勒其生平,从《永乐大典》辑得其诗 51 首,并到其故里今河南洛宁寻访遗迹,试图找到答禄家族定居地双溪未果,却意外地发现宋濂赠与权诗所记乃蛮服饰"红鞋金带荔枝花"的特点,在洛宁山区一直保留男孩穿红鞋的风俗,确认消失多个世纪的西域乃蛮族,就这样走入历史,保存遗俗。中国历史上有几次大的民族融合,魏晋南北朝到唐代研究最多,宋辽金元和满清至晚近的融合,今人研究尚少。了解宋元间民族融合之实况,以及各自传衍和存世之诗文,无疑具有重大意义。周恩来据说是元代穆斯林的后裔,白崇禧的先人据说可以追溯到元代状元札哈鲁丁。

杨镰是兴趣广泛的学者,对文学创作、新疆考古和元代文献都有浓厚兴趣,著作也多。最后回到大漠的怀抱,也算是人生的宿命。《全元诗》足让他在中国当代学术史占一席之位。我尚无暇通检,但从他的论文知他追求卓越。我也希望读者理解,这类著作决不可能一蹴而就即尽善尽美。《全唐诗》编成 300 多年了,尚且如此,初成的《全元诗》必仍有误收与漏辑,逐渐校补吧。

最后想说,唐诗与元诗有没有交集呢?今知《全唐诗》误收元人诗,大约有 80 到 100 首,大多是明清人援据文献鉴别不精或有意造伪而造成。《全元诗》中是否有误收的唐诗呢,我还未及通检。但已知元诗文献中至少保留了一首唐人佚诗,这就是唐时曾任河南少尹的裴处权《题故卢谏议书堂》:"倚杖溪亭曙,回环胜画图。峰峦摩碧落,云水误清都。潭冷知龙卧,巢低惜鹤孤。石苔摘瑞锦,松露缀真珠。小隐前朝盛,幽栖近日无。他年婚嫁毕,绝顶老樵苏。"北宋朱长文《墨池编》卷六载:"唐《题鸿胪书堂》诗,裴处权。""鸿胪"二字为卢鸿之倒。宋时有石刻留存的这首诗,在唐诗文献中从未见载,但在《嵩书》卷一四和《雍正河南通志》卷七四中,则作为元诗一直存在。谁能说元诗与唐没有关联呢?

二〇一六年十一月六日

徐松案与清廷反腐

徐松(1781—1848)是清嘉道间最有成就的学者。他二十岁中举人,二十五岁中进士,且是被号称清代科举龙虎榜之嘉庆十年榜的一等第二名。寻授翰林庶吉士,三年后散馆任编修,进入南书房,官场的美好前景似乎已经铺就。三十岁领衔担任皇家重大编修工程《钦定全唐文》的总纂官,一年后外任湖南学政,掌管全省的"学校政令,岁、科两试",正是春风得意的时候。然而好景不长,次年末遭到弹劾,受到遣戍伊犁效力赎罪的严厉处分,人生命运就此改变。虽然七年后允许归京,但从此仕途偃蹇,到六十八岁去世前方检任榆林知府,品级与学政差不多。学者不幸学术幸,他因遣戍伊犁而研治西域史地,成为清代西北史地学的拓荒者,所著《西域水道记》《唐两京城坊考》《登科记考》更成为学术史上的不朽经典。

徐松获罪遣戍的原因,在事后百年一直仅在传闻间,如姚莹认为是"父干正事"(《赵慎畛行状》),李详述缪荃荪谈话认为是"随棚厨夫卖茶点与诸生敛钱,事涉徐之封翁"(《药裹慵谈》卷三)。至清廷逊位后,陈垣方利用清内府档案所存赵慎畛奏折和初朋龄拟奏,撰《记徐松遣戍事》(初刊《国学季刊》五卷三号,1936年9月,后收入《陈垣史学论著选》),大体认定获罪原因是刻印《经文试帖新编》令生童购买而得利,并考出姚莹的错误是将浙江学政朱士彦事与徐松事误混。友人朱玉麒教授继《西域水道记校注》后,新出《徐松与〈西域水道记〉研究》(北京大学出版社2015年版),利用中国第一档案馆所藏清代内阁、军机处、宫中档、内务府全宗档案开放的方便,充分查证所涉该案的上谕和奏折,较完整地还原了全案的真相。这一事件之揭示,不仅对徐松研究极其重要,对了解清廷在处理案件过程中的调查取证、审判断案,以及所涉制度防腐和惩诫案员的举措,都具有启示意义。

徐松于嘉庆十五年(1810)十月二十八日抵达长沙,三日后即奏报到任情况,重申牢记皇上"整饬学校、录取真才之至意",表示将"实力甄厘,悉心训敕"。在任一年有两份工作汇报,一份写于次年正月,是收到上谕"实心校士,正人心为本"之训示后,表示"即由长沙起程,前往宝庆、永州、桂阳、衡州等处举行岁试",另一份在半年后,报告在六州府举行岁试过程,士风之观感和改变之举措。同年岁末湖广总督马慧裕密折也认为徐"考规俱尚严谨,阅卷发案亦能迅速"。宝庆府县学生魏源,这时曾得到徐松鼓励指点,其后终身师事之。

嘉庆十六年(1811)十一月二十日,礼科给事中赵慎畛以风闻上《奏为湖南考试收受钱文请敕下湖南巡抚详密奏明办理事》之弹章。赵为湖南人,负有言责,举报徐松涉嫌罪愆。陈垣将赵之弹章分理为九款,即一乘轿进棂星门,是对孔圣之大不敬。二重价发卖诗文,"每学发交《阴骘文排律诗》《乙丑会闱经文》",篇幅不大,定价很贵,士子推卸不领,教官垫钱难堪。乙丑就是徐松登科之嘉庆十年,似乎是要生员出重价买自己的成名作文。三、取优等生员,点名前各缴钱数百文。四、加增红案陋规。五、滥取佾生索费。六、纵容家丁凌辱士子。七、卖给熟食,每人索钱数百文。八、考试武童,强取弓箭,仍复发卖。九、出题割裂经文,所出《四书》题有"室车"、"至于犬"、"不畜牛"等。各事有大有小,赵仅说"都中纷纷遍传",他将所闻奏上,请皇上下敕查明。赵在当时负直言之名,他的上奏,嘉庆帝当天就发上谕批转,要求正在湖北处理周季堂案的工部左侍郎初彭龄在事毕后,立即转往湖南,会同湖南巡抚广厚"切实查究","如得有一二款据",即将徐"革职拿问"。在事实还没有清楚的第二天,再发上谕委任汤金钊为湖南学政,相信了赵奏的基本事实。

当时上谕仍靠驿传,身在湖北的初彭龄到十二月二日接到上谕,立即奏明行程,两天内完成周案,五日启程赴湖南,十二日可以抵达长沙。初是山东即墨人,乾隆四十五年进士,此前曾仍御史、云南巡抚、因直言能干,嘉庆朝多次受派查办贪渎案件。湖南巡抚广厚则是满洲镶黄旗人,乾隆四十三年进士,历任甘肃按察使、安徽巡抚等职。二人一满一汉,且资历深厚,办事老成,嘉庆帝指定二人查办徐松案,有他的考虑和信任。

初彭龄十二日到达长沙后,即与广厚对徐松停职拿问。四天后即十六日上奏初步调查结果,对赵奏九款罪行一一回应,部分与事实稍有出入,如"加增红案陋规""优等生员缴钱"之类,而如"乘轿进棂星门",徐松坚决否认,拟续调地方官员来核实;"纵容家丁凌辱士子"则家丁坚不承认,查证的最严重问题是向下属各府州属县发交自著《经文试帖新编》事,"徐学政曾发给(长沙)府学一百四十本,长沙、善化两县学各一百二十本,令分给士子,每本缴银三钱六分。其士子有不愿领者,实系该教官等垫缴价值"。初彭龄的结论是有错失的部分,如"违例将备卷童生竟行发县充俑,又出题割裂,并失察轿夫隶役抢拾箭枝、索取点心钱文,均属有乖职守",即工作有失误,对下属管教不严,而"发给各学书籍派令缴价,又令优等生员出钱以为刻文之费,已与勒索无异",这是分摊卖书,故意敛财,罪名足以成立。初彭龄的工作效率确实很高,但他也说明,更进一步的结论还要有待更进一步讯问当事人和所涉各方后方能做出,但就初步调查,至少可落实一项罪名,即根据上谕,接受学政关防,将徐革职待罪。

初彭龄发出初步调查所见后,陆续调及全省各府县相关人员,调查取证,同时也让徐松元人对此作出口供。徐松对各款皆有说明,如有关乘轿进棂星门事,说明是在谒孔庙时,因天雨没有在下马牌下轿,自己因轿帘放下,未察觉,到角门外方知悉,即将轿夫呵斥,有误察,没有大不敬情事发生。再如出题,本来是想防闲生童抄袭,因而出了些偏题,"细思实属割裂句读,有乖文体"。对最严重的卖书事,他解释旧作《阴骘文排律诗》"对偶工稳之之中兼寓劝惩之意",另选文数十篇也"词义醇正",认为"可以启迪后进",遂印了六千册,发出四千十册,卖出二千三百多册,"实是糊涂见小"。口供最后说:"我蒙皇上恩典,简放学政,不知检束,出题割裂文义,违例滥准佾生,不派教官监场,又失察家人、书役、轿夫藉端需索，已无可辞咎，况又冒昧令优等生员出钱刊刷考卷，并将自己书籍散卖，实属辜负天恩，只求将我从重治罪。"虽然有解释，但大多应承，而且他很清楚知道前几项是工作失误，"冒昧"以下二款罪责难脱。初彭龄的结案拟折，则在充分调查后，认为赵所弹九款罪行，如乘轿进棂星门、加增红案陋规、家丁凌辱士子三款可以免除，其他五款虽属实，但"均属轻罪不议"，即议也"咎止降罚"，唯有"将书籍分派教官，转令生童购买，除去工本银外，计得余利银四百七十六两"，属贪赃索贿之罪，根据刑律"监临官挟势将自己物货散于部民多取价者"，以"不枉法、无祸人"论罪，定罪"杖一百、流三千里"，"发往新疆效力赎罪"。也就是说只有这一款构成利用自己的官职，把自己的货物发卖给属下，收取盈利，其间虽然没有枉法，也没有害人，但仍属重罪。

初彭龄的结案奏议于嘉庆十七年正月七日发出，随即北上，十一日到岳阳，方收到嘉庆帝对他初步调查所作之批谕，认为徐松"身为学政，罔顾廉隅，取戾甚重"，要求就三方面问题继续追查，一是长沙府外其他州府的勒索情况，二是对其出题割裂经义议罪，三是调查他平日所作诗文有无违碍内容。可以说，嘉庆帝不但要穷究徐松卖书索利的行为，还指示从科场命题和诗文违碍两方面加以追究，这些正是清代文字狱的核心内容。初彭龄当天即将上谕转发长沙，并于十三日回奏，当然肯定皇上英明，洞察秋毫，但也说明所涉湖南各州府卖书情况，就徐松口供和各州府调查，已经全部理清奏进。徐松所印书籍内容，系用浙江旧本，"立意尚为工整"，即不涉及违碍内容。至于其抄出赀财及所作诗文内容，则因自己已经交割，建议交由湖南巡抚广厚和新任学政汤金钊来处理。

话分两边。初彭龄十三日奏议，二十三日到京，嘉庆帝即下上谕给湖南巡抚广厚和学政汤金钊，要求"即将徐松任所赀产严密查抄，并将伊平日所作诗文查出"，"如有词涉悖缪者，逐一粘签进呈"，是欲穷究到底，且欲往文字狱方面罗织之决心，可见其对徐松有负皇恩的恼怒与严苛。而广厚则早在十一日当天收到初彭龄转来上谕后，次日上午立即会同省司府道县并标下中军参将对徐松寓所严密查抄，所得为衣物 414 件，镀金首饰 30 件，银花银器 20 件，纹银 553 两 8 钱，元丝银 141 两，制钱 12 贯，朝珠 5 盘，以及其他零物。所有衣物首饰，"多系蒿旧，并无值钱之物"。于是讯问徐的管家，管家告家主"家道贫苦，素无产业"，出为学政，虽然"养廉丰厚"，即薪俸不薄，但日常开支和偿还积欠外，所余无几，因此方"刻书售卖，希图利息"。而且徐松在湖南并无亲朋，因此不存在隐匿赀产的情况。至于其家中书籍，仅查到经史类书籍 95 种，内容并无违禁。至于其自作诗文，则没有查到，讯问本人，供认早年所作未能工稳，因而未留稿，其后编修《全唐文》及到湖南学政，则因公务繁忙无暇写作。在这里看到广厚办事之迅速和小心，不仅当天就完成抄家，且将省府主要官员全部拉到现场以作见证，以示绝无包庇。

由于通讯之阻隔，广厚二十二日发出查抄结果的上奏，到二月五日又收到嘉庆帝二十三日穷加究查的上谕，乃会同汤金钊再作覆查，主要检查徐松的藏书和自作诗文，最后结论仍与初彭龄一致，"所犯各款，亦惟卖书一项最重"，所涉书籍和诗文"并无违悖"。覆查奏议二月二十八日发出，三月二十八日朱批"知道了"，刑部据朱批定谳，"杖一百、流三千里"，"发往新疆效力赎罪"，与初彭龄最初所拟一样。从赵慎畛弹劾，到最终结案，大约历时四个半月。

由于清宫档案的充分公布，也由于朱玉麒教授的仔细搜辑和梳理，上述徐松案的过程和细节可以说已经基本清楚了。我不治清史，更没有能力发掘第一手文献，以上所述所引，全部出于朱著和陈垣文，务请读者鉴谅。但读完相关论著后，更有许多之感慨。

首先，徐松出事虽然似出偶然，但也属必然。他出生贫寒，父亲没有官职，仅其伯父徐立纲在乾隆四十年（1775）中进士，后两任安徽学政，家族状况有所改善。他早年也因此得以接触一些著名学者，在举业之余得到良好的学术训练。他骤得高第，年轻得意，又得君、相之信任（他登第时的主试为大学士董诰），三十岁就担任《全唐文》的首席总纂官，在施展才华的同时，不免有任性恣为的另一面。《全唐文》在文颖馆编修，嘉庆帝将内府图书和《永乐大典》调入，充分提供方便。《永乐大典》当时尚存两万余卷，外间无从见到，仅全祖望和后来的四库馆臣曾两度利用辑佚，这次是第三次供学者利用。徐松在一年多时间里，除主持《全唐文》编务，似乎对《永乐大典》中四库馆臣未曾辑佚之著作抱有更大的兴趣，先后从中辑出《宋会要辑稿》《宋中兴礼书》《河南志》《秘书省续编到四库阙书目》等大量遗书，总字数即便不到一千万，大约也有七八百万，而且前二书可以说与《全唐文》一点关系也没有，这是稍具文史知识的人都能理解的。虽然从学术史来说，此项工作功德无量，但就朝廷所委工作来说，显然属于假公济私。参与《全唐文》编修的其他各位也利用《永乐大典》做了许多自己的研究，但篇幅都不大，惟有徐松胆子大，让书馆的抄胥用《全唐文》的稿纸，抄出那么多佚书，也不知报备过没有，至少此事没有引起言官的注意。以同样的态度当湖南学政，面对数千屡试不中的举子，他的想法就过于想当然了。

  从唐宋以降，朝廷即设言官，凡政事有阙失，官员有失德，可以风闻奏事，除非恶意诬谤，一般可以不负言责，即所奏与事实有些偏差，朝廷也不加深究，即保护了言官的事职。徐松在湖南的施为，即便小有出入，也通过官员和举子的口耳相传，传到京城。与徐松案相关的几位官员，包括首先弹章的赵慎畛，我们姑且认为以前与徐松全无过从，更无恩怨，在场面上都做得非常及时而周到。

  赵慎畛上奏，仅说自己因为是湖南人，听到了这些，至于是否属实，请皇帝派员去调查。虽然结果在所奏九事中，坐实的仅一件，其他均有夸大或不实，但赵并不承担罪责。这里还涉及清代的密折奏事制度，即部院大臣和地方大员都可以就所知直接给皇帝上折言事，不必经过一层层上司，而要员更要定期汇报工作，给下属主要官员考评，并将在地方上见闻上报。徐松案已发生，但湖广总督居然全无所闻，仍给其作肯定评价，仅仅因其老成，留一笔说了解不够，无法考绩，避免失察。

  嘉庆帝在清列帝中仅属中主，但在徐松案中，一是对臣下奏事处置迅速,二是指示明确,这可以见其勤政。同时,他因信任的臣下辜负了自己的付托,因愤怒而穷究,甚至多次指示超越赵慎畛奏事的九点,以罗织文字狱的办法加以深查,更显出其为人忮苛的一面。在反复追查终无所获后,他将广厚的奏议留中二十天,最后无奈接受下属的结论。两年后伊犁将军松筠奏请以徐松充任笔帖式,也被他否定。

徐松案中几位主持案件审理的官员,给人以深刻印象。初彭龄史称正直能干,嘉庆朝多次受委处理官员犯赃事件。对皇帝交托的案件,无疑要及时妥善调查清楚,做到不偏信,不枉纵,还有不惟上,一律以事实、律条为依据。这里说不惟上,当然是现代表述,他对嘉庆的每次上谕都恭敬回复,认真执行,绝不拖延,更无包庇,但也不加诬枉。广厚是满员中的能臣,资历深厚,处事更求周全。初彭龄是钦差大臣,前一阶段他仅属配合,后一阶段由他与新任学政汤金钊一起调查,他查封徐家,将省府官员招齐,汤刚上任,与他也说不出私谊,因此可以秉公处理。了解清代文字狱者必然了解,这是大逆罪,动辄株连九族,满门抄斩。皇帝已经动了杀心,所幸这两位大臣没有加以网罗周织,能深入调查,秉公奏议,徐松虽遭重挫,但终于未至论死。

遣戍案改变了徐松的人生道路,是他仕宦之大不幸,但也成为他作为一流学者之大幸。

徐松本人学术之起步是任《全唐文》总纂官。虽然他个人之具体贡献没有详尽记录,但我认为全书编纂的总体框架和具体方略,应由他制定。《全唐诗》是以胡震亨《唐音统签》和季振宜《全唐诗》两书拼合而成,没有普查文献,仅稍补后见文献中的佚诗。《全唐文》虽也以陈邦彦初编为基础,但首先是利用内府藏书作充分普查,据《永乐大典》和佛道二藏、地方志、石刻碑帖充分辑佚,因而达到很高水准。这是乾嘉后学风变化的结果,也与徐松的学养格局有关。《全唐文》编成时,徐松已经遣戍四年,仍以"原翰林院编修"领衔总纂官,正可看出他当初贡献之巨大。

徐松之治学,不仅有扎实之文献与精密之考据,更具有宏伟之构想与合理之布局。《唐两京城坊考》据《长安志》与《河南志》的记载,努力恢复唐代两京的宫城和坊里;《登科记考》据零星文献完整拼出唐科举兴废和历年制度的变化,恢复逐年之考官、考题和登第者,实在非大手笔不办。只要比较差不多前后成书的《宋东京考》,就知道徐松如何超越了一个时代。遣戍新疆以后,他将治学中心转向西域地理,不仅笺释《汉书·西域传》,搜罗历代文献,更利用在新疆的漫长岁月,认真踏勘新疆的山山水水,完成具有现代西域地理学开山意义的著作《西域水道记》,带动其后两百年新疆和中亚历史地理的研究新潮。

我认识朱玉麒教授始于90年代初,那时他刚从南京师范大学毕业,长于书法篆刻。后来负笈北上,在北京师范大学师从赵仁珪教授和启功教授,专功古典文献学,博士论文是张说集版本研究,曾赠与我,用力极深,至今未定稿出版。此后他到新疆师范大学任教,中间到北京大学历史系从荣新江教授做博士后,专治《西域水道记》。他在新疆工作时间超过徐松戍疆之两倍,在新疆史地研究方面用力极深,主编《西域文史》更赢得国际声誉。本文开始所举他的两种著作,历时超过十五年方完成,我没有能力加以评述。粗作翻阅,我只能说他将传统文献学之工作发挥到极致,徐松著作之整理追溯到他存世手稿的任何一张碎片,徐松生平的研究充分利用各种今所能见之中外文献和公私档案,对徐松著作所涉新疆之研究则不仅广征文献,鸠聚中西,更包含大量新疆现代地理调查和考古发掘的收获。2012年夏由他主持在新疆开唐代文学年会,我建议他将学位论文整理出版,他说来不及做,现在理解,他最近十多年的心力都交给徐松了。

二〇一六年二月二十一日于复旦

汇校全部唐赋的可贵努力
——《全唐赋》述评

不加选择地汇编一个时期的全部作品为一帙的设想,在南宋已经有人提出,洪迈《万首唐人绝句》、赵孟奎《分门纂类唐歌诗》即属此类著作的最早实践。经明至清初几代学者的努力,以钦定《全唐诗》为标志,此类"全"字头大书得到学者的普遍欢迎和接受。从现代学术的立场来看,由于文献的纷繁复杂和研究基础的欠缺,《全唐诗》确实存在严重的漏收、误收、重收情况,以及小传简略、编次失序、校勘粗疏等缺憾,但能够将唐一代的诗歌汇成一帙,给学习、诵读、研究唐诗的各种不同文化需求的读者以披检利用的巨大方便,不能不说是著作形式的一项重大突破。清代继起而作者有郭元釪编《全金诗增补中州集》七十二卷、李调元《全五代诗》一百卷、徐松等《全唐文》一千卷、严可均《全上古三代秦汉三国六朝文》七百四十六卷,虽成就和评价各有不同,但都能汇聚文献而造福学林。近代以来,此项工作为许多学者所继续,著作亦丰,在此不一一列举。最近三十年,中国大陆重视古籍整理,尤鼓励大型文学总集的编纂,在高校古籍整理工作委员会的支持下,一时曾有号称"七全一海"的八大项目上马,虽然编纂进展和学术水平仍难免参差,但从已经出版的《全宋诗》《全宋文》《全元文》等书来看,基本达到了汇聚一代文献的目标,出版后受到学者普遍的欢迎。当然,也引起为各书辑佚补订的热潮,这很正常。清辑全唐诗文已经两三百年无数学人的纠补,现在还不断有新材料和新问题的提出,怎么可能要求更晚近而存世作品也更丰富复杂的宋以后文献编纂,一次就达到完美具足呢?

就我所知，台湾学者的计算机使用和网络普及，大约比大陆学者要早五到十年。而在古籍文本的整理方面，台湾的古籍数字化工作也曾大大领先于大陆学者，但就古籍文本的校订、整理、汇纂等类工作来说，则因学术评价机制之不同，虽然几十年来有关著作始终没有间断，但也没能如大陆那样形成风气。不过最近几年，情况已经有很大的变化。先是见到由主持人施懿琳和协同主持人许俊雅领衔的"全台诗编辑小组"编纂《全台诗》的陆续出版（远流出版公司2004年起），再是许俊雅、吴福助主编《全台赋》的出版（台湾文学馆筹备处2006年），另知黄哲永、吴福助主编《全台文》也在编纂中，都是很可贵的工作。

《全唐赋》八册，按传统古籍分卷的习惯分为六十卷，里仁书局2011年10月出版。全书署"逢甲大学唐代研究中心、中国人民大学编校，简宗梧、李时铭主编"。书首有逢甲大学校长张保隆出版序，简宗梧序和李时铭《〈全唐赋〉编校记》，以及《〈全唐赋〉编校说明》。正编部分收录唐五代赋作1714篇，作者535人。书末附录《通同字、异体字表》《参引书目》《作者姓名笔画索引》《作者姓名音序索引》《篇名笔画索引》《篇名音序索引》。据李时铭《〈全唐赋〉编校记》介绍，此一工作从2004年启动执行，历时六年编校方得完成，除163篇为詹杭伦教授与中国人民大学同仁承担，其余均由逢甲大学完成，仅最后定稿就历时三年方得告竣。我粗作检阅，深感此套书文献丰备，审订精审，校勘认真，取舍谨慎，体例周详，索引规范，是台湾近年古籍基本文献整理不可多得的力著，可以成为今后很长一段时间内唐赋研究的基本史料。

以下就我粗略披览所及，对此书成就略作评述，以就教于编校者，并供读者利用本书之参考。凡所见偶异者，亦皆随文揭出，疑义相商，不敢自是，幸祈全书可以逐渐趋于完善。

一、《全唐赋》的成立与赋作存录

简宗梧教授序中说到《全唐赋》的编纂缘起是受到北京大学费正

纲教授等编校《全汉赋》的启发,并感到《全唐文》部帙浩大,翻检不易,
且错讹多有,乃有此书之展开。我还想补充的是,虽然前人一般都将
赋划入文的范围,但从目录学分类来说,楚辞在集部始终占据单独的
一大类,赋本身有其文体的独特地位,介于诗、文之间,但与诗、文又各
自有所区隔,既是诗也是文,既不是诗也不是文。明乎此,则《全唐赋》
在学理上有可以独立成立的理由。当然,今后如果有新编全唐文的完
成,仍会将《全唐赋》的所有内容包罗其间,毕竟将赋视为文已经成为
长期的习惯。就如同有人谏议将颂、赞、铭、箴一类韵文都视为诗歌补
入历代诗歌总集,从诗歌形态上说是合理的,但从六朝文体论形成后,
在诗、文分野上历代已经有基本的共识,没有必要作轻率的改变。

《文心雕龙·诠赋》以为赋"拓宇于楚辞",《汉书·艺文志》则分别
列屈原等赋、陆贾等赋、孙卿等赋和杂赋,录七十八家,骚体全部收入,
且含《成相辞》、《隐书》一类作品,是赋所包括范围很广泛。唐赋的大
端当然是因科举而派生的律赋,但后起的文赋也已萌动,有不少新的
气象。虽然《全唐赋》基本依凭《全唐文》系列著作采录唐赋,但取舍也
不是一件容易的事情。李时铭教授《〈全唐赋〉编校记》第二节较详细
说明全书的收录范围,解释在涉及杂文(包括对问、七、连珠、解)、骚
体、词文等类作品的去取原则,考虑较为周到,大体颇为妥当。

大陆学者叶幼明曾作统计,存世唐五代赋约为 1626 首,其中且包
括一些不完整的赋篇①。《全唐赋》基本只收完篇的赋,所收作品达到
1714 篇,超过叶氏统计近百篇,是在严格界定唐赋收录范围以后的收
获。通检全书,可以发现所收作品包括吊祭文,如法琳《吊屈原篇》
(1/1/71)②、陈子昂《吊塞上翁文》(1/4/400)卢藏用《吊纪信文》(1/5/
453)张说《吊国殇文》(1/4/422)、李华,《吊古战场文》(2/7/710)、独孤
及《吊道殣文》(2/13/1255)、柳宗元《哀溺文》(4/27/2451)、《招海贾

---

① 叶幼明《辞赋通论》第三章《辞赋发展概述》,湖南教育出版社 1991 年,第
106—107 页。

② 本文凡引《全唐赋》所收作品和作者,均在其后加括号注明在该书的册、卷、页,
并省略书名,以避繁累。如(1/1/71),即指此赋见《全唐赋》第一册第一卷第七一页。

文》(4/27/2453)、《吊苌弘文》(4/27/2456)、《吊屈原文》(4/27/2459)、《吊乐毅文》(4/27/2462)、欧阳詹《吊汉武帝文》(4/28/2559)、刘禹锡《伤我马词》(4/29/2606)、李翱《准制祭伏波神文》(5/32/2943)、白居易《哀二良文》(5/35/3190)、孙樵《吊屈原辞三章》(7/46/4139)、陆龟蒙《哀茹笔工文》(7/47/4279)、《祭梁鸿文》(7/47/4282)等;对问,如卢照邻《对蜀父老文》(1/2/221)、孙樵《寓居对》(7/47/4222)、《乞巧对》(7/47/4224)等;骚体,如卢照邻《狱中学骚体》(1/2/226)、陈子昂《春台引》(1/4/402)、卢朝征《谒岳庙文》(3/18/1663)、刘蜕《悯祷辞》(7/46/4137)、皮日休《九讽系述》(7/46/4181)、《悼贾》(7/46/4192)、《反招魂》(7/46/4198)、陆龟蒙《迎潮送潮辞》(7/47/4283)、《问吴宫辞》(7/47/4286)等;七体,如沈佺期《七引》(1/4/442);文赋,如韩愈《进学解》(4/27/2395);杂文,如韩愈《送穷文》(4/27/2392)、《讼风伯》(4/27/2400)、柳宗元《乞巧文》(4/27/2432)、《骂尸虫文》(4/27/2435)、《斩曲几文》(4/27/2438)、《宥蝮蛇文》(4/27/2440)、《憎王孙文》(4/27/2443)、《逐毕方文》(4/27/2445)、沈亚之《为人谏乞巧文》(6/41/3711)、《祝樝木神文》(6/41/3714)、段成式《送穷文》(7/46/4133)、孙樵《骂僮志》(7/47/4226)、司空图《障车文》(7/48/4327)等。虽然可能许多细节都值得讨论,如同为骚体的祭文,收录了多篇吊祭古贤及泛称者,但吊祭今贤亲友者则均未取,但就大端来说,我对以上的取舍都很赞同。

有疑问的倒是涉及诗赋同体的一些作品。李时铭教授《〈全唐赋〉编校记》已经说到白居易《新乐府·骊宫高》在《和汉朗咏集》中的例子,收入本书的如敦煌所出刘长卿《高兴歌》别题《酒赋》(2/8/826),刘希夷《死马赋》(2/11/1009)、卢立身《龙门赋》7(7/52/4687)全同歌行,这些正可以看出唐人对赋与歌行关系的特殊认识,是不妨分别收入诗和赋的总集的。至于杜光庭《纪道德赋》(7/48/4349),虽然《全唐文》卷九二九和《历代赋汇·外集》卷一三,但此则源自后蜀何光远《鉴诫录》卷五《高尚士》,称"又吟一言至十五言《纪道德》《怀古今》两篇,不惟体依风雅,抑且言征典谟,名公之中,可谓大制者也"。是属于宝塔体的诗歌,唐人屡有一至七言或一至九言至作,若此长句,堪称难得。《全唐文》以两篇统称《纪道德赋》,殊失其实。

就我目前掌握之资料,认为《全唐赋》所收唐五代赋已经堪称完备。缺收者,可能只有南宋刘克庄《后村诗话》卷六所载李商隐《虎赋》《恶马赋》两篇。《虎赋》云:"西白而金,其兽唯虎。何彼列辰,自龙而鼠。善人瘠,谗人肥,汝不食谗,畏汝之饥。"《恶马赋》云:"彼骑而龁,孰为其主?彼㿦而蹄,孰为其圉?五里之堠,十里之亭。癣燥饥暍,不择重轻。亭有嗫吏,曝之为腊。又毒其吏,立死丁枥。"二赋在拙辑《全唐文补编》卷七八已经揭出,很可能是《全唐赋》编辑时视作残篇而不取。《后村诗话》同时据《玉溪集》录三赋,另一篇《蝎赋》云:"夜风索索,缘隙凭壁。弗声弗鸣,潜此毒螫。厥虎不翅,厥牛不齿。尔今何功,既角而尾。"也是一样的短小。《全唐文》卷七七一收了《蝎赋》,还收了同样很短小的《虱赋》:"亦气而孕,亦卵而成。晨鹭露鹤,不如其生。汝职唯啮,而不善啮。回臭而多,跖香而绝。"可知《后村诗话》所录三赋皆是完篇,应予补出。另拙辑《全唐文补编》附《全唐文又再补》卷八据英藏敦煌遗书斯五五五号录《五台山赋》亦未收,可能是对其文本的可靠尚有怀疑。

《全唐赋》不收零残。李时铭教授《编校记》云:"其余的零篇断句,则计划留作附编。"应该已有积累。笔者二十多年前辑录《全唐文补编》时,即留心残篇佚句的网罗,于唐赋残篇亦偶有所得,同时且拟编《唐文待访目》,网罗唐五代文赋之见于记录而无原文留存者,所得亦不啻数千篇。谨将有关唐赋部分检出,附于本文之末,以为《全唐赋》编校诸教授参考。

就《全唐赋》已收及本文附录所揭零残散佚篇目统计,今知唐人赋之写作已近二千篇,可称富足矣。

二、《全唐赋》之校勘

赋的特点即是铺排文藻,显示辞采,所谓博学宏词,锦绣黻黼,为汉魏以来所承继。虽然唐赋的创作取向已经发生很大变化，但重视辞采的特点并未改变，加上流传的善本不多，前人也缺乏深入的研究和仔细的校勘，为《全唐赋》的编校带来很大的难度。

按照体例，《全唐赋》对所有收录的赋作都作了以下几项工作：

一、规范字体，以标准的正体字（索引称为通同字）写定文本，改正文本流传过程中出现的俗写字、版刻字、避讳字等各类异体字。如涉及清讳字，将作者叔孙玄观（3/17/1609）、张玄览（8/54/4867）、仲之玄（8/56/5035）改回原名，将地名如"商丘"（3/18/1625）不用"商邱"，人名如"公孙弘"（2/12/1119）不用"公孙宏"，词语如"玄璧"（7/47/4205）不作"元璧"，在有文本依据的情况下改回清人的讳改，恢复原人原作的面貌。书末附《通同字、异体字表》，说明全书统一字体的规范，涉此皆不一一出校记，给读者以清晰交待，也避免校记的繁冗。

二、按照台湾的标点习惯作新式标点。虽然两岸在书名号、篇名号的使用规范上有很大不同，但在汉字基本标点方面是相通的。如大陆现在一般要求古籍标点尽量少用感叹号，一般不用删节号，遇骈句时用分号在中间隔断，《全唐赋》也大都符合这些规范。

三、分章节。唐代大赋不多，大多赋作篇幅都在千字以内，大陆一般整理本遇此多不再作分段。《全唐赋》则规定按照用韵的变化而分段，虽然偶然有时显得有些碎，但惟有如此，才能逐一揭示赋题中关于用韵的规定，在赋作中得到如何之运用。个别缺韵或没有严格依韵的作品，也因此而揭出。

以上三点，是现在一般新整理本的基本规范，而涉及校勘部分，则为《全唐赋》全书工作之重心所在。

按照古籍校勘的基本规范，是在调查清楚一书的存世版本，理出彼此源流的基础上，确定底本和参校本。但就新辑文学全编来说，因为没有现成的文本依据，必须会集诸书，甚至逐篇指定底本和参校本，工作量很大，技术要求也很复杂。就存世唐赋来说，十之七八是靠《文苑英华》的引录而得以保存，但该书收赋的卷一至卷一五〇，存世只有明刊本，版刻误字很多，若以之为底本，当然最接近唐人原作的面貌，但相对来说,也会增加许多没有必要的校勘记。《全唐赋》采取一般以《全唐文》所收为底本,通校《文苑英华》《历代赋汇》和《古今图书集成》的原则,是考虑到集体编校实际可行、便于操作的决定,虽然就后二书的文本价值来说,毕竟是清前期的著作,校勘未尽称善,然就汇录唐赋的著作来说,也没有其他可以取代的文本。《全唐文》的前身,是海宁陈邦彦的初本,嘉庆间开馆编修时,特别指出其多据《文苑英华》闽刻之不妥,在文本校勘方面,利用了内府所存之善本,后来在扬州刊刻时,又约请顾千里、钮树玉、梅曾亮、刘凤诰、唐仲冕等,可以说体现了乾嘉学者的校勘水平,虽不免有误改,但总体水平可以凭信。①

《全唐赋》的《参引书目》多达25页,约四百多种,其中有一些尤其应该加以评述。

一是《文苑英华》,这部宋初大书在保存梁陈隋唐诗文方面的意义,怎么评价都不过分,对唐赋之重要,已如前述,尤以唐人科举律赋,除王棨、黄滔、徐寅几家以外,几乎全赖本书得以保存。本书所据为新文丰出版社据中华书局影印本之翻印本,并兼校文渊阁、文津阁二种四库全书本,又较充分地吸取了傅增湘《文苑英华校记》的校勘成果,从而确保了本书在文本校勘和作者考订方面的学术质量。

二是别集的入校。除多数利用《四部丛刊》之通行善本外,如白居易集用了影宋绍兴本、金泽文库本和日本平冈武夫、今井清校本,黄滔集用到《天壤阁丛书》本(此本保存宋时原编的面貌),徐寅集用到《宛委别藏》本;李白、柳宗元集用到影宋蜀刻本,沈佺期集据陶敏等《沈佺期宋之问集校注》转引清抄沈集五卷本。

三是各类保存唐赋文本的参校。如李世民《威凤赋》(1/1/13)参校《初学记》,杨炯《浑天赋》(1/3/303)参校敦煌本,皇甫湜《鸡处鹤群赋》(5/35/3220)参校日本藤原公任《和汉朗咏集》,皆是。

---

① 有关《全唐文》成书及所据文献之研究,可参拙文《述〈全唐文〉成书经过》,刊《复旦学报》1995年3期。

由于能够广参诸本,本书的校勘成就颇可称道。以下试就作者、诗题、文辞诸方面略作评述。

对作者名之校勘。如封敖(6/40/3625),《全唐文》卷九四六根据明刻本《文苑英华》卷六七之误文,录作封殷,《全唐赋》据傅校改,与岑仲勉《读〈全唐文〉札记》的考证合。再如袁同直(4/26/2327),《全唐文》卷五四五作袁司直,本书据《唐诗纪事》卷三二和《登科记考》卷一一改。杨弘贞(6/39/3534),《全唐文》卷七二二作杨宏真,涉宋、清二代之讳改,本书据《白氏长庆集》卷九确定其本名。

对诗题或题注的校勘。如王起《洗乘石赋》(5/33/3043),《文苑英华》卷一二一、《全唐文》卷六四二皆5"以'王者顺动有司先成'为韵"。本书指出赋的第期节押"戒"字,考证云:

> 本题出自《周礼·夏官》"隶仆"之职:"王行,洗乘石,掌跸宫中之事。"郑众云:"跸谓止行者,清道,若今时儌跸。"孙诒让《周礼正义》引崔豹《古今注》:"警跸所以戒行徒也。"题韵谓王者将行,有司先清道劲节。

从用韵的实际与赋题及韵字的来源,两方面论证"先成"为"先戒"之误,并予以改回,举证极其充分。同人《照宝镜赋》,《全唐文》卷六四二注"以'珠宝潜翳照之必呈'为韵",据《文苑英华》卷一〇五改"珠宝"为"殊宝",加按云:

> 全篇未见限韵字"珠",第四韵用"殊"字,题韵以"殊宝"称镜,较"珠宝"为贴切,盖指宝镜之殊异。司马光《答薛虢州谢石砚屏书》云:"信乎天地之异气,山泽之殊宝也。"

也很有说服力。也有原题无用韵之说明,根据用韵实际增加者。如王起《墨子回车朝歌赋》(5/33/3026),根据全赋七段之用韵实际,证明即据原题为韵,加"以题为韵"之注,也算合适。同人《羡鱼赋》(5/33/

3060)题韵原阙,据文中用韵补"以'莲出鳞始来'为韵",则似可再酌。

　　文辞校勘,是更为普遍和复杂的工作。在此只能略举数例。刘允济《万象明堂赋》(1/2/174),《全唐文》卷一六四收句作"经始乎丕律",本书改"丕律"为"玉律",除书证外,更指出"古人以玉为律管,用葭灰候气法以定音律,律有十二,以应时十二月","本句谓明堂之规制,根据玉律之数"。校定堪称精密。张仲素《涨昆明池赋》(5/34/3087),"时则阳候既序"句,《全唐文》卷六四四"时则"作"惟时"。本书校记云:"《英华》《集成》并作'惟则',据傅校旧钞本《英华》改。铭按:《全唐文》或因所见本作'惟则',于义不通,故以意改之。今改从旧本。"书证准确,致误原因的推测也合情理。同赋"伊昔殊荒未化",《全唐文》"殊荒"作"殊方",据《英华》《赋汇》《集成》改。后附"铭按"云:"'殊荒'本即异域荒远之地,皆六朝以来常用语。"后列举《三国志》《宋书》《晋书》的书证,堪称周备。"铭按"应为主编之一李时铭教授所加按语,应该是全书通稿的记录。

　　皇甫松《大隐赋》(6/38/3453),《全唐文》不收,可能因《新唐书·艺文志》曾著录为一卷,视为专著而不取。本书直接录自明刊《文苑英华》卷九九,较详尽地利用了傅增湘据宋抄本校勘的成绩,全篇出校多达74则,较好地把握了据改、出校而不改、不取等分寸。如明刊"居处自同于愚俗",据改"愚俗"为"愚谷",出校指其为"愚公谷"之简称,引《金楼子》和《水经注》为证,再说明语出《说苑·政理篇》,再指出此处以"愚谷"与"醉乡"为对文;"行将价春",语意不明,据改为"行将赁春",引《东观汉记》"为佑赁春"为证;又如"大道由由而熙熙",傅校作"油油",别本或作"悠悠",校记云:"油油,流动貌。刘向《九叹·惜贤》:'江湘油油,长流汩兮。'王逸注:'油逸,流貌。'"引证堪称妥帖。至于"言而不足",傅校"而"作"之","而未能暂悉其所专也",傅校"悉"作"息",皆出校而不改。"是可以融神保和",傅校"是"作"足","吾不知之",傅校"之"作"也","邈乎悠哉",傅校"邈"作"邃",则均为采据出校,估计是因原文可通,异文的意思相同或相似,可以不取。当然如果罗列出来,也不是全无必要。

前人总说，校勘学是一门遗憾的学问，如同秋扫黄叶，随扫随落，难有竟时。就我披览所及，如作者当然还有有待确认者，如陆参(//2725)，可能是陆傪之误；封孟申(5/31/2801)是否应以封孟绅为正；周钺(6/43/3871)与周铖(6/43/3873、8/55/4955)应为同一人，张彦震(8/54/4859)与张彦振(8/54/4871)应为同一人，虽然目下还没有可靠的文本依据，但此推测大抵可以成立。崔明允《红嘴乌赋》(2/7/667)，《文苑英华》卷一三七作崔元明《鹊巢背太岁赋》。从赋文来看，当以《红嘴乌赋》为是，书证和作者应作补校。刘允济《明堂赋》(1/2/167)，钞本晏殊《类要》卷一二有一节不见于今本，也宜补充说明。同人《万象明堂赋》(1/2/174)，应补校《初学记》卷一三。

三、《全唐赋》之辨伪

所谓辨伪，可以包括其他朝代作品误入之鉴别，也可以包括本朝作品因作者归属有异而出现的互见的斟酌，还可以包括阙名作品因文本误读而导致的误收。在《全唐诗》中，因流传而造成的一诗分见两人或三人名下的互见情况极其严重，在唐赋中也有类似情况，但不算很多，而就《全唐文》所收赋的特殊情况来说，最严重的问题则是因所据《文苑英华》版本不善，多有误夺，加上嘉庆见清文颖馆编纂《全唐文》诸臣对文本有着严重误读，以为在《文苑英华》所收诸赋中，凡不署名的赋皆为其前一篇赋之作者所撰，造成了唐赋大面积误收的情况。此前考证《全唐文》的学者包括笔者，对此虽也偶有考辨，有人还曾就某些名家名下误收赋加以考订①，但至今未作彻底清理。《全唐赋》在此作了很认真地处理和鉴别，可以说对《全唐文》的此项错误作了至今为止最完整的清理。

中华书局 1966 年 5 月出版影印本《文苑英华》，是据当时能够搜

---

① 如洪业《〈韦弦〉〈慎所好〉二赋非刘知几所作辨》，收入《洪业论学集》，中华书局，2005；詹杭伦《〈越人献驯象赋〉与杜甫关系质疑》，刊《杜甫研究学刊》2007 年 4 期。

集到的宋本一百四十卷①和明刊八百六十卷,匹配影印。在《出版说明》中指出明刊本错误很多,提到"傅增湘曾据明抄本和部分别集以校明刊本,这个校本现在也藏在北京图书馆"。又说:"我们这次编订了一个新的篇名总目,分列于各册之前,并就我们力所能及,参考抄本和其他书籍对原书的错误作了一些校正。现在的这个总目中,凡篇题作者和原书所题不符的地方,就是我们所作的改动。"可能限于当时的政治环境,所据没有完全交待清楚。笔者在上世纪八十年代因辑录全唐诗文,曾逐篇核对过这个新编目录,确认其依据之可靠和珍贵。到2006年北京图书馆影印出版傅增湘《文苑英华校记》,可以确认当时的目录完全依据傅的校记,且傅书逐卷说明每卷校勘所依据的版本,只是当年各本的藏家没有分别说明,而这些善本目前存于何处,则有待调查,但其记录之可信,应该没有问题。近年大陆学者颇有校点《文苑英华》之议,若不能超过傅当年的工作,则意义并不大。

  《全唐赋》在校订过程中,很充分地参考了该本《文苑英华》的新编目录②,并参酌文渊阁、文津阁两种四库本,重点吸取傅增湘的校勘成果,对《全唐文》误收赋作作了全面清理。我们现在阅读《文苑英华》,可以知道凡知作者之诗赋,在作品下注明作者;若同卷收一人多篇作品,则在第二篇以下逐篇注出"前人"字样,若作者不可知者,则或空阙而不注作者,或说明所援据之来源书籍等。凡赋题下作者空阙者,其作者并非其前一篇之作者。《全唐文》编者昧于此例,凡遇阙署名者一律顶冒到前一作者名下,甚至还有跨一作品顶到前人名下,或下卷首篇作品不署名而跨卷顶到前卷末篇作者名下的误认。《全唐赋》在作者辨认方面,广泛吸取前人的共识,对此认真去取,较好地纠正了清人错误。我将《全唐文》和《全唐赋》在作者归属方面处理之不同,记录为下表,以便读者了解。

---

  ① "中央研究院"历史语言研究所傅斯年图书馆尚存卷二七一至二八〇宋本一册,2008年已经影印刊行。
  ② 《全唐赋》参引书目列《文苑英华》依据为新文丰出版社1979年影印本,其实也就是中华书局本的翻印本,唯不知原《出版说明》和新编目录是否保留。

《全唐赋》纠正《全唐文》因《文苑英华》阙名顶冒误收一览表①

《全唐文》卷\页	《全唐文》作者	赋　题	《全唐赋》该作者所在册\卷\页	《全唐赋》改收至册\卷\页\作者
164\18a	刘允济	天行健赋	1\2\165	8/58/5167 阙名
208\6b	东方虬	蟾蜍赋	1\4\387	8/60/5465 阙名
234\2a	张楚金	透橦童儿传	1\4\425	8/60/5409 阙名
274\7b	刘子玄	韦弦赋	1\5\537	8/59/5344 阙名
274\8\b	刘子玄	京兆试慎所好赋	1\5\537	8/59/5346 阙名
282\27a	梁　献	大阅赋	1\6\581	8/59/5331 阙名
296\1\b	吕令问	贺幸芙蓉园赋	1\6\621	8/59/5317 阙名
299\13\b	张嘉贞	水镜赋	1\6\641	8/58/5262 阙名
308\2a	孙　逖	席赋	2\7\681	8/59/5364 阙名
345\8b	达奚珣	秦客相剑赋	2\8\811	8/59/5360 阙名
354\10b	敬　括	神蓍赋	2\9\895	8/55/4941 康子玉
354\20b	敬　括	建木赋	2\9\895	8/60/5436 阙名
354\22a	敬　括	蒲卢赋	2\9\895	8/60/5467 阙名
356\13a	乔　琳	孤竹赋	2\10\955	8/60/5440 阙名
357\3a	高　适	苍鹰赋	2\10\979	8/60/5450 阙名
359\13a	杜　甫	越人献驯象赋	2\11\1011	8/60/5454 阙名
364\10a	张　鼎	御鼋赋	2\12\1099	8/58/5215 阙名
395	阎伯玙	射宫试贡士赋	2\14\1263	8/59/5286 阙名
401\10b	赵自励	圣人以四时为炳赋	3\15\1375	8/58/5233 阙名
401\10a	赵自励	时赋	3\15\1375	8/58/5231 阙名
402\13b	王延龄	梦五色笔赋	3\15\1397	8/59/5327 阙名
405\3b	张　阶	审乐知政赋	3\15\1423	8/60/5373 阙名
406\15a	平　列	两阶舞干羽赋	3\16\1447	8/60/5377 阙名
406\16a	平　列	开元字舞赋	3\16\1447	8/60/5379 阙名
408\29b	王太真	朱丝绳赋	3\16\1501	8/60/5393 阙名

---

① 此表中《全唐文》用中华书局1983年影印嘉庆内府刊本,164\18a 指卷一六四页一八之前页,b 指后页,余可类推。

续表

《全唐文》卷\页	《全唐文》作者	赋题	《全唐赋》该作者所在册\卷\页	《全唐赋》改收至册\卷\页\作者
436\5b	李觏	咸阳获宝符赋	3\17\1549	8/59/5305 阙名
436\7a	李觏	昆田化为金赋	3\17\1549	8/59/5307 阙名
439\8a	史翔	仁寿镜赋	3\17\1605	8/59/5309 阙名
446\3a	张莒	白鹰赋	3\18\1683	8/60/5452 阙名
454\5a	李子卿	作乐崇德赋	3\20\1829	8/59/5368 阙名
456\21b	独孤授	太史奉灵旗指蔡赋	3\21\1881	8/59/5340 阙名
456\22b	独孤授	善师不阵赋	3\21\1881	8/59/5329 阙名
456\23b	独孤授	刺钟无声赋	3\21\1881	8/59/5362 阙名
458\10b	林琨	空赋	3\22\1961	8/58/5176 阙名
476\10b	崔损	秋霜赋	3\22\2003	8/58/5213 阙名
482\2b	黎逢	贡举人见于含元殿赋	4\23\2061	8/59/5303 阙名
482\3b	黎逢	人不学不知道赋	4\23\2061	8/59/5321 阙名
482\4b	黎逢	观风台赋	4\23\2061	8/56/5027 范荣
515\16b	仲子陵	五丝续宝命赋	4\24\2137	8/58/5227 阙名
525\3a	罗让	井渫不食赋	4\24\2177	8/58/5260 阙名
525\15b	可频瑜	开三面网赋	4\24\2183	8/59/5319 阙名
536\8a	张友正	黄钟管赋	4\25\2249	8/58/5235 阙名
545\12a	王颜	白雀赋	4\26\2331	8/60/5446 阙名
546\4a	王履贞	太学创制石经赋	4\26\2335	8/59/5325 阙名
546\5a	王履贞	太学壁经赋	4\26\2335	8/59/5323 阙名
599\12b	刘禹锡	三良冢赋	4\29\2563	8/60/5413 阙名
613\12b	郭遵	六角扇赋	4\29\2633	1/3/285 陆遵
614\4a	樊阳源	众水归海赋	4\29\2641	8/58/5256 阙名
614\5a	樊阳源	襄华贯洪河赋	4\29\2641	8/58/5258 阙名
622\10b	陆肱	谦赋	6\44\3967	8/59/5342 阙名
625\9a	吕温	管窥豹赋	5\31\2829	8/60/5421 阙名
632\19a	李程	刻桐为鱼扣石鼓赋	5\32\2863	8/60/5387 阙名
632\24b	李程	月照寒泉赋	5\32\2863	8/58/5197 阙名

续表

《全唐文》卷\页	《全唐文》作者	赋　题	《全唐赋》该作者所在册\卷\页	《全唐赋》改收至册\卷\页\作者
641\11a	王　起	律吕相召赋	5\33\2947	8/58/5237 阙名
641\12a	王　起	葭灰应律赋	5\33\2947	8/58/5239 阙名
641\13a	王　起	炼石补天赋	5\33\2947	8/58/5170 阙名
641\22b	王　起	下车泣罪人赋	5\33\2947	8/59/5278 阙名
641\29b	王　起	燕王市骏骨赋	5\33\2947	8/60/5462 阙名
642\15b	王　起	祠灵星赋	5\33\2947	8/58/5290 阙名
643\7b	王　起	佩乃出飞泉赋	5\33\2947	8/59/5337 阙名
644	张仲素	泗滨浮磬赋	5\34\3071	8/60/5391 阙名
692	白行简	欧冶子铸剑赋	5\36\3233	8/59/5359 阙名
692	白行简	君臣同德赋	5\36\3233	8/59/5274 阙名
692	白行简	垂衣治天下赋	5\36\3233	8/59/5272 阙名
693\2a	薛存诚	仙石灵台赋	5\36\3281	8/58/5249 阙名
716\5a	陈仲师	土风赋	6\38\3431	8/58/5251 阙名
716\	陈仲师	椎处囊赋	6\38\3431	8/59/5366 阙名
719\18b	蒋　防	任公子钓鱼赋	6\38\3469	8/60/5426 阙名
723\4a	纥干俞	登天坛山望海日初出赋	6\39\3569	8/58/5190 阙名
723\6a	纥干俞	宁戚饭牛赋	6\39\3569	8/59/5284 阙名
723\14b	滕　迈	庆云抱日赋	6\40\3595	8/58/5180 阙名
732\5b	侯　喜	鸟择木赋	6\41\3659	8/60/5424 阙名
739\7b	施肩吾	象樽赋	6\41\3727	8/59/5292 阙名
739\28a	陈　岵	玉壶冰赋	6\42\3743	8/60/5423 阙名
741\13a	陆　璪	沧浪濯缨赋	6\42\3775	8/60/5417 阙名
758\8a	谢　观	禹拜昌言赋	6\43\3831	8/59/5276 阙名
758\10a	谢　观	朝呼韩邪赋	6\43\3831	8/59/5288 阙名
758\19b	谢　观	却走马赋	6\43\3831	8/59/5282 阙名
758\21a	谢　观	骥伏盐车赋	6\43\3831	8/60/5419 阙名
759\1a	周　钺	积土成山赋	6\43\3871	8/60/5415 阙名
759\19b	杨　发	庆云抱日赋	6\43\3891	8/58/5180 阙名

续表

《全唐文》卷\页	《全唐文》作者	赋　题	《全唐赋》该作者所在册\卷\页	《全唐赋》改收至册\卷\页\作者
760\17b	韦琮	明月照积雪赋	6\43\3905	8/58/5199 阙名
762\2a	石贯	千亩望幸赋	6\43\3909	8/59/5299 阙名
762\3a	石贯	观农赋	6\43\3909	8/59/5348 阙名
762\6a	宋言	鹤归华表赋	6\43\3913	8/60/5411 阙名
765\a	李远	日中为市赋	6\44\3961	8/59/5269 阙名
768\10a	卢肇	鹳鸰舞赋	6\44\3993	8/60/5383 阙名
800\7b	陆龟蒙	四灵赋	7\47\4229	8/59/5313 阙名
800\15a	陆龟蒙	獬豸赋	7\47\4229	8/60/5456 阙名
830\9a	徐寅	衡赋	7\50\4445	8/59/5352 阙名
901\22a	张随	纵火牛攻围赋	2\11\1065	8/59/5333 阙名
947/13b	符子叔	漏赋	无	8/58/5241 阙名
947\14b	崔陟	鸿赋	7\46\4143	8/60/5444 阙名
949\2a	孙秘	幽松赋	7\53\4735	8/60/5434 阙名
949\17a	田沈	骄阳赋	7\53\4749	8/58/5195 阙名
949\21a	钱众仲	国子舞赋	5\37\3409	8/60/5381 阙名
950\4b	高扬庭	平露赋	7\53\4769	8/59/5311 阙名
950\13b	麻不欺	衡牙赋	7\53\4805	8/60/5404 阙名
952\10a	王子先	进贤冠赋	8\55\4899	8/60/5402 阙名
955\12b	李子仞	伤毙犬赋	8\55\4977	8/60/5464 阙名
958\10a	郑希稷	笛赋	8\56\5065	8/60/5397 阙名
958\11b	郑希稷	箜篌赋	8\56\5065	8/60/5395 阙名
958\16a	郑磻隐	风不鸣条赋	8\57\5073	8/58/5209 阙名
959\14a	翟楚贤	天行健赋	8\57\5107	8/58/5167 阙名

以上所作纠正凡105篇,涉及作者76人,确实是很重要的收获。其中包括重要诗人如高适、杜甫、刘禹锡、施肩吾、李远、卢肇、陆龟蒙、徐寅等的作品,重要赋家王起、李程、白行简、谢观等的作品,由于所据文本可靠,理据充分,我认为这些作品的归属至此应该已经可以做结论,即当以《全唐赋》的取舍为可信。

肯定以上成绩,也还应指出似乎还有厘革未尽者,我想提出以下各篇:梁洽《笛声似龙吟赋》(2\10\948),《文苑英华》卷七八收在其《吹竹学凤鸣赋》后,不署名,《全唐文》卷三五六收在梁洽下。钱起《尺波赋》(2\13\1223),《文苑英华》卷三七收在其《潢污赋》后,不署名,《全唐文》卷三七九收在钱起下。陈山甫《五丁力士开蜀门赋》(7\52\4719),《文苑英华》卷二九收在其《禹凿龙门赋》后,不署名,《全唐文》卷九四八收在陈山甫下。何据《古镜赋》(7\53\4777),《文苑英华》卷一〇五收在其《镜花赋》后,不署名,《全唐文》卷九五〇收在何据下。张彦振《大章车赋》(8\54\4873),《文苑英华》卷一二一收在其《指南车赋》后,不署名,《全唐文》卷九五一收在梁洽下。《全唐赋》因《历代赋汇》与《渊鉴类函》署张作而仍存张下,可再酌。常晖《大舟赋》(8\55\4919),《文苑英华》卷一二二收在其《舟赋》后,不署名,《全唐文》卷九五三收在常晖下。《全唐赋》因《古今图书集成》署"前人"而仍存常晖下,颇可疑。范荣《观风台赋》(8\56\5027),《文苑英华》卷五〇收在其《测景台赋》后,下有第二一篇,不署名,《全唐文》卷四八二收黎逢下,很可疑①,再下即该赋亦不署名,《全唐文》既收黎逢下,又在卷九五七收范荣下,恐皆非是。路荡《征苞茅赋》(8\56\5051),《文苑英华》卷一五〇收在其《拔茅赋》后,不署名,《全唐文》卷九五七收在梁洽下。《全唐赋》可能因为文渊阁本《文苑英华》署"前人"而仍归路荡下,但我以为文渊阁本的署名很可疑,未可信从。其中部分虽有清代的书证,但因晚出文献有彼此因袭传误的习惯,就我的认识,均当以《文苑英华》宋明诸本为据,四库本亦不足据。

又如蒋王李恽下收《五色卿云赋》(1/1/21),陆遵下收《六角扇赋》(1/3/283),皆属科举体的律赋,二人分别为太宗时和高宗初在世,其时是否有这样的作品,也值得推敲。

另外,还可讨论以下二篇之作者归属。独孤及《招北客文》(2\13\

---

① 我很怀疑《全唐文》是引《文苑英华》该卷后录黎逢《通天台赋》而误收,但此一情况很特殊。

1237),《唐文粹》卷三三收在独孤及《祭纛文》后,不署名,《毗陵集补遗》和《全唐文》卷三八九即据以收在独孤及名下。其实《文苑英华》卷三五八署岑参,《太平广记》卷四二五引《北梦琐言》,孙光宪称曾向王蜀凤州衙将白某诵岑参《招北客赋》云:"瞿塘之东,下有千岁老蛟,化为妇人,炫服靓妆,游于水滨。"今此数句皆见于文中。且岑参曾为嘉州刺史,长期居蜀,独孤及则未曾入蜀,故今人注岑、独孤二集,皆认为岑作,可惜本书没有采据有关意见。再如朱桃椎《茅茨赋》(1/2/155),据《全唐文》卷一六一和《历代赋汇》卷八三等录校,并谓《蜀中广记》卷五有薛稷为此书所撰序。按此赋最早见于前蜀道士杜光庭所著《录异记》卷一(据《正统道藏》本),桃椎作桃槌,先述其事绩,复云"太子少保河东薛稷为之图赞云:'先生知足,离居盘桓。口无二价,日惟一餐。筑土为室,卷叶为冠。斫轮之妙,齐扁同欢。'"又录"隐士朱桃槌茅茨赋",注"薛稷作"。录赋后更云:"初,薛公为彭山令,闻其风而说之,乃作《茆茨赋》以赠焉。洎解印还京,假途就谒,其室已虚矣,但遗踪宛然。访于乡里,云朱公或出或处,或隐或显,盖得道者。薛公题赞于其壁而还长安。复数年,乡人时见朱公,而竟不知所在。"就其所载,可以确认此赋为薛稷作。自南宋袁说友《成都文类》卷一起,许多文献引录皆作朱作,大约因为此赋中有"观余庵室","向我茅茨集"等句,似为朱自作,因而传误。

此外,《全唐文》所收赋中是否有其他朝代的赋作,虽然理论上说肯定有,但要具体指认则较为困难。我在早年所作《再续劳格读〈全唐文〉札记》①一文中,曾考及数篇,《全唐赋》也略有考及。其中宋璟《梅花赋》,我当时根据劳格的意见,也认为是南宋初李纲所作,但现在覆检李纲《梁溪集》卷二,很明显李纲所作为另一篇。南宋虽有人感慨宋璟原作不可见,但今本据元方回《桐江集》卷四《跋宋广平〈梅花赋〉》所云,"乃于旧国子监得此赋写本"。元刘埙《隐居通议》卷五亦录此赋,且云同时所见有另一篇伪作,引及林逋孤山和回仙(即吕洞宾)的典

---

① 收入《选堂文史论苑》,上海古籍出版社,1994。

故。明田艺蘅《留青日札》卷一《梅花赋》,引及鲜于枢至元廿七年跋,云"新得于右丞何公处,实东京旧国子监写本",与方回所言一致。看来此赋之真伪,确实还有再讨论的余地。至于崔敦礼《种松赋》,《全唐赋》认为四库本《宫教集》为清人从《永乐大典》中辑出,有误收之可能。我则仍维持旧说,即该集收四赋,《种松赋》云"崔子居山间,种松于东冈之上",《石湖赋》云"崔子问于石湖先生"云云,《大暑赋》亦有"乃授简于崔子"等语,应为一人之作。

王勃《释迦佛赋》(1/3/251)下,加注云"《集成》题《释迦成道赋》,作者为金·丁晧仁,清·张金吾《金文最》据此迻录"。较详的考证见詹杭伦教授《王勃〈释迦佛赋〉为金丁晧仁作考》①一文,应该说此已经可作结论。本书收存而加注,是谨慎的处置,当然若能删为附录,则更为妥当。

王周《蚋子赋》(7/52/4657),据《全唐文》卷八五五收录。此赋最早见《王周诗集》,此集虽然自南宋已来多视为唐集,但其中多有宋代地名,胡震亨疑为写于太平兴国间(见《全唐诗》卷七六五王周小传注)。我则认为可能更晚一甲子,为仁宗时人,及与王安石相识②。《全唐文》小传作《旧五代史》卷一○六有传之武人王周,忽略了《王周诗集》诸诗所叙为从今安徽、湖北一带沿江入蜀的经历。

还有一些赋的来源与内容都有一些问题,但目前还没有确凿的证据证伪。如刘乾《招隐寺赋》(8/55/4947),据《全唐文》卷九五四和《历代赋汇》卷一○六录校。此赋没有明以前作为唐赋的书证,而其中有"空谷无人,水流花开",则是宋人反复称道的苏轼名句。再如傅梦求《围棋赋》,仅见《全唐文》卷九五四和《历代赋汇补遗》卷一三有载。陈元光(1/2/157)三赋,据拙辑《全唐文补编》卷一八录,拙辑则录自《开漳陈氏族谱》引《龙湖公集》。我在二十多年前曾在书肆中购得油印而无刊印单位《龙湖集》一册,后反复追查,得知源出福建

---

① 刊《文学遗产》2006年1期。
② 见陈尚君《〈全唐诗〉误收诗考》,刊《文史》第24辑,中华书局,1985。

几个图书馆所存《开漳陈氏族谱》,据其补出陈元光之诗文。经谢重光教授的考证①,其集之伪已经可以确认。

四、《全唐赋》之作者小传及编次

断代文学全集一般均以人系文,并大致作者之尊卑先后编次。所谓以尊卑为次,较具代表性的是清编《全唐诗》和《全唐文》,编次是先帝后、诸王、公主,次臣僚,次僧道、闺媛,反映那个时代的认识。最近几十年新编总集,一般不再区分身份尊卑,概以世次前后为序,《全唐赋》也基本遵循此一原则。作者小传则在记录作者之生平出处,以为知人论世之助,也为全书编次提供可资参考的依据,因而很重要。

《全唐赋》在作者小传方面花过不少功夫,有很可喜的收获。

《全唐赋》作者小传,一般均控制在 200 字以内,君主如唐太宗、唐玄宗,显宦如张说、苏颋,文豪如白居易、韩愈,能以很短的文字说明其一生字里履历及文学建树,颇为不易。多数小传均史料准确,行文典雅,值得肯定。如苏颋(1/5/479)小传:

> 字廷硕,宰相瓌子。少有俊才,一览千言。举进士,拜中书舍人、知制诰。景云中,袭爵许国公。开元四年,迁紫微侍郎、同紫微黄门平章事。八年,罢为礼部尚书、检校益州大都督府长史。开元十五年卒,年五十八,赠尚书右丞,谥曰文宪。自景龙后,与张说以文章显,称望略等,故时号"燕许大手笔"。帝爱其文,曰:"卿所为诏令,别录副本,署臣某撰,朕当留禁中。"后遂为故事。其后李德裕著论云:"近世诏诰,惟颋叙事外,自为文章云。"原有集二十卷,今存《苏廷硕集》二卷。

---

① 见谢重光《龙湖集的真伪和陈元光的家世和生平》,刊《福建论坛》1989 年 5 期;同人《再论〈龙湖集〉是后人伪托之作》,刊《福建论坛》1991 年 4 期。

黄滔(7/49/4383)小传：

  字文江，泉州莆田人，乾宁二年进士，是年试《人文化成天下赋》。光化中除四门博士。天复元年受王审知辟，以监察御史里行充威武军节度推官。《十国春秋》赞曰："滔文赡蔚典则，诗清淳丰润，有贞元长庆风。《马嵬》《馆娃》《景阳》《水殿》诸赋，雄新隽永，称一时绝调。"

或撮录旧史轶闻，或引录前人评赞，大致足见其人之为人与为文。

  小传的写定，也有助于作品之编次。如马吉甫(1/5/509)，《全唐文》卷六二二小传仅称其为"正平人"，从卷次看似以为中唐以后人。《全唐赋》则叙其"则天朝曾直崇文馆，预修《三教珠英》"①，从而改入初唐。符子璋(2/14/1321)，《全唐文》卷六二一小传称其"临渭人，官太子舍人"，卷次亦属中唐，本书则确认其"玄宗朝官太子舍人"，改入玄宗朝。再如张随(2/11/1065)、裴振(1/5/455)，《全唐文》均收入卷九〇一，薄芬(2/11/1085)则收入卷九〇二，属有官里而世次不详者；冯真素(3/15/1407)，《全唐文》收入卷九四六、吕指南(3/16/1431)、吕岩说(2/8/765)收入卷九五六，石岑(2/14/1305)收入卷九五九，均属爵里世次皆不详者，《全唐赋》分别考出诸人事迹，编次上作了合理的安排。

  毋庸讳言，就《全唐赋》各部分来说，由于体例规定小传不作来源文献的说明，一些小传的依据还较难让读者追溯文献。许多小传的文本还较多的沿袭《全唐文》的小传，部分明显的错误也沿传下来。如就《文苑英华》收录诗歌赋文的下限来说，大约以杨夔、罗隐、张蠙等由唐末入五代十国之初者为最迟，几乎没有后唐以后的作品。而如《全唐文》卷八四二收刘鹗《善歌如贯珠赋》，小传称其梁贞明中为衡州长史；

---

① 小传还称其"天宝四载为中书舍人"，可能是误读了颜真卿《颜鲁公文集》卷一〇《康希铣神道碑》的记载。

卷八四八王澄《梓材赋》，出《文苑英华》卷六九，小传称其"后唐长兴二年官大理少卿"；卷八五七收张颖《形盐赋》，出《文苑英华》卷八三，小传称其为后周驸马张永德父，卷八六○收张皓《藏冰赋》，小传称其"周显德二年官御厨副使"；卷八七○收张翃《潼关赋》，出《文苑英华》卷四五，小传称其南唐时为西昌令；卷八九三收李铎《密雨如散丝赋》等二赋，出《文苑英华》卷一四、一五，小传称其马楚时为天策府学士；等等，应该均属同姓名者之误属。很遗憾《全唐赋》大多沿袭，仅在王澄(7/52/4659)下注"一说为开元二十二年进士"。

不久前，湖南科技大学李德辉教授出版了《全唐文作者小传正补》（沈阳辽海出版社 2011 年 11 月），是基本与《全唐赋》同时完成的著作，当然还来不及为《全唐赋》所参用。但其中有不少考证，可以为今后修订或出补编之参考。比如仅《全唐赋》卷五二自师贞以下至卷五七林虑山人为止的 82 位生平不详之作者，李书即考出吴连叔、吴大江、陈廷章、陈山甫、孙秘、高无际、高扬庭等三十多人事迹或大致生活年代，并推测元弼可能为徐元弼，皆可作适当补充。

五、《全唐赋》的索引

断代文学全集始于明而成于清，最近三十年在大陆尤受重视。此类著作以网罗一代全部文献为职志，学术目标是兼收并蓄，以备各类学者查检之用。在大陆以出诸书中，或索引另编，或仅可检索作者，均稍有遗憾。本书附录六种，《通同字、异体字表》是交待在校勘中正字和异体字的处理规范，避免在别体字、版刻异形字、避讳字、俗写字等细节问题上的过多纠缠，又给读者以准确的交待，足见全书工作之仔细认真。《参引书目》是说明本书校勘各书所据版本的情况，其中可以讨论的细节当然很多，但能够完整列出，也便于读者覆按原文。作者和篇名，分别编了笔画和音序两种索引，考虑到不同使用习惯读者的需求，很是周到。更为难能可贵的是，在作者部分中，涉及姓名之歧写，归属之分合，真伪之考订，也在索引中加以表达。如前述《全唐文》

收赋多误属作者,本书作了纠订,在正编该作者下虽为说明,但一皆可以依凭此索引知到这些改定归属的作品之走向。在篇名索引中,也说明本书作者归属与《全唐文》《文苑英华》《历代赋汇》《古今图书集成》和其他文献之不同。这些,都足资读者之利用本书。

六、结　论

断代文学全集的编纂,是一项牵涉作者和作品众多,学术和技术要求极高的古籍文献编纂工作。对于读者来说,当然希望此项工作能做到求全求真,准确可靠,储材备用,以便各方面学者可以取资参考。但求全和求真必然是难以兼顾的两极,求全总不免泥沙俱下,求真则只好网漏吞鱼。且编校者必须对全书所有作品和作者的每一个字负责,而读者则任便选取其中的一人一篇,穷加追究,不免能有不同之所见。无论清人所编或今人纂辑,总不免常遭后人非议,原因即在此。因此,我对此曾多次撰文,希望读者体谅理解编校者完成之不易,不要轻易地因为发现个别细节的出入而给以批评。①

《全唐赋》的编纂,目的在于提供全部唐赋的可靠文本,在赋作去取、文本来源、文本校勘、作品鉴别、作者事迹诸方面,都作了难能可贵的努力,是至今为止有关唐赋最完整可靠的编校。大陆经常说到的一句话,认为古籍整理是一件功在当代、利泽千秋的工作,对《全唐赋》,我亦作如此评价,所有编校的辛勤和努力,学者和读者都是可以体会到的。

当然,我也应该指出,在古籍文本研究方面,台湾学者在古籍数字化方面,较大陆起步早,工作规范,成绩巨大,但在基本古籍文本整理方面,即通过汇校诸本而形成适应当代学术研究的新校定标点本方

---

① 详拙撰《断代文学全集编纂的回顾与展望》,刊《四川大学学报》2005 年 5 期;《断代文学全集的学术评价——〈全宋诗〉评价之争我见》,刊《宋代文学研究丛刊》第十辑,丽文书局,2004;《〈全宋文〉的编纂难度和学术质量》,刊《文汇读书周报》2006 年 9 月 15 日。以上诸文均收入拙撰《汉唐文学与文献论考》,上海古籍出版社,2008。

面,由于学术规范和认可原则的不同,似乎远远落后于大陆学者已有的成绩。很高兴看到近年已有较大的改变,尤以《全台诗》《经义考新校》《全唐赋》《全台文》诸书为代表,迈出可喜的步伐。因写本篇书评,将所见一并写出,唐突不妥处敬希谅察指正。

二〇一二年四月三十日于复旦大学光华楼

他山攻玉　各拥玲珑

——《日本唐代文学研究十家》的学术示范意义

去年夏秋间,见到中华书局出版蒋寅教授主编《日本唐代文学研究十家》,喜不自胜,见出一种就买一种。十多年前曾到日本访学半年,翻了许多书,对许多题目都感新鲜有趣,因我不懂日文,只能浑沦地去猜其大意,虽然也得到许多启发,但毕竟相隔一层。现在能够就目前最活跃的中坚学者十人,选其代表作,译成中文,当然值得欢迎。稍作翻检,觉得最重要的是日本同行的研究,对今日中国学者之研究具有很大的启示意义。不是一直在困惑于古代文学研究达到一定程度,究竟如何寻求新的突破和学术生长点,讨论来讨论去,大家似乎很难取得共识。其实看别人如何做,我们应可受到许多启发。就在这时,蒋寅来电话,嘱我写书评,并让责编给我寄来一套书。能看到整套书当然很高兴,但要落笔又很犹豫。最近二三十年,国内的书评声名狼藉,受嘱的书评堆砌好评,最多有几句微疵附于篇末;有意挑衅的书评就一点大肆鞭笞不及其他,立说也很难客观。我一直的态度是希望书评作者对原著有理解之同情,成就与问题都能充分展开,最好书评作者对此课题能与被评达到同样的研究深度,方能对作者与读者都能有所帮助。我现在正遇到这样的难题。如果评价这些论著的中文翻译,我对日文全无所感,当然无从说起。就各书之研究成就来评述,我对其中多数研究只能瞠乎其后,何能妄议。斟酌再三,觉得还是就这些论著的学术示范意义,谈些自己的感受吧。

所收十家,按总目顺序为赤井益久《中唐文人之文艺及其世界》、市川桃子《莲与藕的文化史——古典诗歌中的植物名研究》、斋藤茂《文字觑天巧——中晚唐诗新论》、下定雅弘《中唐文学研究论集》、户崎哲彦《唐代岭南文学与石刻考》、深泽一幸《诗海捞月——唐代宗教文学论集》、松原朗《中国离别诗形成论考》、松本肇《韩柳文学论》、丸山茂《唐代文化与诗人之心》、芳村弘道《唐代的诗人研究》。十位中至少有五位与我过从较多,有一二位见过但已久无联系,大约有三四位没有见过。为表示客观,我一律不用尊称,后文引及其中论文时,也仅称作者,不引原书了。

一、十位学者的学术趣尚

如前所列书名,十位学者的学术兴趣和治学方法有很大差距。但如仔细分析,在差异中又有一些共同的趋向。其中多数为专题论文结集,仅市川、松本、松原三著接近专论,所谓接近,其实与中国学者所云有完整体系或集中主题者还是不同,松本、松原二著其实也只是相对集中的论文汇编。我所任教的复旦大学治古代文学的许多前辈,也更主张写论文,而不太提倡写专著,原因在于论文可以集中表达有独到体会的新见,而专著必然要做许多常识叙述和未必有意义的铺排。日本学者是否如此考虑,我不能揣测,但就近年国内从课题申请、社科评奖等方面来说,似乎更认可专著,而排斥论文集,实在有些令人担忧。

再从十本书的选题倾向分析,也可看出一些共同性。以下试表予以分析。

作　者	宏观	语词	作家	作品	文献	生平	比较	社会	宗教	专书	综述
赤井益久	○										
市川桃子		○									
斋藤茂				○		○					
下定雅弘				○		○				○	○
户崎哲彦	○		○	○	○	○					
深泽一幸			○					○			
松原朗											
松本肇				○							
丸山茂	○					○		○		○	
芳村弘道											

所列各项，大多按照中国学者之一般认识，为便于叙述而加以区分，可能日本学者并无此分割。"宏观"指议论较为宏大的话题，如赤井益久《论"中唐"在文学史上的位置》、户崎哲彦《唐人所发现的山水之美与岭南地区》、丸山茂《唐代诗人的日常生活》，其实都还是与具体文学现象相关的讨论，但在日人已属大题目了。"语词"则指对诗歌中具体语词之释义或阐发，市川桃子因着意研究莲花与藕的诗歌演变，有专章讨论与莲花有关"莲花"、"芙蓉"、"荷花"、"藕花"、"菡萏"五种诗语的产生、衍变和寓意，包括其所表达的气氛和色调。深泽一幸有二文讨论"海月"和诗中蜂、蝶的寓意，户崎哲彦有文讨论"桂林山水甲天下"一语的来源，因列入此项。其实他们的工作都与文学研究密切相关，与此间多见的语词辨识、释读仍有很大不同。"作家"、"作品"几乎每家都涉及，下文分别加以分析。"文献"专指新见文献介绍，及与作品真伪、文本流传有关的工作，户崎哲彦、芳村弘道两位是成就突出的大家，其他各家也都有类似研究，惟此套丛书多未收。"生平"专指作家生平基本脉络之勾勒，与作家之专题研究有别。"比较"则专指中日文学或中西文学之比较研究。"社会"指与文学家指生活环境或生存状态有关之研究。"宗教"专指文学与佛道关系之研究，十家中仅深泽一幸专收"宗教文学"，其他各家涉及较少。但据我所知，日本学者在中国中古佛、道研究方面的水平和成就，远在中国学者以上，未能充分展开，很可惜。"专书"、"综述"都可以理解，十家集所涉重点其实都是《白氏文集》。

就以上分析可以理解，日本学者更着重关注具体作家、作品的研究，关注文学专题的深入探讨，多数所涉课题与中国学者相近。以下就各点展开分析，就会发现同中有不同，所述大多有强烈的问题意识和阅读感受，对文学现象的认识不受固定框架之束缚，而能独立随性地表达所见。

二、做最坚实的文献工作

十家中，户崎哲彦、芳村弘道研究侧重于文献考辨，其他各家偶有涉及。

户崎哲彦早年作柳宗元研究，认真踏勘了永州、柳州柳宗元当年曾履历的山水，进而将论著会聚为《柳宗元永州山水游记考》（京都中文出版社 1996 年），对柳文解读有重大意义。晚近二十年做桂林历代石刻研究，先后出版《桂林唐代石刻の研究》（白帝社 2005 年）、《中国乳洞岩石刻の研究》（白帝社 2007 年），由于南宋以后特别是清代传拓广泛，地方研究校录也卓有成就，似乎很难突破，但他坚持多年在当地作田野踏勘，将石刻现状、传世碑拓和历代文献作全面的占有和考镜，找到许多当地学者都不知道的刻石，在文本校录、流传叙述和事实探究诸方面都达到空前成就。我已于撰文介绍（刊北京大学国际汉学研修基地编《海外汉学研究通讯》创刊号，中华书局 2009）二书。收在《唐代岭南文学与石刻考》中的十三篇论文，两篇为前二书之前言，以及《唐人所发现的山水之美与岭南地区》，较系统表述他用历史地理学和石刻文献学方面研究山水文学和石刻文学的心得。其他各文，多数写于最近几年，部分是对前二书的补充。如《韦瓘佚诗〈游三游洞〉及其事迹考辨》，又利用《中国西南少数民族地区历代石刻汇编·广西省博物馆卷》所收民国初年拓本，重新校韦瓘佚诗录文，较前著录诗增加十字，改动二字。对韦瓘在桂林的经历，则通过对其家世仕历的详尽考索，揭示他在桂林二处石刻的真义。顺便说到，韦瓘墓志已经在《书法丛刊》2014 年 4 期刊出，由徐商撰文。考察韩愈名文《柳州罗池庙碑》之二文，利用罗振玉 1913 年在影印此碑宋拓本，复原原碑文字，就柳宗元逝世后三四年间地方崇祀及韩愈撰文之原委，并考定原碑佚失于北宋中期。无论对韩、柳研究还是对柳州地方文化研究，都很重要。该书最重磅的文字当属压轴之《广西上林县唐代石刻〈韦敬辨智城碑〉考》，近十万字，两度增订而成。其中碑文校录据 44 种古今文本写定，并进而研究宾州韦氏之族源及世系，宾州、澄州、廖州等羁縻州设立始末及管理机制，考定碑文作者韦敬一为当地文人，碑文受到《文选》影响，特别是陶渊明《桃花源记》和孙绰《游天台山赋》之影响，达到很高文学水平，对自然具独特审美观，表达与他族和平共存的思想。这样的研究,不仅在文学史重要,在地方史和民族史方面都有特别重大的意义。我自己也一直在做唐文献,自问有没有一篇文章达到这一高度呢?实在还没有。

芳村弘道早年对李白文集和宋类书《锦绣万花谷》版本的研究,曾引起中国学界较多关注。收入此套丛书的《唐代的诗人研究》,是他在日本 2008 年出版《唐代诗人和文献研究》的前半部分,主要论述孟浩然、储光羲、王昌龄、韦应物和白居易的诗歌。虽然为篇幅所限,后半部分文献研究没有收入,但收入各篇仍能见到很好的文献考证能力。举例来说,岑仲勉考白居易《醉吟先生墓志铭》为伪作,举十项极重要的内外证,几乎已可作结论,我所知国内多数学者皆从岑说,川合康三《中国的自传文学》也举那波本不收、绍兴本置于卷末,倾向为伪。芳村则举日本内阁文库藏《白氏文集管见抄》有此篇墓志,录自北宋景佑本,题下有注:"开成四年,中风疾后作。"证明文本渊源有自。进而对岑氏十点质疑逐一加以解释,证明传本虽然有后人妄改和补笔的内容,但既已为《旧唐书》本传所采据,则主体部分仍出白氏手笔。

其他各家虽不以文献研究为主,但凡论述所及,首先也都在基本文献的搜辑和鉴别工作中花过大气力。市川桃子研究莲与荷的文化史,在后记中讲到八十年代前中期曾花大力气翻检基本典籍,1989 年得知深圳大学做出《全唐诗》全文检索系统后,立即采购试用。她回忆当年工作虽然辛苦,但随时能感受"沐浴在绚烂诗雨中的乐趣",确是心得之言。她在附录中将涉及芙蓉的非植物用法、含宗教意味用法、文章中的莲花等项逐一列出,也可知她的工作并非浮泛之论。

三、从细微处切入

我曾在日本读到许多文史方面的论文,最深刻的印象是日本学者喜欢做即小见大的文章,从细微处插入,向深处开掘,颇有意想不到的收获。十家集中可举二例。

户崎哲彦《桂林华景洞〈李珏题名〉石刻与许浑〈寄李相公〉两首诗

考》是因小见大的很有新意的研究。许浑诗集中有《闻昭州李相公移拜郴州因寄》和《寄郴州李相公》二诗,至今中国学者专治许浑者数家,都认为两位郴州李相公为同一人,即李珏,诗皆作于会昌六年(846)。户崎根据华景洞李珏会昌五年五月署衔郴州刺史的题名,认为前诗作于会昌五年,这是微调,订正了《通鉴》以来的失误,也知道此年白敏中入相后立即着手量移牛党五相,与党争史实有关。《寄郴州李相公》与前诗比读,发现二诗基调有很大不同,前诗因量移而乐观,后诗反而景色暗淡,显得情况很严重。进一步探究,户崎发现柳宗元《奉和杨尚书郴州追和故李中书夏日登北楼十韵之作依本诗韵次用》与此诗用韵多同,认为柳诗为元和十一年户部侍郎、判度支杨于陵贬郴州,追和故相李吉甫诗而作。根据《云溪友议》,许浑曾在元和三、四年入杨之岭南幕府,有可能在杨贬郴州后复和杨诗。但也可能此诗根本与许浑无关。这样的探究,确定旧传许集诗题有误,原题当与柳诗接近。又据柳诗,知道许名下诗仅八韵,较柳诗在深韵后缺岑、阴二韵。就唐人次韵诗来说,此诗也是较早的一首。诗中的"李中书"为李党魁首李德裕的父亲,元和名相李吉甫。据柳诗,可以知道旧史所载杨于陵受李吉甫排挤而出守郴州,并以此事为牛李党争起因,则显属误传。许、柳二诗均可见李、杨关系密切,迫害杨的人应为裴均。因一小段题名和两首诗的解读,解决了如许多细小或重大的问题,确令人感佩。

深泽一幸《引导李商隐到茅山的人物——从叔李褒》,与此篇值得对读的是《李商隐与〈真诰〉》。李褒,两《唐书》无传,晚唐算不上第一等人物,李商隐诗有《郑州献从叔舍人褒》,相互关系很清楚,以往对李商隐诗文中与其有交涉的部分,也得到部分的确认。岑仲勉《翰林学士壁记注补》、傅璇琮《唐代翰林学士传论·晚唐卷》对其生平有所勾稽,拙纂《全唐诗补编》因辑出李褒存世唯一诗作,也曾为其立传。深泽的工作是从道教文学名著《真诰》中大量女仙故事及其所咏诗歌,大量出现在韦应物、白居易、李贺等人诗篇中,在李商隐诗中出现更为频繁,因此引起深究的兴趣。他的工作一是对李褒生平的全面勾辑,认为他出于宗室绛郡房,生于贞元十二年(796),在浙东任内有大量崇道记录,没有任过黔南观察使,这几点可以补充中国学者之未及。二是李商隐与他的交往,涉及一首诗、四篇代作上四相启,以及十篇致李褒的书状,这些作品虽然都写于会昌后期,但其中透露李商隐从小就得到李褒的"抽擢"、"庇庥",即提携关照,信中反复表达对茅山道教的倾倒信仰。今知李褒长于李商隐约十八岁,李商隐年轻时曾在济源附近王屋山玉阳观出家求道,并因与某女冠之私情而引发终生难以忘怀的思念(从苏雪林《李商隐恋爱事迹考》),而此观恰是茅山道在中原的圣地。由此推证李褒早年对李商隐的影响,因此而将他引入茅山道,是合理的认识。从道教层面解读李商隐,无疑是很有兴味的工作。

四、文本解读是文学研究的基础

日本古代文学研究深受西方学术的影响,但又一直保持着与中国文化相关的学术传承。深泽一幸后记写到他曾得到前辈学人小川环树、福永光司、吉川幸次郎的提携照拂,记录下多个温馨而难得的画面,即是这一学术传承的缩影。另外,在日本教授中国文学,需要向日本学生讲解作品,在日本出版学术著作,引到中国作品经常要附日文语译,这些都需要学者对古代作品有更深入准确的理解。在十家集中,对具体作品的解读占了较大篇幅,十家无一例外全部涉及到这部分内容。

比如松原朗解读李白《灞陵行送别》,先是分析历来的解释,如安旗认为是送王昌龄的,但得不到确切的证明。与一般送别诗比较,此诗题中没有送别对象,诗句间也没有被送者的形象叙述,对被送者之前程也不大关心。松原提出李白赐金还山之际自送作诗的可能,实在是很大胆的预设,但所作论证则从客观条件(地点西京,时间春日)和内在条件(出京之路线、其后之诗作、对长安的回顾、对紫阙的眷恋、浮云之寓意)来求证,又让人不能不认可他举证明之充分。分析送别诗的大量叙述手法,揭示自送诗的不同,也很细腻。如此解读,李白这首诗得到重新解释,也有助于理解李白出京的心况。

赤井益久对唐人《送衣曲》的解读,从六朝《捣衣曲》溯其源,从府兵制实行后的戍边防人制度明其事,也是很精彩的解读。丸山茂《张籍的〈伤歌行〉及其背景——京兆尹杨凭左迁事件》,根据席刻《唐诗百名家全集》本《张司业诗集》和《全唐诗》所注:"元和中,杨凭贬临贺县尉。"详尽分析杨凭左迁事件的原委,杨的交友圈和弹劾者,努力还原真相,从而解读原诗,张籍对杨既不同情,也非讽刺,而只是由此事件感慨"官界无常"。这样的结论令人信服。可以补充的是,前引那段注不是作者自注,因而多数较早张集都没有。来源可能是北宋魏泰《东轩笔录》卷一三:"杨凭自京兆尹贬临贺尉,张籍咏之云:'身着青衫骑恶马,东门之东无送者。'"

下定雅弘对《枕中记》主题的认定,不赞成历来所说"人生如梦"的解释,从卢生做梦之前的想法,谈到梦中世界的经历,再说他梦醒后的感悟,认为其主题是适生,虽然功名富贵可以满足无穷的欲望,但也会不可避免地伴随生命的危险,只有抑制这些欲望,才能无苦无恙地生活,从而认识平凡生活的可贵。他认为作者要想表述卢生的生活态度始终是积极的,根本不是消极的出世思想。

斋藤茂对于孟郊系列组诗的解读,特别关注诗中所表达的作者心境和感情变化。他从《石淙十首》中体会作者情调稳定而心情宁静,《立德新居十首》可能是献呈郑余庆而作,描写居宅之结构景致,流露迁入新居之安乐心情。而以《杏殇九首》为转折,因为爱子之早逝,心情转为悲苦哀伤,以自然景物为伤害人的恶者,并深刻延续到他晚年的创作。至《寒溪九首》因元和六年大寒而命题。写大寒肃杀,万物凋零,无辜动物遭害,诉于天而企盼春天。《峡哀十首》《感怀八首》《秋怀十五首》,都纠订前人系年,认为作于元和六年韩愈、郑余庆离开河南以后,友朋离去加上老病孤独,使其诗充满孤寂、饥饿、衰暮之感,时时感到对加害己身的自然的恐惧感,并发展为对社会的恐惧,将其寒苦诗风发挥到极端。通过对孟郊组诗的评析,斋藤的结论是:以十首左右篇幅,以五言古诗为主的组诗,写一个专题,是孟郊新创的表达方式,也与前此阮籍《咏怀》、陈子昂《感遇》、李白《古风》等非一时一地所作的组诗,有很大的不同,更接近杜甫联章律诗的结构。组诗在整体上有结构性,力避平板,也不涣散凑合,经常能表达自觉的创新功夫,是孟郊诗歌中用力最深也是成就最高的作品。组诗除《石淙十首》或以为作于贞元中(斋藤倾向作于元和初),都是孟郊人生最后七八年的创作。由于孟郊没有百句以上长诗的创作,与同时的元白韩卢诸人有很大不同,组诗是他表达复杂情感和经历的主要载体。而对他晚年影响最大的婴儿之死和韩愈、郑余庆离开河南,都极大地改变了他的晚年心境,更多的感到人生的悲哀和生命的无常。在组诗语言上,也更多地增加表达的个性化,将以前联句中曾经尝试过的复杂技巧,作更进一步的发挥。斋藤认为组诗最能代表孟郊的诗歌成就。

五、作家研究的展开

十家论集中涉及唐代几十位作者,以中唐诗文作者为多,尤其以白居易研究最为集中。

丸山茂《〈白氏文集〉在日本》是一篇概括日本学者基本看法,也强烈表达他的见解的综述。白集在白生前已几度传到日本,所据为太田晶二郎的研究;白集在日本流行的原因,用冈田正之所见,认为白诗在唐代很盛行,白诗平易流畅,白诗带有佛教味道,再引青木正儿"我邦人也很容易理解其中的妙处",再引金子彦二郎所说白居易的社会环境、地位身份、性格趣味都与日本平安时代投合,其集的规模、质量都可当文学事典来运用。还有晚近猪口笃志、太田次男的见解。加上白集在日本有数量巨大的古抄、笔切、善本,更引起日本学者投入巨大的热情。大致可以认为,白居易在日本的地位,比杜甫宋以后确立的诗圣地位还要崇高,日本学者在白居易研究方面达到的深度和广度,在中国作家研究方面还很少有可以企及者。此套丛书中,至少有六家论到白居易,虽不足见全貌,仍颇有可观处。

下定雅弘为目前日本一线学者中在白居易研究方面成就最突出的学者之一,在《中唐文学研究论集》中仅有不大的篇幅谈白氏文学,且多为随笔,但其中仍颇多精彩见地。他不太赞同日本前辈学者平冈武夫、花房英树认为白是体现天下世界观的端正官员,具有崇高人道思想的说法,认为白"什么时候都很忠实于自己的欲念",早年因兼济之志太强而压抑独善爱好,退居洛阳后将诗酒做朋友,欣赏雪月花,听音乐,爱妓女,充分享受长长的晚年。他从诗中分析白居易心中的理想人物是裴度,即便他自居中隐,追求闲适时,仍然没有放弃做宰相的愿望。

还可以说到芳村弘道白居易研究,包括八章,前四章是生平研究,但没有作全面叙述,仅撷取了四段时期,即因居母丧而退归下邽时期、江州忠州时期、掌制诰到外放杭州。刺杭州时期,我相信并不是他没有能力完整地叙述白居易的一生,而是因为他在读白集以后,认为这几个阶段是白居易一生最重要的转折时期,也是作为研究者最有独特体悟的阶段。在这几章叙述中,我想特别提到以下几点的独见。一是认为白居易自定诗集之分讽喻、闲适、感伤、杂律四类,是最初在江州对早期诗自编十五卷本文集的区分,以后创作变化,长庆间编五十卷集和晚年编后续集没有再按此分类。白居易母亲的心疾和不幸死亡,日本学者讨论较多,芳村对白居易从读书科第到仕宦孝养过程中的家庭隐情及其思想变化,分析极其细致。退居下邽四年,则分析白的家事处理,以及连续遭遇丧弟、失女的打击,内心极其悲伤,在出仕和退隐的人生选择上极其恛惶。从再度出仕到贬官江州,叙述甚简,大约因前人论述已多,不易有更新发明故。此后对白历仕诸州闲适诗的具体心境和心理差别的分析,任中书舍人后再度参与政治的坚守和作为,以及外放杭州前后的心情起伏,也都有很深入的分析。几乎所有的分析都有很详密的文献依据和他人研究的参考,也可以看到治学之不苟。

六、文学与性:绕不开的话题

性是人类基本需求之一,也是人类生生不息的根本。唐代作家生活在物欲横流、多姿多彩的社会中,享受人生,歌唱爱情,性是大量涉及的内容。也许是中日文化的差异吧,日本作家可以尽情表达对"好色一代男"的向往,中国的雅文学在宋以后越来越远离性欲的叙写,而俗文学则不可避免地走向扭曲变态,纵欲暴露。近代以来的性解放昙花一现,虽然底层极度恣肆,场面上还得扫黄。至于学术研究更很少涉及,实在回避不了,那就用时代局限一笔带过。许多年前有学者很严肃地研究明清色情小说对传统房中术之歪曲,怎么也找不到可以发表的刊物,只能寄往海外。可以说,严肃地研究古代文学中的性描写和性寓意,国内目前可以举出来的典范著作仍稀若晨星。

十家论集因挑选出来在中国出版,何者合适,主编与作者应有所斟酌,但仍有几篇可说。

丸山茂《"妾换马"考》是一篇有趣的文字。74岁的前相裴度给67岁的诗人白居易写诗:"君若有心求逸足,我还留意在名姝。"戏告:你若羡慕我的好马,就用你家美女来换吧!白居易答:"安石风流无奈何,欲将赤骥换青娥。不辞便送东山去,临老何人与唱歌?"(《酬裴令公赠马相戏》)你老官大,意有所属,我不能不送,但临老没人替我唱歌,很寂寞啊!丸山茂就此展开论述,马和妾妓在这里都是属于主人的财产,可以随便处置,偶或也认可她们是人而有所同情,但更多地视为满足自己生活必不可少的一部分。拥有多少马和宠妓,对了解诗人的经济状况、生活状态以及心境变化,当然有很重要的意义。丸山没有停留于此,继而搜集从魏晋到明清爱妾换马的各类故事和诗歌,看到梁、隋间作品多据此渲染名马和爱妾离开主人的悲哀,二者地位是对等的,李白则据此写出英雄豪士的豪奢磊落,倜傥奔放,宋代则作为贵物交换的对句使用,元以后则在模仿六朝乐府以外,分别写美女之香艳与边塞骏马之勇壮气氛。

斋藤茂早年曾作过《北里志》的笺证,他写《士人与妓女》一章三节,大约也在此前后。他试图从六朝后期至唐一代咏妓诗、赠妓诗、悼妓诗的变化轨迹中,揭示唐中期以后的诗风变化。从汉魏时期诗中偶然写到歌妓的服饰仪容,到齐梁间大批文人热衷写听妓、观妓、咏妓一类作品，但此类诗更多地是音乐、舞蹈的欣赏，或者是对拥有妓人的主人的赞美，没有对妓女个人的赞美，更没有对其命运的关心。唐诗就不同了，诗题中大量出现妓女的名字，且更多地赞美其身段、仪容和歌舞技能，更多地出现妓女演奏乐器及其技能。在安史之乱以后，则更多地出现关切妓女命运，甚至写出一批写女妓传奇经历而与小说并行的长篇歌行。至于赠妓诗，则认为六朝时期的赠诗对象主要为宫妓与家妓，而唐代则扩大到官妓、营妓和民妓，所赠作品也大胆直率地写出彼此的亲密关系，以及思念的情感和对其命运的关切。在这些作品中，斋藤看到士人与妓女之间的精神距离明显缩短了，从六朝的主奴贵贱关系，发展为客人与妓女的平等关系，并进而发展为爱情关系。斋藤特别举到欧阳詹与太原妓的传奇，因为眷恋而相约迎取，为官职或亲意难以践约，太原妓久思成疾，临终寄诗抒怨，欧阳读诗感恸，卒然逝世。这样的诗人与诗作，在唐以前是没有的。悼妓诗的研究则更多地深入了士大夫个人家庭生活的私密空间。悼亡诗在《诗经》和汉魏诗歌中都有，对亡妻的悼念虽然也涉及个人情感，但还在礼教的规范以内，但悼妓诗的情况则有所不同。斋藤注意到刘禹锡存悼妓诗众多，如《伤秦姝篇》《泰娘歌》都是对命运不偶的风尘女子坎坷经历的同情之作，且包括受朋友委托写其与妓人之情感变化和丧妓后的悲痛。在围绕杨虞卿丧妓英英的一组唱和中，则不仅自述与此妓人之相见印象，并将一人之丧妓作为互通的情感来连锁唱和，显示中唐士人与妓女的亲密关系。

　　深泽一幸《蜂与蝶——李商隐诗的性意象》，从李商隐看似平淡无奇的《二月二日》诗中"花须柳眼各无赖，紫蝶黄蜂俱有情"，似乎只是初春景色的客观描写。但再举《春日》："欲入卢家白玉堂，新春催破舞衣裳。蝶衔花蕊蜂衔粉，共助青楼一日忙。"用蜂蝶写出青楼男女的狂态毕露，共助男女秘戏。又《闺情》："红露花房白蜜脾，黄蜂紫蝶两参差。春窗一觉风流梦，却是同袍不得知。"认为"蜂配以饱含红露的花房，蜂配以贮满乳白色蜜的脾脏形的蜂巢，更提高了性的意象"。这当然是大胆的解读，可能中国学者不容易完全接受，但深泽更进而例举六朝以来见于大量诗歌中蜂、蝶并用的诗句,并举《游仙窟》《医心方》的旁证,以及印第安原始部落的用例和法国象征派诗人的诗句,证明以蜂蝶比喻男女性事的普遍性,让人不能不信。

爱情当然与性有关,唐诗中有许多情色内容也众所周知。在唐代这样士庶地位有着巨大落差的时代,全社会有又始终充沛着享乐热情,士人私生活之丰富多彩,乃至扭曲变态,都是客观存在。无论就作家研究和作品研究来说,文学与性都是不可回避的事实。

七、坚持文学本位的研究

松本肇《韩柳文学论》篇幅不大,仅谈了韩愈、柳宗元、孟郊、贾岛四位作者,但视角独特,立说新警。他对韩愈的诗勾勒出轮廓,用"攻击性的变容"来概括。在早期作品中,看到韩自比为非凡的怪物,曾有光荣追求和青春的理想之梦,但在担任监察御史,即负有官纪的督察权后,他自比为利剑,以一系列的设喻表达他对邪恶者的攻击,心如冰,剑如雪,刺谗夫,也斩恶龙。在遭遇挫折后,将压抑的攻击性像开闸洪流般地宣泄出来。他认为韩愈诗中大量丑恶的、变态的、怪异的形象叙述,正是他情感宣泄的对象,或者人身攻击的目标,其中既有政敌、朋党的阴影,也更多地纠缠他对现实的反抗。他在攻击中越挫越勇,但心中的阴影始终无法完全地排遣,因此常变成对恶的拯救和失败者的心火。无论这样解说是否能为多数读者接受,他的解读是在仔细玩味韩愈诗作后的独特感受,至少足成一家之言吧!他在孟郊诗中读出自虐的快感,把悲愁当快乐,在天地万物间看到了恶意,并把这些恶意和自己从精神到肉体的受害相联系,因此而自喻诗囚,充满自我惩罚。他将柳宗元寓言概括为"败北之逆说",从柳文读出"自我惩罚的文法"。凡此种种,都看到作者的独特体悟。

市川桃子所著专门研究中国文学中荷花的文化史,与荷有关的则有莲叶、莲子以及其水中的部分即藕。她分析荷之审美变迁,可以见到《诗经》中是作为爱情的信物,楚辞里常作为美好的事物来吟咏,但在六朝以后则出现许多新的意象。一是衰荷,与作者对于时光流逝的感觉和生命忧患相关,二是芙蓉死,则常寄寓美好生命无法恒久的悲哀。大约因为荷花的鲜艳开放,让人们有青春绚丽的美好联想,经常与男女情爱相关联,虽然也有借以表达欢愉,但也不免与死亡、衰败和生命的无常相联系。她对乐府《采莲曲》的研究用力甚勤,从汉乐府追溯其源头,看到乐府《江南》在充满生命力的纯朴歌唱中的寄意,也看到六朝民歌和文人作品对其改写的多种姿态,特别是借双关语用莲花以述思怜,借折莲花以寄远,并逐渐因讲究形式而丧失个性。到唐代《采莲曲》被赋予新的生命,融入离别的悲哀和绝美以后的感伤。李白的《采莲曲》,则将强烈爱慕而无法实现的理想,演变为刻骨断肠的无尽思念。最后的分析李白此诗传到西方,经多次改写后成为新古典音乐的离奇面目,虽已经与李白关系不大,确是文化传播的经典个案。

松原朗《中国离别诗形成论考》以十多篇各自独力又分别有关连的论文,系统研究汉魏以来直到唐中期离别诗的发展变化,着意表彰各代不断出现的递承和新变。人生聚少离多,无论亲属或朋友的分别都是令人伤感的,也是最能触动真情的,因此也成为诗人最经常叙写的主题。松原从送别时景物的渲染来表彰鲍照的贡献,是以鲍诗与魏晋古诗比较得出的结论。而对唐前期各名家送别诗的创新,则从各自的生活地位、人生境遇以及写作技巧上来加以揭示。其中有大量的例句分析,并由此归纳出从永明到大历时期,送别诗由于有多人参与,主题集中,前作众多,因而更刺激诗人以竞争性的创作寻求更富表现力的诗歌意境和达到手法的努力。

八、结语:学术与修行

多年来形成的购物习惯,无论机械产品或是电子产品,在规格、质地都相同的情况下,日本原装的产品常常更受消费者欢迎。而但凡在日本生活过的人也都能感受到,日本无论从事任何职业,无论社会地位尊卑相差悬殊,常都能安于职位,可以追求完美。如果接触深谈,更能发现他们常把职业当作人生的修行,以极其庄重的态度来对待自己的工作。在十家论集中,我也常能感受到他们将学术当作求道的过程,有从容的心态,求深的追求,以及独具个性的姿态。

日本学术研究的特别方式,可以提到读书班,经常由一位或几位年长者发起,以共同的兴趣定期在一起读书,经常选一部书或一位作者诗文为中心,一次读一篇文章,或两三首诗,先期各自准备,到时集中讨论,反复推敲求证,质疑商榷,务求确解。一些读书班也能得到项目经费的支持,多数则是参加者自掏腰包。有些班有各地学者参加,每次都花费不菲,因此也特别认真。其中当然有中坚人物定夺是非,但年轻学生也能参加,参与意见,得到提高。

还应该说到图书馆的条件。日本近代教育之普及比中国早很多,图书馆的国际化程度也很高,加上数量可观的公私图书馆和文库,能够充分满足学术研究的文献资料需求。尤其是最近二十年,由于现代网络的普及,日本在上世纪末已经实现全日本藏馆之文献共享和信息交换,近几年更加快重要特藏和珍贵文本的全部上网。当图书资料的获得不再有任何人为障碍的时候,对学术研究的完善、精密、独特势必提出更高的要求。就此而言,中日学术的差距也就可以理解了。

再次是学术著作之审慎。日本学位教育曾经有很长时间实行课程修了与论文答辩分开,学位授予在论文通过以后许多年,而论文之出版则是极其庄重的事情,不妨修改十几年甚至几十年,真正觉得成熟了再问世,作为个人学术水平的代表留给后世。由于如此庄重审慎,日本学术著作之出版也是最为严肃而讲究的,装帧大气,价格高昂,印数不多,且不求急售。这些,都与此间靠数量和时效造成的学术快餐式繁荣大相径庭。如果理解学术不是娱乐,不是群众运动,不是大众游戏,那么日本的学术的讲究当然应该得到更多的尊重。

因十家论集之阅读,引出这些感慨,总觉得可以思考者很多,但又无法尽言。已经写得很长了,就此打住吧。

二〇一五年四月二十三日